JN085485

Understanding of Critical Security Studies

批判的
安全保障論

●アプローチとイシューを理解する

南山 淳・前田幸男 編
Atsushi Minamiyama & Yukio Maeda

法律文化社

はしがき

　国際政治の常識とされてきた軍事力中心の国家安全保障観が揺らぎ始めた冷戦末期以降「新しい安全保障」という言説が流布するようになった。そこでは、市場経済システムの不安定化、地球環境の悪化と気候変動、過激化するテロリズム、さらに近年では新型コロナウィルスに起因するパンデミックの拡大等、グローバル化する危機の連鎖が安全保障の問題として論じられている。

　他方で、新しい安全保障にかかわるトピックの多くが、依然として伝統的な安全保障論の延長線上で議論され、問題の複雑さをアクチュアルに理解する理論的フレームワークとしていまだ不十分な段階にとどまっている。つまり、伝統的安全保障論では安全保障主体としての主権国家と、その最終手段を担保する軍事力の優先順位は基本的には変わっていないのである。非国家主体や経済安全保障の重要性が説かれることはあるとしても、それらは、せいぜい安全保障問題の強調点を調整するためのレトリックにすぎない。

　上記の問題状況を同時代的に論じるとすれば以下のようになるだろう。すなわち、われわれは、軍事安全保障の焦点が米中対立へと移行する状況を横目に、9.11以降、対テロ戦争を押し進めた米軍が20年後にアフガニスタンから撤退し、結局何も残せなかったという「現実」を目撃している。軍事的安全保障は人々に「希望」の灯は残せなかった。本書が提起する批判的安全保障の研究が、安全保障の参照点を暗黙に「国家・軍事」にあらかじめ限定するような態度をとらないのは、その先に「希望」を見出せないからだともいえる。

　「安全保障」をめぐる議論を学問上の発展史として捉え返せば、国際政治学の国家中心主義的なアプローチへの対抗軸として平和学が発展してきたことに注目しなければならない。それは日本の文脈にも当てはまる。そこには「安全保障」研究とそれを批判する平和研究という、暗黙の分業体制ともいえる二項対立の構図が成立してきた。しかし、「安全保障」は、何も国家・軍事分野の専売特許のフレームワークではないし、平和学の反対側にある学問分野という

わけでもない。

　その意味で本書『批判的安全保障論』は、従来の伝統的な安全保障研究のあり方の抜本的な組み換えを提起する日本で初のテキストと言える。本書の刊行が呼び水となって、安全保障研究の刷新と深化が進むことを切に願いたい。

　最後に、本テキストの全体的な特徴について１点だけ指摘しておきたい。安全保障には、恐怖や不安全という感情を引き起こす契機についても、あるいは安全保障の目的と手段についても、あらかじめ決められた前提は存在しない。それゆえ、テキストという体裁をとってはいるが、各章の用語の統一はあえて最小限にとどめた。なぜなら、安全保障とは、本書を含めて、人為的に構築された安全保障言説の意味作用の象徴にすぎないからである。

　例えば、Securitization という概念は「安全保障化」と訳すこともできるし、発話行為に力点を置いて「安全保障問題化」と訳すこともできる。また両方の意味を込めてカタカナで「セキュリタイゼーション」とすることもできる。言葉の選択とは安全保障観の反映であり、常に論争的なものにならざるを得ない。この点は、各章の執筆者のニュアンスを尊重した。こうした安全保障論の特質を念頭に置いて、読者が、批判的安全保障の世界へと分け入ってもらえるとしたら、編者として幸いである。

　　2021年9月末日

南山　淳

前田幸男

目　　次

はしがき

第 II 部　争点と事例

序　章

批判的安全保障論とは何か

南山　　淳

前田　幸男

1　本質的論争概念としての「安全保障」再考
——その規範性・相対性・具体性・暴力性

　国際政治学あるいは安全保障論において、安全保障概念の再定義をめぐる議論が活性化する契機となったのは、1980年代末期の、急激なグローバリゼーションを背景とした冷戦構造の崩壊であった。冷戦期においても構造的アナーキーと軍事的国家安全保障の優越性を主張する伝統的安全保障論と、非国家主体と非軍事的安全保障の重要性を強調するリベラルな安全保障論との間で論争は続いていたが、それは、専ら学術領域周辺の問題であり、「安全保障の再定義」が政治的課題になったのは、冷戦後／9.11後の世界において伝統的国家安全保障論の有効性が揺らぎ始めた時期からである。

　「安全保障（security）」という言葉は常に本質的論争概念（essentially contested concept）として捉えられてきた。その定義をめぐっては、規範性、相対性、具体性、暴力性という4つの論点が含まれることに着目したい。第1の規範性については、ときに政治対立を招く規範的な意味内容を含んでいるが、それは社会科学における他の論争概念と共通する性質であるといってよい（Gallie 1956）。

　第2に、安全保障の主体は対象（客体）との相関関係を通じて構築される点である。対象はしばしば「脅威」言説を通じて象徴化されるが、そこには、①カール・シュミット流の友敵関係イメージの潜在化、②「国家」や「民族」と

I

いった形式を通じた政治共同体の集団化、③国境、民族、人種等をめぐる分断の画定が引き起こす境界政治（border politics）の構造化が指摘できる。それゆえ安全保障の原義である、不安／恐怖という心理状態からの解放という認識は常に不安定な関係性の中で構築されることになる。

　第3に、安全保障の定義は具体的文脈に依存している点である。それゆえ、安全保障主体の規範的正当性をめぐる論争はしばしば政治的闘争へと転化する。近代主権国家に象徴される安全保障主体は、いかに構築されるのか（「誰の安全か」）、あるいは、共同体にとって犠牲を払ってでも守り抜かなければならない「安全（中核価値）とは何か」という抽象的命題に対して、具体的な解答が求められる。その意味で、論争概念としての安全保障とは、権力と知の不可分性を通じて展開するヘゲモニー闘争の産物に他ならない（第1章 Box 1-3参照）。

　第4に、安全保障概念の論点として、安全保障の目的が手段としての暴力を肯定するという点が挙げられる。安全保障言説の権力効果は直接的な暴力行使を合理化することにあり、それは、安全保障概念に独自の意味作用を付与している。また、安全保障の基本目的は、政治共同体の持続可能性および、そこに帰属意識を抱く人々の生存が脅かされているという不安／恐怖の感情をコントロールすることにあるため、脅威を排除するために行使される物理的強制力／政治的暴力という手段は常に優先的な選択肢となっている。軍事的安全保障／非軍事的安全保障をめぐる境界の画定行為も暴力という手段を使用する際の適用範囲をめぐるせめぎ合いの延長線上にあり、その論争の前提には政治的暴力の合理的使用が構造化されているのである。

　改めて検討を進めると、冷戦期以来、様々な批判に晒されながらも、われわれの思考を制約してきた軍事的国家安全保障というフレームワークに専ら依拠する者たちは、安全保障概念の本質的論争性について十分な理論的関心を払ってこなかったのではないかという問題に突き当たる。伝統的安全保障論においては、依然として問題解決理論的な操作性を重視する傾向が強く、安全保障主体の構築過程に対する多種多様な批判的パースペクティヴへの理論的関心は決して高いとはいえない（南山 2014：38-42）。しかしながら、安全保障主体の構

築は、既述した4つの本質的論争性に密接にかかわる問題であり、グローバル内戦／境界政治が進行する中で、その理論的重要性は急激に増大している。そのような安全保障の意味内容を問い直す試みが批判的安全保障論の出発点になる。

2　批判的安全保障論を文脈に位置づける

　国際政治学における実証主義的立場に立てば、理論とは、客観的・普遍的・非歴史的なモデルとして構築され、それをあらゆる事例に適用できることがエレガントかつ価値の高いものとされる。したがって、そうした立場からすれば、このように安全保障概念が多分に論争を含み、自ずと理論も錯綜してくるという事実など到底容認できないということになるだろう。しかし、真空の中に理論が独立して存在するなどということはあり得ないという点をCSSは基点にする。

　そこで以下ではピープルズとウィリアムスの整理法（Peoples and Vaughan-Williams 2020: Introduction）に則り、⑴伝統／批判区分、⑵歴史的背景、そして⑶3つの学派の順にCSSを文脈に位置づけ、その登場と展開の軌跡を辿ることで理解を深めたい。

⑴　伝統／批判区分

　1の冒頭でも示唆しているように、CSSは伝統的安全保障に対峙する形で位置づけられる。国際政治学のリアリズムの議論に典型的に現れるが、その大前提は「国家」のサバイバルであり、それを脅かすものとして「戦争」が措定されてきた。そこでは国家が安全保障の第一義的な参照点になることは言うまでもない。ある国の軍備増強が周辺国を不安に陥らせ、さらなる軍拡に導くという「安全保障のジレンマ」論などは、こうした伝統的安全保障論の暗黙の前提を受け入れた上で展開された批判だった。[1]

　ここで重要なことは、安全保障論の下ではリアリストだけが国家と戦争を暗黙の前提にしていたわけではないということである。戦争の対概念を想起して

いた平和研究者、戦争史家、外交史家、軍備管理の政策担当者、さらには安全保障分野とは一線を画し、分業体制を受け入れるリベラルを称する研究者さえもが、軍事的国家安全保障の枠組みに疑問を呈してこなかった。

この暗黙の前提に風穴を開けるかのごとく、CSS は安全保障の枠組みで扱うべきアジェンダを拡張し（broadening）、アクターを国家以外へと深化させる（deepening）という議論を展開したのだった（Box 序-1 参照）。

ところが、あらゆるイシューや議論を、こうした伝統／批判という二分法的理解のどちらかに単純化し、還元していく手法は、往々にしてその現実の多様性やグレーゾーンの存在を覆い隠してしまう危険性がある。

この問題の典型的なケースが社会構成主義アプローチである。この立場を採用したとしても、安全保障の参照点（referent objects）を国家に置くのが従来型の社会構成主義であり、他方で多様なアクターを参照点とするのに加えて、「言説の構成的役割（constitutive role of discourse）」に注目し、言説が司るアクター間の権力関係にまで注目するのが批判的社会構成主義である（第 1 章参照）。例えば「日本はアメリカの核の傘の下に置かれている」という言明 1 つとっても、後者の見地から様々な問いかけが生じる。①日米の権力関係はどこからきているのか？ ②「守られている」といっても基地が置かれている沖縄と、東京ではその意味が違うのではないか？ といった問いかけは、安全保障の参照点がすでに国家から離れ、①背後の経済的アクターや政治家や、②下位に位置する都市さらにはそこに住む人々へとシフトしていることがわかる。

その意味で、社会構成主義は単なる 1 つのアプローチというよりは、「言説」を媒介として、ポスト構造主義（第 2 章）、セキュリタイゼーション（第 3 章）、ポストコロニアリズム（第 4 章）、そしてジェンダー（第 5 章）の議論へと接続していく。第Ⅰ部のアプローチを見ていけばわかるように CSS といってもその中には多様なアプローチがあることがわかる。その多様性の中に伝統／批判の二分法の陥穽を超えるヒントがあるともいえる。

(2) 歴史的背景
CSS を文脈に配置するもう 1 つの効果的方法は時間的枠組みの中に埋め込

Box 序-1　批判的安全保障研究における鍵概念

1．参照点（referent objects）：安全保障研究における分析上の焦点が当てられる客体／守られる対象（例：国家、人間、生態系など）を指す。

2．伝統的安全保障（traditional security studies）：安全保障の参照点として国家を最上位に位置づける研究群（例：リアリズム、リベラリズム、戦略研究など）。このアプローチは、国家の安全に対する軍事的脅威に専ら焦点を当てる（国家中心主義アプローチと呼ばれる）。

3．拡張（broadening）：安全保障のテーマを軍事分野にだけに絞るのではなく、環境、経済、政治、社会などの他分野も含むという意味である。

4．深化（deepening）：国家というアクターを唯一の安全保障の参照点にしないという立場で、他の様々なアクターも参照点になるという意味である（他のアクターの例：企業、NGO、個人、国際機関、地球など）。

5．規範的（normative）：「何が分析、達成、防衛されるべきか」について明確な立場を含むという意味である。CSS にとって規範的とは「人間の解放」を目指すという意味。

6．実証主義（positivism）：自然科学分野で使用される、客観性（objectivity）・複製（replication）・実証（verification）／反証（falsification）・一般化（generalization）などの一連の科学的諸原則を、社会（や安全保障）の研究にも適用可能であると考える立場のことを指す。

7．ポスト実証主義（post-positivism）：自然界と社会を同じ手法で分析可能であるという考え方を認めない、様々な CSS 群が依拠する立場。①真理の主張（truth claims）は決して確定できないということや、②歴史や政治の外側の、中立的な立場からの客観的な観点などというものは存在しない、といった点を強調する。

8．派生概念としての安全保障（security as a derivative concept）：「安全保障」は世界をどのように見るかで変わる概念という意味。例えば、冷戦期の実証主義研究者の世界の見方に影響を与えたものは核兵器と構造的アナーキーだったが、それは普遍的ではなく、その時代に生きた欧米の白人男性の特定の世界の見方から派生したものでしかない。

（Peoples and Vaughan-Williams 2020 を基に筆者作成）

むことである。前の時代との断絶を象徴する出来事が新しい「時代」を形成するという意味で、①1989年のベルリンの壁崩壊と、②2001年9月11日のアメリカ同時多発テロ、そして③20年の新型コロナウィルスの感染拡大を挙げることができる。おおよそ10年のスパンで「時代」が形成されていると見ることができる。

　①に関して、「安全保障のジレンマ」としてある国の軍事力の増強が周辺国の不安を招き、さらなる軍拡につながるという批判は、まさしく冷戦期の安全保障の枠組み自体を問い直すものだった。ところが、冷戦が崩壊するとリアリズムおよび伝統的安全保障観の妥当性が疑われることになった。

　この歴史的文脈こそがCSSの起点となる安全保障アジェンダの拡張と深化の議論へと道を開いたことは明らかである。大きくは共産主義ブロックの解体、より具体的に言えば、東側1991年のソ連邦の解体、92年のユーゴスラヴィアの解体、93年のチェコスロヴァキアの分裂などにより、経済が「グローバル」に一体化し、さらに人の移動も国内移動だったものが国際移動へと変化していった。これは、CSSのアジェンダの中に新自由主義批判や、移民・難民をテーマとするものが包摂されていく過程といえる（第9、10章参照）。同様に、94年には人間開発報告書の刊行が開始され、ヘルスケアや教育などへのグローバル・アクセスの重要性に注目が集まったが、これは安全保障の参照点として「人間」が明確に意識されていく契機だった（第8章参照）。

　②に関しては、9.11以降、対テロ戦争の時代が始まったという認識が広まった。国家間関係で安全保障を定式化していた伝統的なアプローチでは、国家対テロリストの枠組みには対応できなかった。それでも片方が国家であれば、秩序は制御できるとの反論もあったが、CSSに派生して批判的テロリズム研究（CTS）が立ち上がり、テロリズムの定義がそもそも困難で、その「名ざし」こそが政治的行為であるということが論じられた（第12章参照）。テロの根本原因である保健衛生や教育の改善（人間の安全保障）こそが、テロ対策になるという議論も起きた（第8章参照）。

　③はまだ始まったばかりで不透明な部分が多いが、パンデミックや気候危機は、安全保障の新たな参照点を作り出すインパクトをもっているといえる。し

かも、折からのヒトによる森林破壊の増加がヒトと野生生物の距離を縮め、また温暖化の進行が熱帯感染症の北上も促しており、「非ヒト」が安全保障の主要な参照点になっていくことは避けされないだろう（第6、7章参照）。

　他方で、この「古い／新しい」の時代区分による理解は、(1)での指摘同様に、往々にしてそれ以外の事象を見落としてしまう。①については米中ロなどの大国政治の顕在化や各国のポピュリズム政権がどのような安全保障政策を打ってくるのかなどを考えると、それらは依然として権力者が伝統的な安全保障観の中で生きていることの証左といえる。②についても、テロリズムは一時よりも沈静化しているように見えるも、無人航空機ドローンの使用頻度は明らかに増加している。ということは、「前時代」の戦争における思考様式は残ったまま、新しい時代が覆いかぶさってきているともいえる。③についても、『我々の世界を変革する：持続可能な開発のための2030アジェンダ』が2015年に国連総会で採択され、持続可能な開発目標（Sustainable Development Goals: SDGs）の国際目標が掲げられたのは、92年のリオ・サミットや、ミレニアム開発目標（MDGs）を受けて、連続的な歴史的文脈からであることは言うまでもない。

　また①②③のどの時代区分にもいえることだが、（外交でも、テロでも、感染症でも）大国や大都市での出来事にだけ注目しがちだが、それ以外には関心をもたないという姿勢だとすれば、ポストコロニアリズム研究やジェンダー研究などから批判されてしかるべきだろう（第4、5章参照）。

(3)　3つの学派（アベリストウィス、コペンハーゲン、パリ）

　批判理論の中の多様な発展ということで言えば、①アベリストウィス大学、②コペンハーゲン大学、③パリ政治学院（Science Po）を各々の拠点として発展してきた研究をそれぞれ学派として分類できる。①は哲学におけるドイツのフランクフルト学派の批判理論に依拠したアプローチ、②は発話行為論に依拠したアプローチ、③はピエール・ブルデューの理論に依拠しながら、多様なアクターが交錯する場に焦点を当てる社会学的アプローチである（第3章2参照）。

図表1　CSS の３つの学派

CSS の３つのアプローチ		
アベリストウィス学派	コペンハーゲン学派	パリ学派
規範的	分析的	社会学的

出典：筆者作成

　CSS の中にもこうした学派の存在を描けるということは、理論というものが客観・中立にどこか真空にあるのではなく、研究の集積や相互作用の産物として徐々に輪郭が浮かび上がってきたことを物語る。

　もちろん各々の学派は決して一枚岩ではないし、各々のカギとなる人物は数名なわけで、この３つに属しない研究もあるし、逆に３つのどこか複数にまたがるという場合もありうる。その意味で、これら３つのアプローチは、安全保障の批判的アプローチを採用する研究者のヨーロッパにおける拡張的なネットワークを示唆しているといっていいだろう（Collective CASE 2006）。

　しかし、このことは上記の学派論の限界にもなりうる。理由は、それぞれの学派がホモソーシャルであったり男性中心的であるならば、フェミニズム／ジェンダー研究から痛烈な批判を受けざるを得ないし、またヨーロッパを起点にしている以上、それがオリエンタリズム的であったり西洋中心的であるならばポストコロニアリズム研究からも同じく厳しい批判が来ることは避けられないからである（第４、５章参照）。

3　批判的安全保障論の意義と課題
——「解放」とは何か、またはいかに構築されるのか

　CSS は近年急速な発展を遂げており、安全保障論のスタンダードなテキストでも、しばしば当たり前に学ぶべきテーマとして取り上げられるようになっている（Williams and McDonald eds. 2018：ch. 4-8；Collins 2019：91-110）。先述したアベリストウィス学派に属する、K. ブースらによって主導された CSS は、「解放としての安全保障（Security as Emancipation）」を根本概念として独自の

発展を遂げてきた（Booth 1991; Brincat *et al.* eds. 2012：59-102）[2]。

　しかし、同学派にとっての「解放」の意味するところは、文脈に落とした際、しばしば論争的なものになる（本書第1章も参照）。したがって、解放概念を一切使用すべきでないという立場もありうる。他方で、強権的な国家による人権弾圧の例は21世紀の現在にあっても枚挙にいとまがないことを鑑みると、解放としての CSS という枠組みを容易に捨て去るという態度にも問題が残る。そこでここでは CSS の根本概念の1つである「解放」にかかわる問題を3点挙げる。その是非について、読者各人で考えていただきたい。

　まず、第1に、CSS は規範性と弁証法的思考を重視しているため、しばしば、安全保障政治に対する批判的視角の参照基準が普遍的な次元へと引き上げられる。もちろん、構造的アナーキーを暗黙の前提にする伝統的安全保障論と比較して、デモクラシーや人権の擁護といった、より抽象度の高い「大きな物語」を、規範的に対峙させることで「安全保障─軍事」の強い結びつきを問い直すことができるため、その点に意義があることは言うまでもない。しかしながら、それでは、解放は、複数の普遍をめぐって衝突するヘゲモニー闘争とみなされることになり、規範自体を相対化してしまうリスクを高めることになる。現在の CSS では、抽象度の高い概念装置と理論枠組みを、個別の事例に落とし込むためのコンテクスト化の方法が確立されているとはいえず、安全保障主体の構築過程で生じる包摂／排除のダイナミクスを具体的に可視化することが理論的課題の1つになっている。

　第2に、抽象的な行為規範を、具体的な行動指針あるいは実践的判断を下すための判断基準として構築することが要請される。なぜなら、ここで改めて直面することになるのが、「何から解放するのか」、「誰を解放するのか」、そもそも「解放と何か」という、安全保障と同様の構造にある「解放」概念の本質的論争性の問題だからである。また、それは、実践面において、ある局面において解放の主体であった者が、別の局面では抑圧者へと転化するという、視角の転換によって引き起こされる「解放のジレンマ」のリスクを含意している。

　「解放のジレンマ」とは、例えば、王制を敷かない政体としてのアメリカ合衆国の独立は、対ヨーロッパから見れば自由と民主主義の旗手に見えるが、ネ

イティブ・アメリカンなどからすれば悪夢でしかない。また、ミャンマーやジンバブエの事例では、かつて大英帝国の支配下にあったことから、植民地主義を批判し、自前の国家を自立するという「解放」（＝規範）を掲げ、独立するも、どちらも長期独裁や、軍事政権による支配が続いた。同様にレバノン・シリア・イラクなどは、英仏の帝国主義から独立したが、そこに点在するクルド人は独立を果たせなかった。チベットやウイグルの場合はどうだろうか。これらはいわゆる国家の中のマイノリティ問題として定式化が可能である。逆に人道的介入と称して、旧ユーゴ内戦時に行われた NATO の空爆や、カッザーフィー（カダフィ）政権期のリビアへの空爆なども、国家内のマイノリティの救済を名目に行われたわけだが、あるマイノリティの「解放」のためにそれ以外の人々の犠牲も辞さないという点で、「解放のジレンマ」を内包するといえる。ある集団にとっての解放が、別の人々の犠牲の上に成り立つということは往々にして起こる。

　特に対テロ戦争以降、グローバル化／分断化が進む中、いかにして具体的な行為規範を構築しうるかが問われている（第12章参照）。すなわち、アベリストウィス学派的な CSS の場合、安全保障の参照点として個人を措定するとしても、解放する主体の規範的根拠が確立できなければ、逆に解放そのものへの懐疑ないし不信感は増大せざるを得ない。それは、CSS が克服しきれていない課題である。

　第3に、従来型の安全保障の考え方は、スケールは様々あれど「内／外」を措定し、内側を守るという枠組みが強力な暗黙の前提とされてきた。それは国家間戦争でもテロでも変わらない。しかし、気候危機や新型コロナウィルスのようなノン・ヒューマンが問題になる場合、潜在的な外側の敵として対象を立ち上がらせることが果たして有効な対策なのだろうか（前田 2018a；2018b）。このことは、防衛関係者には是非とも考えてほしい点である。なぜなら、気候（大気）・水・土・微生物・ウィルスなどは本来、この地球上で人間が共存してきたものだからである。したがって、「解放」の物語自体が、そもそもノン・ヒューマンとの関係ではかみ合わないのではないだろうか。「解放」の物語はあくまでも物語であることから、この物語からの解放こそが必要な場合も出て

くるのではないか。むしろ、安全／安心は、ヒトとノン・ヒューマンとの共存可能な関係があって初めて実現可能な価値とはいえないのか。くわえて、目に見えないものを脅威認定できないとき、ヒトは何をもって安全な状態であるといえるのだろうか。疑問は止めどなく浮かび上がる。

　上記の3点に対して、本章で明確な解答を提示することは困難であるが、少なくとも、伝統的な安全保障論では上記の問いに対して、何の解答も提出できないということは明らかである。本書で取り上げる、CSS の様々なアプローチは必ずしも相互排他的ではなく、むしろ複数の組み合わせの中で、足りない部分を補うことが可能で、そうした作業が安全保障の新しい思考の出発点になることは強調しておきたい。

4　本書の意義

　以上から CSS の輪郭が見えてきたが、ではなぜ日本語で同じタイトルの書籍を刊行するのか、という問題が残るだろう。ここでは本書の意義を5つほど挙げておきたい。

　第1に、近年グローバル化が叫ばれる中、日本語でわざわざ刊行せずとも原書で読めばよいのではという指摘もある。それは一理あるが、とはいっても日本は曲がりなりにも日本語を公用語とする「想像の共同体」を形成している。まして英語力といっても千差万別である。原書にアクセスできない日本人の間で流通する伝統的・通俗的な安全保障言説とは異なるものがヨーロッパで活発に議論されていることを、どこから知ればよいのだろうか。これに対する応答が本書である。

　第2に、第1とかかわるが、CSS を日本の高等教育機関での教育の場面で触れたいにもかかわらず、安全保障を冠するテキストの中にあって CSS のテキストは存在しなかった。特に CSS には、学際的かつ様々な思想が入ってくるためテキストとしてまとめ上げることの難しさがあったからである。

　第3に、本書は CSS の蓄積された諸議論を日本の事例に適用すると何が見えてくるのかについての思考実験という位置づけである。原書をいくら読んで

も日本の話は出てこない。文脈に当てはめて、自分の頭で考えることは、どこまでいってもそこに住む人々が行う作業である。各章に進めばわかるが、日本人としてCSSのメッセージを受け止め、考察していることがわかるだろう。

　第4に、これは次のステップだが、当然CSSの日本への当てはめ作業をしていく中で、当てはまらないケースも多々出てくると思われる。それは当たり前のことで、ヨーロッパと日本は多くの部分で違うからだ。そうなると今後、日本学派や日本版CSSといった枠組みが浮かび上がってくるかもしれない。本書はその先鞭として位置づけられる。

　最後に、今後日本版CSSを世界に発信していくことになるとして、それを担うのは誰なのかという問いとかかわる。日本の大学でCSSに触発された者が、独自の議論を発展させていくにしても、文化翻訳は一朝一夕にできるものではない。数十年後の日本の安全保障政策を見据えるとすれば、そのプラットフォームを作らざるを得なかった。本書はその位置を担っている。

5　本書の構成

　ピープルズとウィリアムスに即して、本書の構成を第Ⅰ部は「アプローチ」、第Ⅱ部は「争点と事例」として配置した（Peoples and Vaughan-Williams 2020）。

　第Ⅰ部は、社会構成主義（第1章）、ポスト構造主義と国際政治社会学（第2章）、セキュリタイゼーション（第3章）、ポストコロニアリズム（第4章）、ジェンダー化する安全保障（第5章）からなる。第1章こそ、CSSの先鞭をつけたアプローチであったことから最初にもってきたものの、本質的にはアプローチ間に優劣はないことから、章の順番に深い意味はない。どのアプローチをとるかで見える現実が異なることから、それらの違いを意識し、使い分けられるようになれれば、まずは十分だろう。

　第Ⅱ部は、環境（第6章）、保健（第7章）、人間の安全保障（第8章）、経済（第9章）、移民・難民（第10章）、批判地政学（第11章）、テロリズム（第12章）、日米同盟と沖縄（第13章）の8つの章であり、それぞれイシューから入っていく構成になっている。CSSにおける理論と実践の間の接続という視座からす

れば、第Ⅰ部のアプローチの有効性は、第Ⅱ部で挙がってくるような様々なイシューとの突合せ作業の中で試されることになる。そしてアプローチとイシューの議論のそれぞれは、再帰的に点検され、アップデートされることになるため、本書は未完のプロジェクトのスタートラインに位置するものと理解されたい。

　思想の分野では有名な概念などが幾度も登場することから、難解な専門用語については、別途 Box を用意した。定義や意味の確認のために活用していただきたい。加えて、各章には設問をいくつか用意した。これをうまく活用することで各章のメッセージを言語化し、理解の定着を図ってほしい。

設　問
・なぜ「安全保障」という枠組みは本質的論争概念と呼ばれるのか説明せよ。
・CSS を「何かからの解放」のプロジェクトと捉えることに、どのような問題がありうるか述べよ。
・解放の主体であった者が、別の局面では抑圧者へと転化する具体的なケースについて挙げよ（いくつでも）。
・ノン・ヒューマン（空気・水・土・微生物・ウィルスなど）に対して、従来型の内／外の枠組みで安全保障を考えることがなぜ問題になりうるのか述べよ。

【注】
1）　しばしば誤解される点であるが、伝統的安全保障論と CSS はともに、安全保障を永続的な闘争として捉えるという点で、その世界観を共有しているという点もある。ただし、前者が、安全保障の本質的論争性を実証主義／合理主義的な理論観を通じて認識するのに対して、後者は、存在論（ontology）としても、認識論（epistemology）としても、批判的パースペクティヴィズム（critical perspectivism）を徹底させた理論化／実践化の試みであり、このことが両者に決定的な差異を生み出す契機となっている。換言すれば、前者は、安全保障を、構造的アナーキーに支配された主権国家間の権力政治という規格化されたモデルに矮小化するのに対して、後者は、象徴をめぐる解放闘争という批判的なより広い視角を通じて認識することで、安全保障の争点領域を拡大し、分析概念として深化させ、主体の多様性を拡張し、解放を促すための焦点化を試みるのである（Peoples and Vaughan-Williams 2020）。これにより、グローバル化／境界政治化する安全保障政治の徹底的な脱構築と再構築への道が開かれる。

2) ただし、ブースらの解放としての安全保障には、ドイツ・フランクフルト学派の影響を通して啓蒙的な弁証法思考が含意されており、先述した通り、解放概念の理解およびその採用の是非まで含めて、CSS 内部では議論があり、必ずしも一致した立場や見解があるわけではない（Shepherd 2013）。

〔参考文献〕

土佐弘之（2003）『安全保障という逆説』青土社

前田幸男（2018a）「気候変動問題から見る「惑星政治」の生成──「人新世」時代に対応するための理論的諸前提の問い直し」『境界研究』8号、89-116頁

前田幸男（2018b）「国際政治学はマテリアル・ターンの真意を受けとめられるか？」葛谷彩・芝崎厚士編『「国際政治学」は終わったのか──日本からの応答』ナカニシヤ出版、173-194頁

南山淳（2014）「本質的論争概念としての安全保障と批判的安全保障研究──乖離する「拡大」と「深化」」『平和研究』43号、25-49頁

Booth, Ken（1991）"Security and Emancipation," *Review of International Studies*, vol. 17, no. 4, pp. 313-326.

Brincat, Shannon *et al*. eds.（2012）*Critical Theory in International Relations and Security Studies: Interview and Reflections*, London and New York: Routledge.

Collins, Alan（2019）*Contemporary Security Studies*, 5th edition, London: Oxford University Press.

Collective CASE（2006）"Critical Approaches to Security in Europe: A Networked Manifesto," *Security Dialogue*, vol. 37, no. 4, pp. 443-487.

Gallie, Walter, B.（1956）"Essentially Contested Concepts," *Proceeding of the Aristotelian Society*, no. 56, pp. 167-198.

Peoples, Columba and Vaughan-Williams, N. eds.（2020）*Critical Security Studies: An Introduction*, 3rd edition, London and New York: Routledge.

Shepherd, Laura J. ed.（2013）*Critical Approaches to Security: An Introduction to Theories and Methods*, London and New York: Routledge.

Williams, Paul, D. and McDonald, Matt eds.（2018）*Security Studies: An Introduction*, 3rd edition, London and New York: Routledge.

第 I 部　アプローチ

第 **1** 章

社会構成主義と批判理論

五十嵐元道

1　核と日本

　本章は、安全保障論における社会構成主義と批判理論のアプローチについて論じる。しかし、初学者にとってはどちらも聞きなじみがない上に、名前からしていかにも難しそうである。そこで具体的な例から話を始めてみたい。

　日本は、核兵器について一見すると両立し難い2つの政策を追求してきた。1つは、唯一の戦争被爆国としての政策である。毎年、広島や長崎では原爆死没者の慰霊式において1945年の原爆投下が語られ、犠牲となった人々に対して哀悼の意が捧げられてきた。そして、首相の演説などで非核三原則（すなわち「核兵器をもたず、つくらず、もちこませず」）の確認と、「核兵器のない世界」の実現という目標が語られてきた。その一方で、日本はアメリカの核兵器を自国の安全保障において、極めて重要な手段とみなしてきた。例えば、非核三原則を打ち出した佐藤栄作首相は、沖縄返還後、有事の際にアメリカが沖縄に核兵器を持ち込むことを容認したとされる。また2009年には、オバマ政権が核兵器の削減を進めた際に、在米日本大使館の関係者が、アメリカ単独での戦略核弾頭の削減は日本の安全保障を危うくすると、アメリカ議会の諮問機関に伝えたという[1]。

　これは非常に興味深い現象である。「核兵器のない世界」は望ましいが、アメリカの核兵器による防衛も放棄できない。そこで出てくる問いは、①なぜ日本政府にとってアメリカの核兵器は、諸外国の核兵器、とりわけ北朝鮮や中国

の核兵器よりも、はるかに好ましいのか。②日本はアメリカの核兵器を安全保障上極めて重要とみなしているにもかかわらず、なぜわざわざ毎年、広島や長崎、そして、しばしば国連でも「非核三原則を順守し、核兵器のない世界を目指す」と言い続けるのか。

2　社会構成主義アプローチ

(1)　社会構成主義とは

　これらの問いに答える上で有用なのが、社会構成主義（コンストラクティビズム）に基づく安全保障論である。そこでまず「社会構成主義」とは何かを説明しておきたい。いきなり抽象的な説明をしても混乱するので、具体例として「性別」というものを考えてみよう。人間は成長する過程で、社会が共有する「性別」についての考え方を学ぶ。男／女はこう考え、こう生きるものだ、と。人間はその考え方を自分のものとし、それに従い行動しようとする（そして、しばしばうまくいかず苦しむ）。男／女の生き方というのは、生物学的根拠もなく、いつの間にか何となく決まっているものが多い。自分の性質や性格と合わないこともよくある。にもかかわらず、人間は社会に広がる考え方や規範を簡単には変えられない。個人がそれを変えようとしても、他の人間が次々とそれを学習し、実践し、教えてしまうからだ。これが社会構成主義の基本的な考え方の１つである。

　もう少し抽象的に理論化してみよう。これは、ピーター・L・バーガーとトーマス・ルックマンによる1966年の著書『現実の社会的構成』で詳しく説明されている。彼らは「社会は人間の産物である。社会は客観的な現実である。人間は社会の産物である。」（バーガー／ルックマン　2003：95）と指摘する。すなわち、「人間（もちろんひとりきりで生活している人間ではなく、その集団生活における人間）とその社会的世界とは相互に作用し合う」（バーガー／ルックマン　2003：94）のであり、その中で人間は普段の様々な行動を通じて社会秩序を形成し、他の人間と意思疎通しながら種々の制度を生み出し、継承していく。その結果、人間個人から離れた現実としての制度ができあがる。そして、新たに社会

に生まれ育つ人間は、すでに存在する社会の制度を学び、それに従って考え行動する（バーガー／ルックマン 2003）。

　社会構成主義という考え方は、国際関係論にも大きな影響を与え、冷戦後、これに基づく理論的立場が登場した。その背景となったのが1980年代に国際関係論の研究者の間で起きた「第3論争」である。「第1論争」とは、第一次世界大戦後から第二次世界大戦前まで成立した安定的な国際秩序がなぜ崩壊したのか、その原因をめぐって理想主義とリアリズムの間で行われた論争を指す。「第2論争」とは、60年代、国際関係論について、歴史・思想・法などを重視する伝統的なアプローチと、行動科学主義に基づく科学的アプローチの間で行われた。その後、生じたのが「第3論争」だった。

　「第3論争」には、2つの側面があった（南山 2004：第2章）。1つは、ネオリアリズムとネオリベラリズムの総合である。これらの理論は、国際社会が主権国家により構成されたアナーキーな構造であることを所与の前提とした。そして、国家間の対立、協調、制度化がいかなる条件で成立するのかを分析課題とする点でも、ある程度一致した。この総合の大前提となったのが、主体（主観）と客体（客観）の峻別である。つまり世界を認識する際、人間（理論家）は自らの主観を切り離して、世界をありのまま客観的に認識し、分析できるとする考え方で、これは一般に「実証主義」と呼ばれる。

　これに異を唱えたのが「ポスト実証主義」の理論家たちであり、この点が第3論争の2つ目の側面である。そこでは、まずアクターと構造の関係が見直された。実証主義の論者は、アクターの合理性や目的を所与の前提として分析を行う。しかし、ポスト実証主義によれば、アクターの合理性は、他のアクターとの相互作用を通じて歴史的に形成され（間主観性）、時代や場所の文脈によっても規定される。ゆえに、国際関係について分析する際には、アクターの選好および合理性そのものを分析することが必要になる。アクターの選好が可変的である以上、構造も可変的であり、アナーキーであることは所与の前提とはできない（南山 2004：30-32）。

　さらに、この論争では真理と権力の問題が見直された。ポスト実証主義によれば、分析者は、世界を認識する上で主観を切り離すことはできない。「客観

的」とされるいかなるデータも、何らかの形で（意識・無意識の）価値判断が混入している。さらに言えば、分析や研究は既存の（しばしば不可視化された）権力構造の再生産に寄与している可能性すらある。実証主義が主張するアクターの「合理性」は、あくまで既存の権力構造のもとで優位に立つアクターにとっての「合理性」にすぎない。そこで無視されるアクターは、すべて理論上「不適格」な存在で、その主張は「不合理」なものとされる。すなわち、「真理」の構成そのものに権力性が働いている可能性がある（南山 2004：32-35）。

この論争を経て登場したのが、社会構成主義に基づくコンストラクティビズムと呼ばれるアプローチである。コンストラクティビズムは、軍備などの物質的なものだけでなく、規範などの間主観的なもの（非物質的なもの）も観察対象とし、それによってネオリアリズムやネオリベラリズムが説明できなかった現象を説明しようとする。この立場によれば、国際関係上の規範は、アクター（例えば、国家）の行動を規定する。[2] 国家などのアクターは規範を内面化することで、アイデンティティを獲得し、それに沿った対外政策を展開する。アイデンティティがその国家の価値判断や合理性を規定するのである。しかし、国家や非国家アクターは、国際関係上の規範を自らの決定や行動によって徐々に変えることもある。つまり国際関係上のアクターと国際社会は、人間と社会同様に相互作用している。このアプローチは秩序の大きな変動を説明する上で有用で、ネオリアリズムやネオリベラリズムが予想も説明もできなかった冷戦の終焉（Box 1-1）が起きたことで、いよいよ主流になっていった。

北米で主流となったコンストラクティビズム（コンベンショナル・コンストラクティビズム）は、因果推論において非物質的なものを分析対象とする点で、実証主義の延長線上に位置する。すなわち、規範やアイデンティティを分析し、アクターの選好や行動の変化を因果推論的に解明しようとする。けれども、彼らは決して真理と権力の問題には立ち入らない。その点で、この立場はネオリアリズムなどの実証主義的説明を補完するものである。

その一方、ポスト実証主義の影響を強く受けたコンストラクティビズム（ラディカル・コンストラクティビズム）の立場も存在する。彼らは因果推論よりも、非物質的なものから（不可視化された）権力性を析出することを目指す（Peoples

Box 1-1　冷戦の終焉と新思考外交

　冷戦の終焉は多くの国際政治学者にとって予想もつかない出来事だった。それどころか、ネオリアリズムなどの論者にとっては、自分たちが依拠する国際関係上の基本的な構造が崩れたという点で、アイデンティティの危機ですらあった。

　冷戦の終結を早めたのは、1985年にソ連共産党書記長に就任したミハイル・ゴルバチョフによる対外政策だった（これは「新思考外交」と呼ばれた）。彼は安全保障の領域でアメリカが予想もつかないほどの譲歩を提案し、それが米ソ関係を一気に変えた。ゴルバチョフは、西側諸国と相互依存していることを強調し、軍事的な優位を勝ち取ろうとすることが無意味であると説いた。そもそもソ連にとっては、軍拡競争は経済的困窮をますます深刻にしており、自滅を招くだけだった。そこで彼は、東西ヨーロッパからすべての中距離核戦力を撤去するというアメリカ側からの要請を受け入れる姿勢を示し、中距離核戦力全廃条約（INF条約）の締結へと進んでいった。さらに国連での演説で、一方的にソ連軍の兵力を50万人削減するなどの軍縮政策を発表した。いよいよ東ヨーロッパでのソ連の影響力や統制が弱体化すると、同地域での共産主義体制は次々に崩壊していった。ソ連の指導部は、そうした動きに軍事介入で対抗することはなく、冷戦の終焉は決定的となった（マクマン2018：第8章）。

and Vaughan-Williams 2015：15-25）。批判的安全保障論の文脈では、後者のアプローチが重要であり、以下にその特徴を説明する。

(2)　社会構成主義の安全保障論の5つの特徴

　社会構成主義アプローチの安全保障論には、以下の5つの特徴がある（Weldes *et al.* eds. 1999を参照）。1つ目に、安全保障（security）について考える場合、「何が安全な状態か」よりも、「何が不安全（insecurity）なのか」について考える。すなわち、ある国にとって何が脅威とされているのかに注目する。

　2つ目に、その脅威を「脅威たらしめているもの」は何か、なぜそれを危険と見做すのか、社会構成主義アプローチはその理由について考える。例えば、ここによく切れる包丁があるとしよう。この包丁はあなたにとって脅威だろうか。それはその包丁が置かれている文脈によるだろう。もしその包丁があなたのために料理をつくっている友人や恋人に握られているなら、それは友情や愛

情の象徴だろう。逆に、もしその包丁があなたから金品を奪おうとしている侵入者によって握られているのなら、確実に脅威である。つまり、包丁はときに殺傷能力のある武器ではあるが、それが脅威かどうかは、それを持っている人間とあなたとの関係次第である。つまり、脅威を脅威たらしめているのは、あなたと相手の関係を規定している言説構造ということになる。同じことが国際関係にも当てはまるはずである。そこで社会構成主義の安全保障論は、不安全を分析する際、言説を主要な分析対象とし、そこからアクター間の関係を明らかにする。

　この点から３つ目の特徴が導かれる。アクター間の関係を規定するのは、アクター間のアイデンティティの差異である。不安全の生成は、アイデンティティの差異によって基礎づけられている。それゆえ、社会構成主義はアクターのアイデンティティに注目する。先ほどの包丁の例で言えば、包丁が不安全をもたらすかどうかは、包丁を持っている人とあなたのアイデンティティの差異による。社会構成主義は、不安全を基礎づけるアクター間のアイデンティティの差異を言説分析から導き出す。

　４つ目に、社会構成主義のアプローチは、当たり前になっている不安全が当たり前ではないことを明らかにする。すなわち、不安全が社会のなかで当然のものとされているときでも、実はそれは社会的および文化的に偶然生み出されたもので、その存在は常に変化し続けていると考える。例えば、冷戦について考えてみよう。冷戦中、米ソの核抑止はいつ間にか当たり前のものとなり、（とりわけアメリカでは）いかなる核戦略をもって、破滅的な全面的核戦争を回避するかにばかり注目が集まっていた。しかし、そもそもなぜ米ソの核兵器はお互いに脅威なのか、何が脅威たらしめているのか。この点については、ほとんどの研究者が考えていなかった。冷戦が終焉した後でわかったように、その当時は当たり前で不変な脅威だと思われていても、それは決して自明なことではなかった。社会構成主義アプローチは、こうした政策や議論の前提そのものを疑う。

　５つ目に、社会構成主義のアプローチは、不安全の言説に内在する権力関係に着目する。このアプローチによれば、言説は権力関係が構成される場であ

り、不安全の言説には社会の権力関係が反映されている。冷戦中、アメリカで共産主義陣営の核の脅威を声高に叫ぶことは、核兵器をはじめとする軍備の増強を正当化した。脅威の認識が広がれば広がるほど、国家の存在意義が明確になる。国家はますます国民の支持を得て、軍事力を強化する。それがいよいよ相手国を不安にし、敵対させるとしても、国家には十分な利益がある。こうして不安全に関する言説は、マッチポンプ式に国家を強化しうるのである。それゆえ、社会構成主義のアプローチは、不安全に関する言説がどのような権力関係を反映しているのかを明らかにしようとする。

(3)　日本のアイデンティティと核

　では、社会構成主義のアプローチで、日本の核政策に関する冒頭の2つの問いに答えてみたい。例えば、以下のような仮説が提示できよう。

　①日本政府の言説や意思決定には、アメリカの同盟国としてのアイデンティティが大きく反映されている。一方、北朝鮮や中国は、アメリカとその同盟国である日本と対立するアイデンティティをもっている、と日本政府は考えている。それゆえ、日本政府にとっては、アメリカの核兵器は脅威ではなく、北朝鮮や中国の核兵器は脅威である。

　②他方、日本は戦争被爆国というアイデンティティをもっている。このアイデンティティは、普遍的にいかなる核兵器およびその使用にも反対する。そのため、核保有国とは原理的に相容れない。この立場から見れば、アメリカの核兵器でさえ、本来廃止すべき人類の脅威である。それゆえ、このアイデンティティの発露として、毎年、非核三原則などの原理を確認し続けてきた。

　この分裂した2つのアイデンティティは、どちらも第二次世界大戦から今日までの間に、多くの人々の努力の末に醸成されたものである。それゆえ、どちらも日本のアイデンティティの重要な一部で、どちらも簡単には捨てられないし、変えられない。そこで日本政府はこの両方を場面ごとに使い分けながら、外交を行ってきた。その結果、原理的な一貫性の弱さを批判されてきた。これが社会構成主義の考え方の一例である。

> **Box 1-2　キューバ危機の再考**
>
> 　社会構成主義の安全保障論を理解するために、核戦争の一歩手前までいったキューバ危機に関する研究を紹介する。キューバ危機は冷戦期の代表的な事件で、多くの安全保障の研究書が分析対象とする事例である。この事件は、1962年、核ミサイルをはじめとする軍事兵器をソ連がキューバに搬入しようとしたことに端を発する。キューバはアメリカ・フロリダ州の真下にあり、当時、社会主義体制だった。アメリカはキューバの社会主義政権の転覆を望み、キューバはそれを恐れ、ソ連と接触した。それがソ連によるキューバでの核ミサイルの設置の試みにつながった（事件の全体像については、例えばマントン／ウェルチ 2015を参照）。
>
> 　国際関係論研究者のユッタ・ヴェルデスは、このキューバ危機がどのように「危機」として認識されたのかを社会構成主義的に分析した。彼女は当時のアメリカ政府の意思決定関係者の言説を中心に分析し、アメリカのアイデンティティの性質を明らかにした。アメリカは西側のリーダーで、西側諸国の自由を守る役割を担っている。アメリカはそれを実行する強大な国力と意志があり、西側諸国から信頼を得ている。アメリカと西側諸国は「われわれ（we）」として括ることができ、ソ連および東側諸国は「他者」で「敵」とされた。
>
> 　ソ連によるキューバへのミサイルの搬入は、こうしたアメリカのアイデンティティに対する重大な挑戦として受け止められた。仮にこの対応に失敗すると、西側のリーダーで自由の守護者であるアメリカの国際的地位が失墜するため、断固たる対応が必要とされた。最終的にそうした対応をとることで、アメリカのリーダーシップは再び権威づけられ、アイデンティティの再生産が生じた（Weldes 1999）。

3　隣の迎撃ミサイル

　社会構成主義アプローチがある程度理解できたところで、次に批判理論アプローチの話に移ろう。社会構成主義と批判理論の考え方はよく似ている。両者は、アクターと構造の関係について、ある程度認識を共有している。しかし、批判理論は社会構成主義よりも、さらに根本的に安全保障論の見直しを迫る。以下でそれを見てみよう（両者の異同については、Box 1-4 を参照）。

　ここでも、まず具体的な事例から始めてみたい。あなたが今住んでいる国で、近隣国による核ミサイルの開発が大きな問題となっているとしよう。近隣

国はあなたの国に敵対しており、核ミサイルが大きな脅威として認識されている。そこであなたの国の政府は、迎撃のためにミサイルが必要であるとして、巨額の費用をかけて迎撃ミサイルを購入した。あなたは脅威に関する政府の声明に納得しており、この方針を強く支持した。ところが、その後、迎撃ミサイルは、あなたの住んでいる地域に配備されることになった。あなたは焦った。もし本当に配備されてしまったら、敵国から攻撃される時、自分の住んでいる地域が標的になるのではないか。あるいは、迎撃ミサイルを発射する際に大事故が起きた場合、自分に被害が及ぶのではないか。あなたは非常に不安になり、ミサイル配備に対する反対運動に参加した。

　これもまた興味深い現象である。近隣国の核ミサイルは脅威だから、迎撃ミサイルの配備は必要だ。けれども、危険だから自分の家の近くには置いてほしくない。この場合も、2つの両立し難い要請によってジレンマが生じている。問うべきことが2つある。①そもそも安全保障とは、一体誰の安全を保障することなのか。②人間の安全を脅かすものは、国際的な武力紛争だけなのか。

4　批判理論アプローチ

　これらの問いについて徹底的に考え続けてきたのが、批判理論アプローチである。ここで言う「批判理論」とは何か。この言葉が若干ややこしいので、まずそこから説明したい。

(1)　批判理論とは

　国際関係論でも安全保障論でも、「批判理論」という言葉がしばしば登場する。ところが、その意味は文脈で異なり、混乱が生じやすい。批判理論には3つの意味があり、それらは相互に関連し合っている。

　1つ目に、政治思想の領域では、フランクフルト学派の社会科学における方法論的立場を指す。フランクフルト学派とは、1924年に設立されたフランクフルト社会研究所を拠点とした一群の研究者を指す（細見 2014）。この学派を構成するメンバーは多様であるため、学派の諸理論を1つのまとまりとして扱う

Box 1-3　グラムシの思想

　アントニオ・グラムシ（1891-1937）はイタリアの思想家で、大学在学中に労働運動に接し、後にイタリア共産党の創設に携わった。ムッソリーニ率いるファシスト政権と対立すると逮捕され、10年余りの獄中生活を強いられた。グラムシの思想は、獄中で書き上げたノートに見ることができる。

　彼はマルクス主義の思想家で、経済的な諸力が社会の変化をもたらすという史的唯物論の立場に立った。その上で問題にしたのが、ヨーロッパ諸国で労働者による運動や革命が失敗した原因である。市民社会が成熟したヨーロッパでは、支配階級が教会、学校、組合、マスメディアなどを通じて、大衆の考え方を規定している。それゆえ、大衆は既存の秩序に合意を与え、自発的に権力構造に付き従っている。このように支配の構造は、暴力装置だけでなく、市民社会を通じた「ヘゲモニー」によって成立している。この構造を変えるには、ヘゲモニーを日常から変える「陣地戦」が重要になる。そこで「知識人」が権力構造に対抗すべく、実践的活動に身を投じ、大衆の説得を行う必要があるとした（グラムシ 1981）。

　ことはできない。ここで理解しておきたいのは、この学派の1人であるホルクハイマーが指摘した、科学研究と社会の関係である（Horkheimer 1972）。ホルクハイマーの「伝統的理論と批判理論」論文によれば、研究者は社会の一部であり、いかなる研究・理論も、社会との関わりの中で意味をもつ。研究者が自分の研究や理論が社会からどのような影響を受け、逆にどのような影響を与えているのか理解しなければ、社会を誤った方向に導く可能性がある。この考えが国際関係論の論者にも大きな影響を与えた。

　2つ目に、批判理論という言葉は、国際関係論では特定のアプローチを指す。国際関係論の批判理論は、ネオリアリズムやネオリベラリズムなどの実証主義に対する批判（つまり、ポスト実証主義の1つ）として登場した。代表的な論者としては、ロバート・コックス、リチャード・アシュリー、アンドリュー・リンクレーターなどがいる。例えば、コックスは、イタリアの政治思想家アントニオ・グラムシの思想（Box 1-3）などの影響を受け、そのアプローチを展開した。彼は国家間関係だけを抽象的に（非歴史的に）分析するネオリアリズムやネオリベラリズムのアプローチが「存在の非拘束性」（分析者が自らの社会的文脈や条件に強い影響を受けること）を無視するとともに、世界秩序

を主権国家の関係のみに（しかも、その物質的パワーのみに）矮小化していることを批判した。そして、世界秩序を考察する際、生産過程（資本と労働の関係などを含む）を分析対象に組み入れ、物質的パワーだけでなく、イデオロギーや制度のあり方にも着目しつつ、歴史的な視角から分析を展開した（Cox 1981）。

　３つ目に、批判理論という言葉は安全保障論の領域でも使用されるが、そこでは主にウェールズ（またはアベリストゥィス）学派のアプローチを指す。代表的論者として、ケン・ブースやリチャード・ウイン・ジョーンズなどがいる。彼らはフランクフルト学派の思想などを援用し、安全保障論が前提とする諸概念そのものを根本的に再考する。とりわけ次の４つの特徴が指摘できる。①国家中心主義批判、②脅威概念の再検討、③知識の政治性の指摘、④人間の解放の主張である。以下で順に見ていこう。

(2)　国家中心主義批判

　批判理論アプローチは、国家中心主義を批判する（Peoples and Vaughan-Williams 2015：32-33；Sheehan 2005：162-164）。国家中心主義とは何か。それは安全保障について考える際に、国を単位としてしまうことである。すなわち、国の安全が他国からの軍事的脅威によって脅かされることだけを安全保障の中心的問題にすることである。確かに自国の安全は重要である。本来、国家は国民を守る役割を担っているからだ。けれども、自国が他国から脅かされていなければ、市民は絶対に安全かというと、そうとは限らない。

　核兵器の配備について考えてみよう。核兵器の使用が現実のものとなった場合、たとえそれが限定的な核戦争（つまり、核兵器の破壊力を限定し、特定の場所だけを徹底的に破壊して、軍事的目標の達成を目指す戦争）であったとしても、交戦国における一般市民の犠牲は極めて大きくなるだろう。国は政府という意思決定機関を死守するが、一部の市民の犠牲はいとわない。誰一人死なない戦争はないのであって、国にとって重要なのは戦争に敗北しないことである。核兵器による抑止に失敗し、核の撃ち合いになり、あなたが犠牲者の１人になったならば（あるいは、あなたの最愛の人が犠牲になったならば）、あなたの安全は十分に保障されたといえるか。[3]

　国家が必ずしも市民の安全を保障しない事例は他にもある。その代表的な例が内戦である。2011年に発生したシリア内戦からもわかるように、この場合にも一般市民の多くが犠牲になる。冷戦終結後は、国家間の戦争よりも、内戦（ただし、国境を越えて様々な勢力が関与するリージョナルな内戦）が国際社会で大きな問題となってきた（カルドー 2003）。こうした内戦の場合、誰が戦闘員で誰が文民なのか区別されることは稀で（それどころか、意図して文民を狙うこともしばしばで）、どの武装勢力にも属していない一般市民が犠牲になる傾向が強い。この場合、国家そのもの（あるいは国家の不在）が市民の安全を脅かすものになる。

　このように国際政治上の現象として、様々な人間の危機を考えた場合、国家のみを分析の単位としてしまうと、肝心の市民個人にとっての脅威が見えなくなりがちである。それゆえ、批判理論に基づく安全保障論では、人間を国家に先んじる重要な参照点とするのである。

(3)　脅威の再検討

　安全保障の参照点を人間個人にすると、脅威そのものが多様であることに気がつく（Krause and Williams 1997）。例えば、戦争が起きていなくても、殺人事件での死亡率が心臓病による死亡率よりも高い国では、安全が保障されているとはいえない。あるいは経済が破綻し、極端なインフレが発生して貨幣の価値がほとんどなくなってしまった国では、食料や医療へのアクセスが困難となり、餓死者や病死者が急増する。この場合も安全は保障されていない。さらに、国境を越えて致死率の高い感染症が伝播し蔓延して、死者が大量に発生した場合にも、やはり安全は保障されていない。つまり、国家間の武力紛争が起きていない場合でも、人間が大量に死亡する原因はある。そのように考えると、国家間の武力紛争のみならず、社会、経済、環境などの諸領域でも分析が必要である。

　これらの諸領域は相互に連関することがしばしばある。例えば、2010年代のヨーロッパの危機について考えてみよう（遠藤 2016を参照）。シリアをはじめとする中東の危機は、その余波がヨーロッパにまで及んだ。欧州諸国は、イス

ラーム国などのイスラーム過激派がテロリストとして自国に流入することを強く危惧し、対策をとった。それは市民の自由や人権を制限する可能性をはらむものだった。他方、膨大な量の難民が発生したことから、欧州諸国は人道支援のみならず、大規模な受け入れも余儀なくされた。異なる文化的背景を持つ人々が大量に流入することで、ヨーロッパ各国の極右の運動は活発化し、移民・難民の排斥が各所で起きた。そして、欧州統合への反対運動も活気づけた。このように近隣地域の内戦は、軍事的な脅威というだけでなく、ヨーロッパ諸国を政治・社会的に不安定にする契機ともなった。

　この場合、問題なのは国家と国家の伝統的な武力紛争ではなく、内戦とそれに伴う大規模な人の移動、および受入社会の反応である。つまり、軍事の領域だけでなく、文化・社会・経済的な領域の安全保障が複合的に問題になっている。このように現代では、安全保障について領域を横断した包括的な分析視角が必要である。

(4)　知識の政治性

　批判理論アプローチは、分析の視角を安全保障論そのものにも向ける（Booth 1997；Sheehan 2005：157-162）。安全保障を語ることは、何が誰にとってのどのような脅威であるかを規定する行為であり、それに関する理論は人々の認識そのものに強く影響するからである。

　例えば、近隣国が核兵器と長距離ミサイルを開発し、配備したとする。この状況に対して研究者がこぞって、軍事力しか解決の方途はないと主張して、軍事オプションだけに議論が集中した場合、安全保障政策もその方向に向かうだろう。その時、もし軍事オプション以外の可能性を最初から排除して議論するとしたら、それは本当に建設的で実効的な議論といえるか。最適な軍事オプションのみを導き出すためにつくられた安全保障の理論は、本当に有用なものといえるか。

　コックスは、既存の権力関係のもとで設定された問題を理論的前提とする国際関係論を「問題解決型」と呼び、批判した。その上で、「理論は常に誰かのための、何らかの目的をもつもの」（Cox 1981：128）であると指摘した。あら

ゆる理論は、完全に中立で客観的であるとはいえない。なぜなら、特定の社会現象を問題として設定する時点で、また分析データを収集し、そこに解釈を加える時点で、何らかの価値規範が反映されるからである。仮に理論を提起した本人に何ら政治的意図がなかったとしても、それが他の人々によって政治的イデオロギーに変化するかもしれない。リアリズムの安全保障論の場合、それ自体がリアリズムの世界の実現に寄与している可能性がある。批判理論に基づく安全保障論は、こうした知識に内在する権力関係に目を向けるよう促す。

(5)　人間の解放

　このように批判理論アプローチは、国家中心主義を批判し、人間個人を参照点とし、脅威の多様性に目を向け、さらに安全保障の知識それ自体に内在する権力性を明らかにしようとする。こうした批判的な見方は、最終的にどこに向かうのか。

　批判理論アプローチは、人間の「解放（emancipation）」を最終的な目標に掲げる（Booth 1991；Wyn Jones 2005）。突き詰めれば、人間の安全を脅かすものは、人間を抑圧するものであり、安全とはそうした抑圧が存在しない状態、すなわち抑圧からの解放である。この立場から見れば、ほとんどの理論が人間の抑圧からの解放を規範的な大前提としている。批判理論アプローチはそれを明確にし、目標とした。このアプローチの代表的理論家であるブースは、「解放とは、人々（個人や集団）が〔本来〕自由に選択するであろうことを実行する妨げになっている物理的および人間的制約から自由になることである」と定義する（Booth 1991：319）。

　ただし、「解放」という目標は抽象的で、それ自体が具体的な実践を提案するわけではない。その代り、実践の中で個別の判断を下すための基準になる（Peoples and Vaughan-Williams 2015：39；Booth 2007：110-116）。例えば、南アフリカで行われていたアパルトヘイトについて考えてみよう。アパルトヘイトとは、白人支配者層による有色人種に対する人種差別ならびに隔離政策のことである。アパルトヘイトに対しては、1960年代から徐々に国際的な圧力がかかり始めたが、1980年代に入るまで西側諸国の多くがアパルトヘイト体制を支援し

Box 1-4　2つの社会構成主義と批判理論の異同

　本章では、社会構成主義と批判理論を扱った。社会構成主義は2つの立場（コンベンショナルとラディカル）に分かれる。これらの異同を明確にするために、それぞれの理論的立場を整理しておく。

	コンベンショナル・コンストラクティビズム	ラディカル・コンストラクティビズム	批判理論（ウェールズ学派）
分析対象	物質と非物質	物質と非物質	物質と非物質
アクター	国家、国際組織、非政府組織	国家、国際組織、非政府組織	人間個人、国家、国際組織、非政府組織
分析目標	因果推論	権力性の析出	人間の解放
脅威	主に国際関係上の脅威	主に国際関係上の脅威	人間を取り巻くあらゆる脅威

た（Klotz 1995：93-129）。この時、西側諸国は「冷戦下での南アフリカの体制維持」と「人種差別体制の撤廃」のジレンマに悩まされた。人種という不合理な理由で人間が極度に抑圧されていることは、安全保障上、どれほど重視すべきだろうか。批判理論アプローチは、これを重大な安全保障上の問題として解決を求める。

　ただし、解放を安全保障の規範的な目標に設定することには批判もある。例えば、マーク・ニオクリアスは、マルクスやフーコーなどの思想に依拠しつつ、ブースが唱える解放は、国家の支配階級を益する社会・経済的な秩序と安全保障の密接なつながりを問題視できていないと指摘した。そして、ブースの議論はブルジョア（資本家や地主など財産を持っている階級）の利益を反映した古典的な自由主義に似ていると批判する（Neocleous 2008：5）。またブースをはじめ、安全保障の研究者は、研究領域を細分化し、その秩序を維持・再生産することで、権力構造の守り手になっていると主張する（Neocleous 2008：6）。もちろん、ブースらが知識の政治性を問題視していないわけではない。けれども、かつてグラムシが看取したように、知識人と（支配階級を中心とする）国家の権力構造は密接な関係にあり、その構造を変革するには、知識人のあり方そのものも見直す必要がある（Box 1-3参照）。この点は、安全保障論を考える上で逃

れられない重要な論点である。

設　　問
・安全保障論における社会構成主義（ラディカル・コンストラクティビズム）と批
　判理論から見ると、実証主義の安全保障論にはどのような問題があるか。
・2つの理論的立場からは、日本の対外政策はどのように評価できるか。
・「脅威」を国際関係上のものに限定することと、人間を取り巻くあらゆるものと
　することを比較した場合、どちらがどの点で優れているか。

【注】
1）　「「核なき世界」に日本が異論」『朝日新聞』2018年4月1日。
2）　社会構成主義の国際関係論は、決して国家だけを国際関係上のアクターとはみなさな
　　かった。むしろ、NGOなどの非国家主体が国際関係に与える影響力を規範の観点から
　　明らかにしてきた（例えば、Finnemore 1996）。
3）　ウイン・ジョーンズは技術の非中立性に着目し、核兵器の配備は脅威に対する合理的
　　計算よりはむしろ、意思決定過程における官僚的・政治的権力闘争の結果であると指摘
　　する（Wyn Jones 1999：132-141）。

〔参考文献〕
遠藤乾（2016）『欧州複合危機——苦悶するEU、揺れる世界』中央公論新社
カルドー，メアリー（2003）『新戦争論——グローバル時代の組織的暴力』山本武彦・渡部
　　正樹訳、岩波書店
グラムシ、アントニオ（1981）『グラムシ研究所校訂版　グラムシ獄中ノート』ジェルラ
　　ターナ，ヴァレンティーノ編、獄中ノート翻訳委員会訳、大月書店
バーガー，ピーター／ルックマン，トーマス（2003）『現実の社会的構成——知識社会学論
　　考』山口節郎訳、新曜社
細見和之（2014）『フランクフルト学派——ホルクハイマー、アドルノから21世紀の「批判
　　理論」へ』中央公論新社
マクマン，ロバート（2018）『冷戦史』青野利彦監訳／平井和也訳、勁草書房
マントン，ドン／ウェルチ，デイヴィッド，A.（2015）『キューバ危機——ミラー・イメー
　　ジングの罠』田所昌幸・林晟一訳、中央公論新社
南山淳（2004）『国際安全保障の系譜学——現代国際関係理論と権力／知』国際書院
Booth, Ken（1991）"Security and emancipation," *Review of International Studies*, vol.
　　17, no. 4, pp. 313-326.
Booth, Ken（1997）"Security and Self: Reflections of a Fallen Realist," *Critical Security*

Studies: Concepts and Cases, eds. Krause, K. and Williams, M. C., Minneapolis: University of Minnesota Press, pp. 83-119.

Booth, Ken（2007）*Theory of World Security*, Cambridge: Cambridge University Press.

Cox, R. W.（1981）"Social Forces, States, and World Orders: Beyond International Relations Theory," *Millennium: Journal of International Studies*, vol. 10 no. 2, pp. 126 -155.

Finnemore, Martha（1996）*National Interests in International Society*, Ithaca: Cornell University Press.

Horkheimer, Max（1972）"Traditional and Critical Theory," *Critical Theory: Selected Essays,* translated by O'Connell, M. J. O., New York: Herder & Herder, pp. 188- 243.

Klotz, Audie（1995）*Norms in International Relations: The Struggle against Apartheid*, Ithaca and New York: Cornell University Press.

Krause, K. and Williams, M. C.（1997）"From Strategy to Security: Foundations of Critical Security Studies," *Critical Security Studies: Concepts and Cases*, eds. Krause, K. and Williams, M. C., Minneapolis: University of Minnesota Press, pp. 33 -60.

Neocleous, Mark（2008）*Critique of Security*, Edinburgh: Edinburgh University Press.

Peoples, Columba and Vaughan-Williams, Nick（2015）*Critical Security Studies: An Introduction,* 2nd edition, London: Routledge.

Sheehan, Michael（2005）*International Security: An Analytical Survey*, Boulder: Lynne Rienner.

Weldes, J.（1999）"The Cultural Production of Crises: U. S. Identity and Missiles in Cuba," *Cultures of Insecurity: States, Communities, and the Production of Dangerm*, eds. Weldes, J. *et al.*, Minneapolis: University of Minnesota Press, pp. 35-62.

Weldes, J. *et al.* eds.（1999）"Introduction: Constructing Insecurity," *Cultures of Insecurity: States, Communities, and the Production of Dangerm*, eds. Weldes, J. *et al.*, Minneapolis: University of Minnesota Press, pp. 1-34.

Wyn Jones, Richard（1999）*Security, Strategy, and Critical Theory*, Boulder: Lynne Rienner.

Wyn Jones, Richard（2005）"On Emancipation: Necessity, Capacity, and Concrete Utopias," *Critical Security Studies and World Politics*, ed. Booth, Ken, Boulder: Lynne Rienner, pp. 215-235.

第2章

ポスト構造主義と国際政治社会学

前田　幸男

1　なぜポスト構造主義なのか？——言語論的転回に呼応して

　哲学の世界で1960年代を席巻していた構造主義思想に代わって登場してきたのがポスト構造主義の思想潮流だった。一見普遍に見えた「構造」はそれを語る言語の特徴・意味・解釈に注目することで、変容・瓦解・消失することが見えてきた。これは思想の世界に限ったことではなかった。第二次世界大戦が終結し、冷戦が始まった時代は二極「構造」の世界として理解されてきた。一見普遍に見えた構造も、ベルリンの壁の崩壊からリベラリズムの勝利が宣言された後は（進歩・解放・歴史の終焉など）、同時多発テロ以降の「グローバル・ジハード」の流れ、そして今や EU もアメリカも中国も壁（国境）の管理を強化した。混沌とする世界の到来である。

　秩序が不安定化した世界を語るのにポスト構造主義は役に立たないと論じる者も少なくないが、そんなことはない。ポスト構造主義の思想家として括ってよいとすれば、彼らの思想の力は「普遍」を称して語られる言葉の欺瞞性を暴くうえで、いかようにでも発揮されるといっておこう。安全保障の世界も例外ではない。本章はまず最初に世界の事象に対して、思想をどう駆使して「現実」を捉えられるかという観点から、上記の言語論的転回にとりわけ大きな影響を与えた3人（ソシュール・デリダ・フーコー）の議論のエッセンスを紹介し、それを基にさらに発展してきたこの分野の流れを辿っていく。

(1)　ソシュール

　フェルディナン・ド・ソシュール（1857-1913）はスイスの言語学者で、その内容は死後、弟子らによって『一般言語学講義』として出版されている。ポスト構造主義の前に構造主義に影響を及ぼした人物だが、その影響はその後にも後述するデリダやフーコーにも批判的に継承されていくことから、ここで取り上げる。彼は言語を記号の体系であるとした。「記号（シーニュ：signe）」は、「シニフィアン（signifiant）」と「シニフィエ（signifié）」という 2 つの要素から構成されているとする。シニフィエは語の音であり、シニフィエは記号内容である。例えば日本語の「海」は、音声である「うみ」とその指示対象である意味内容で構成されるが、両者の関係に必然性はない。そして音韻にしても概念にしても差異だけが意味をもつことになる。先の例で言えば、海は、山、川、魚、太陽といったすべての別の概念との差異で存立していることになる（ただし、アルファベットのような表音文字と、漢字のような表意文字は分別すべきとの議論もある）。

　この概念とそれが指し示す対象が、語る人間によって全く異なる場合があるという点は、批判的安全保障論の文脈で言えば「平和（peace）」という言葉の使われ方が好例となる。安倍首相（当時）は日本の安全保障政策の指針として「積極的平和主義（proactive contribution to peace）」という概念を打ち出していた。これは自国のみならず国際社会の平和と安全の実現のために能動的・積極的に行動するという意味である。

　例えば日本の2019年度予算案の防衛関係費（米軍再編経費含む）は過去最大の5兆2574億円で、7 年連続で増え 5 年連続で最高を更新した。陸上配備型の迎撃ミサイルシステム「イージス・アショア」など米国製の高額装備品の購入、護衛艦「いずも」型を改修する事実上の「空母化」に向けた調査費7000万円、宇宙・サイバー・電子戦などへの対応など多岐にわたる[1]。こうした流れを敷衍すれば、積極的平和主義とは防衛力の増強を通した軍事的即応力として理解することができる。

　対照的なのが平和学の父であるヨハン・ガルトゥングのいう「積極的平和（positive peace）」の概念である。平和学では、単に戦争のない状態を「消極的

平和」と呼ぶのに対して、日本がパートナーとする周辺国と強い信頼関係を築くことで、他国からの攻撃に備える必要もない状態を指す言葉として「積極的平和」の概念を使用する。同じ「平和」という言葉を使っても、指し示す内容は得て非なるものであることがわかる（この事例をデリダ的に見ると何がいえるかは後述）。

　もう 1 つ興味深い例が「慰安婦」や「徴用工」という言葉を英訳する際の論争についてである。慰安婦は直訳すると Comfort Women だが、国連人権委員会では Sex Slaves と表記された。徴用工は直訳すると Forced Labor だが、War Time Laborer との表記の変更がされたりしている。これもシニフィアンとシニフィエの組み合わせとそのズレに関するケースということができる。

　このようにソシュールの議論を援用すれば、その言葉でいったい何が語られ、想起されているのか、送り手と受け手の間で理解のズレはないのかといった問題に敏感になることができるだろう。さらに踏み込んで言えば、慰安婦には「金（軍票）は払っていたのだから奴隷ではなく売春である」という論理で、強制連行の事実はなかったと言いたいがために Slave という言葉を政府が使わないことを国内でのパフォーマンスにしつつも国連ではナンセンスであるとされるように、意味のズレが存在しうるのである。

(2) デリダ

　ジャック・デリダ（1930-2004）は、しばしばポスト構造主義の代表的論者とされる。彼は、意味は言語構造の中での差異を通して生成されるとするソシュールの言語学に同意するも、その与えられた言葉の意味さえもしばしば曖昧で、時間とともに変わりうると論ずる。書字の意味は往々にして、確定させることが難しい。むしろそれは移ろいやすく、終わりなく変化していくとする。いわゆる「差延（*différance*）」である。ソシュールに対してデリダは、「記号」と「意味」の組み合わせが変化することを考える際、「時間」を考慮する必要があるとしているのだ。

　日本の安全保障政策で言えば、日本国憲法 9 条 1 項の戦争の放棄、および 2 項の交戦権の放棄の条文の「意味」が、時代とともにどのように変遷してきた

のかを考えればデリダのメッセージは容易に理解できる。「戦後レジームからの脱却」が必要だとして自衛権をめぐる憲法解釈が変わったことも、時間とともに「過去の日本」を、「現在の日本」から見て完全に他者化する作業であるといってよい。デリダを応用して見極めることのできる立憲主義と安全保障の関係性をめぐる論点は多い。

　デリダは安全保障について何も論じてこなかったが、本書の観点からすれば彼をラディカルな理論家として理解することが可能である。西洋思想の体系では、多くの場合、二分法的理解を通して本来的に不安定な意味が確定される。例えば、原因／結果、現前／不在、主人／奴隷、男性／女性、白人／黒人、中心／周辺などである。デリダはこうした両概念は決して均しく配置されるわけではなく、大抵は最初の語がもう一方の語に対して、高位に置かれ、特権を付与されているとする。しかしすかさず付け加えられることは、前者はそれが依拠する後者がなければ決して機能しないという点である。つまり、第二項の排除を通してのみ、第一項は出現することになる。

　多分野に影響を与えたデリダだが、こうした議論は「憑在論（hauntology）」としても展開されている（デリダ 2007：37）。生きているのでもないが、かといって死んでいるのでもない、現前してもいないが、かといって不在でもない、そのような対象についてデリダは語るのである（デリダ 2007：122-123）。ある言葉の意味（内実）が、「何か」を除外もしくは排除することで確保されるという議論であるが、同時にその「何か」を完全に除外・排除することなど不可能だからこそ、何度でもその「何か」は亡霊のように登場してくるのである。日本の安全保障をデリダで読み解く1つのやり方としては、米軍基地のプレゼンスによって、沖縄の存在を日本本土のために除外された存在とすることで成り立っていると論ずることもできるだろう。一度は、アメリカの占領によって、今度は日本の領土の一部にはなったが別様の以前の継続として、日本本土からすれば過去のアメリカによる占領は終わった話であるにもかかわらず、何度でもこの問題が形を変えながらも浮上してくる。

　こうした事例は、沖縄に限ったことではなく、日本にとっての技能実習生などにも当てはめられるだろうし、さらには日本に限らず、EUやアメリカ合衆

国にとっての「不法」移民を地理的・歴史的に辿れば、かつての帝国が旧植民地の人々を搾取しているという点で類似のことを発見できるだろう。いずれにせよ、シームレスに見える国家安全保障政策に関する支配的語りを「脱構築」するアプローチは、デリダの議論がその基盤にあるといっていいだろう。

(3)　フーコー

　もう一人ポスト構造主義の思想を代表し、批判的安全保障論において欠かすことのできない人物がミシェル・フーコー（1926-1984）である。彼の前期の議論は、やはり「言葉」に注目することで展開される。しかしその研究対象は、狂気、臨床医学、性的逸脱といった、現代の世界を考える上では一見重要ではなさそうなテーマから説き起こされる。例えば狂気とは何かを論ずるのではなく、いかにして狂気の中身が、異なる時代に、異なる社会制度の中で作り出されるのかを描き出す。病院・大学・科学共同体といった諸制度を通して、狂気というものの理解を可能にした文脈に注目する。そこでは狂気と正気を構成する「真理」の体制が生まれ、「事実」として受容されていく。

　フーコーにとって「真理」は存在するようになるものだが、その意味は社会的、経済的、歴史的文脈によって不可避的に変化する。各々の文脈の中で流布する「言説（discours）」の果たす役割に注目する。ただし、フーコーのいう「言説」の理解のために参照されるのは、言語に限られない。言説は、真理が形成されるための諸々の実践・表象・解釈を通して理解される。しかも、この言説への注目は、異なる諸制度から浮かび上がってくる「真理」の分析を可能にするだけでなく、社会においてその真理が構成する「権力」の性質を理解するためにも重要となる。そこでいう真理は「知」を構成し、主体間の「権力の諸関係」を作り出す人々の理解を司る。それは自ずと人々の「行為の仕方（振る舞い）」にも効いてくる。フーコー的アプローチが「知／権力」のアプローチと呼ばれる所以である。

　先の例で言えば、日本の憲法・安全保障政策文書・外交文書の書字が時代の推移の中でどう差延するかを見るのにデリダが有用であるのに対して、時代の中で何が「真理」かについて、どのように語られてきたのかをあぶり出すのに

Box 2-1　フーコーによる権力論——3つの視角

〈権力の考え方〉

　フーコーにとっての権力とは、誰かに所有されたり、制度に集中しているものではない。そうではなく、権力とは人々の間で相互に作用するもので、かつ社会に分散しているものである。権力とは人々の振る舞いとそれが織りなす空間に影響を与えるのに利用される諸技術・戦術・戦略として理解される。主人／奴隷関係のように一方による他方の完全なる抑圧として理解すべきではない。したがって、権力関係はそれが作動するために何らかの自由が前提となる。その自由がときにある主体にとっての抵抗の場となりうる。

①主権権力（sovereign power）

　この観点からすれば、主権権力とは歴史的には王が臣民の生死を司る無条件の権利（家父長制下の権利）だったが、近代の到来とともに無条件の主権権力は条件付きのものへと徐々に置き換わっていった。誰かが法を犯すか、もしくは主権に対して反乱を起こそうとしたときに限って、それは行使されるものとなっていった。

②規律権力（disciplinary power）

　17〜18世紀にかけての近代社会の到来とともに、新しいタイプの権力関係が登場する。それが規律権力である。元々はジェレミー・ベンサムが円形の刑務所の中で、常に衛視によって監視されていると感じさせることで脱獄を防ぎ、秩序を保つものとして考案されたパノプティコン（一望監視システム）から着想を得たことに始まる。フーコーは刑務所だけでなく、学校・病院・兵舎・会社・家など、ありとあらゆる場所で、規律権力が作動しているとした。

③生権力（biopower）

　フーコーは、18世紀半ばから第3の類型の権力関係が浮上してきたことを見定めていく。それは統計学の手法によって把握されるようになった「人口」という枠組みを創出し、出生率・死亡率・公衆衛生・識字率・自殺率といった新しい知識の生成を可能にした。これにより西洋社会では、人間を種として捉え、人口の生物学的な諸特徴が政治戦略のターゲットとなる。フーコーは、この人口を生かす政治を「生政治（biopolitics）」と呼び、人口を生かすために作動する権力を「生権力」と呼んだ（フーコー 2007a：1976年3月17日の講義）（第7章も参照）。

有用なのがフーコーだろう。戦後日本の安全保障政策が、時代ごとにどのように推移してきたのか、時代ごとに何が「真理」とされてきたのかを追うことができる。

その際、国家の安全保障を考えるにしても、人々が毎日のように接するメディア（ネット、テレビ、ラジオ、新聞など）や、大衆文化（漫画、映画、音楽など）の中で流通する言説が、それをどう表現しているのかを拾い上げていくことも言説分析にとって有用な素材となる。いわゆる「大衆地政学（popular geopolitics）」の議論である（第11章 Box 11-2 を参照）。

他方でフーコーには一貫して権力への関心があったものの、前期の『言葉と物』以降、研究関心が「言説」から「身体」、さらには個々の身体から、集合としての「人口」へと移行していったことが近年の彼のコレージュ・ド・フランスでの講義の相次ぐ刊行の中でわかってきた。「人口」とは言い換えれば「人の群れ」である。フーコーは人の群れの統治について考えていくのだが、それに関連付ける形で「主権」、「規律」、「安全」という三角形が構成されていることを論じている（フーコー 2007b：16, 132）。そこで図式的にはなってしまうが、フーコーの権力論にとっての鍵となる 3 類型を挙げておく。

フーコーの一連の研究に触発された安全保障の研究者は、身体や人口という分析視角を切り口に、「国家安全保障」の枠組みを「人間の安全保障」の枠組みによって補完したり、さらには取って代えることができるようになった。なぜなら、リアリズムの安全保障論にあっては、国内に生きる人々の状況は捨象されたり、ブラックボックスにされていたものが、（諸）国家との関係を意識しつつも、どのように人々は生かされているのかを研究対象とできるようになったからである。例えば、国家の経済の安定や、保健・衛生・社会保障などの整備を通した人口の活性化や生命維持といったテーマが、安全保障研究のテーマとして浮上してきたといってよい。いわゆる「統治性（governmentality）」といわれる研究手法による安全保障研究の展開である。

「統治性」とは一言で言えば「行為の導き（conduct of conduct）」である。例えば、近年様々な分野で行われてきた公共部門の民営化などは、諸政策をもう一段上のレベルで導いている新自由主義的なメンタリティが自己管理や自己責

任という形で作動したほんの一例であり、その他にも無数の例を見つけることができる。もう１つのケースとしては、強権政治を行う権力者の意図を推し量ったり、喜ばせようとしたりして行う、政治家・官僚・財界人・メディアなどによって行われる「忖度」も、統治性の守備範囲といっていいだろう（Cf. ウォルタース 2016：16）。さらには「マッチョな」思考もこれで分析可能である。「行為の導き」に注目すれば、「女性は産む機械である」とか、「LGBTQの人々が増えれば国は亡ぶ」という発言など、発言者のメンタリティのもう一段上で作動している論理が何なのかを突き止めることができる。これは日本に限ったことではなく世界中で広がっている現象として研究することができる。

　「新自由主義」であれ、「忖度」であれ、「男らしさ」であれ、フーコー的アプローチに依拠すれば、人口の統治を舞台に、政治にかかわる者たちの行為の反復が「ある種の秩序」を作り出していく様を鮮やかに描き出すことができる。

2　安全保障研究におけるポスト構造主義的転回

　現代思想の巨人たちの核になる発想を理解した上で、やっと批判的安全保障論の主要な議論へと入っていけるわけだが、こうした流れの口火を切った人物として、リチャード・アシュリー、ジェームズ・ダーデリアン、マイケル・シャピロ、ロブ・ウォーカーといった一連の国際政治学の理論家たちが挙げられる（Ashley 1988；Der Derian and Shapiro 1989；Walker 1993）。

　彼らは、これまでの多くの国際政治学の現実主義者たちが国際政治は不変で安定した構造によって作られていると主張する際に、ヒエラルキー／アナーキー、内部／外部、自国／他国といった二項対立的思考に依拠して繰り返されてきたことを、デリダやフーコーを参照しながら批判したのだった。

　とりわけデイヴィッド・キャンベルは、アメリカ合衆国の外交政策をケースにポスト構造主義的手法による安全保障読解を可能にする画期的な仕事をしている（Campbell 1998）。彼はデリダの言語と意味の生成の議論を援用し、アイデンティティの構築は自己と他者との間に境界線を引き、差異を形成することで構成されると論じた。つまり国家のアイデンティティは所与の構造によって

措定されるのではなく、他者との関係性の構築（小文字の外交政策の反復）の中で作り上げられると論ずる。彼が特に重視する概念が「危険（danger）」である。危険な他者という認識は、客観的に決定されるものではない。それは危険性の様々な次元の解釈を通してのみ、理解されていく。アメリカにとってのイスラエルやイランとの関係や、日本にとっての中国・韓国・北朝鮮との関係にしても、その都度、何がどう危険なのかが、どのように語られ、書き込まれていくのかが鍵となる。今度は、その言葉が人々の理解を構成していくという意味で、「行為遂行性（performativity）」をもつのである。行為遂行性とは、例えば「Aは危険な存在」であるという言説を受けた別の主体Bが、「Aは危険な存在」であるというところをスタートラインにして、Aに対する振る舞いをある方向に構築する力をその言説がもっていることを指し示す概念である。

3　国際政治社会学

　以上見てきたように、ポスト構造主義的手法を採用してきた論者たちは、国内政治（政治・経済・治安など）と国際政治（外交・安全保障政策）の境界線を所与とするアプローチそのものに疑義を呈してきたことがわかるが、そのことは自ずと既存の社会科学の存在論そのものに批判の目を向けることになる。例えば、政治学・社会学は相互補的でどちらも古典的なポリスをその源流に想定していること、また近代的主体として市民≒国民が措定されている点などである。そうなると政治学も社会学も、国家を歴史的プロセスの中に位置づけて相対化するのではなく、起点として理解する方法論的ナショナリズムを暗に採用していると指摘される。その結果、政体と社会という2つの集合体の外側に国際関係の領域が置かれる（Walker 2009）。

　こうした問題意識から、国際―政治―社会を各々完結したものとして切断するのではなく、横断的につなげる必要性が訴えられることになる。それが国際政治社会学（International Political Sociology: IPS）という議論の場の登場であった。それを牽引した人物は、まずもってロブ・ウォーカーであり、パリ学派（第3章参照）形成に貢献したディディエ・ビーゴであった（Bigo and Walker

2007)。

　例えば、ビーゴにとって内部と外部という境界線は、侵食されたものというよりも、脱構築されるものと理解されている。彼の得意な研究対象は EU の内部と外部に関する諸テーマである。EU を構成する各国の相互依存関係の深化に伴い、国境線の意味が希薄になる反面、EU の構成的外部からの「難民」や「不法移民」に対する境界線は強化される（第10章を参照）。EU の安全保障をめぐってかかわる専門機関、各国政府、NGOs、民間企業などの諸アクターが複雑に絡み合う状況をピエール・ブルデューの「場」の理論を援用しながら議論を組み立てていく（Bigo and Guild eds. 2005 ; Bigo and Tsoukala eds. 2008）。「場」とは、社会が高度に分化しているところで、多くの相対的に自律した諸空間を指し示す概念である。例えば、法、権力、宗教、科学、大学、芸術など一般的には各分野と呼ばれるものを、法の場、権力場、宗教場などと捉える。それによって諸関係のシステムのかたまりを場として把握して分析できる。そこでは国内／国際の区分はより複雑化し、特定のフィールド（場）をめぐって様々なアクターが交錯していることがわかる。

4　例外状態を通した安全保障の確保

　1 の(3)でフーコーが論じた「主権」、「規律」、「安全」という三角形を考える際、近年とりわけ問題となっているのが、「主権」概念である。なぜなら、近年、グローバル化の中で国家間の関係が緊密になった結果、逆説的に国内の秩序が一時的に極度に国際的緊張をはらむ瞬間が後を絶たないからである。例えば、アメリカのみならずヨーロッパの国々などで散発的に発生する過激派によるテロリズムや、エジプトやトルコなどの中東諸国で発生するクーデター、フィリピンにおける超法規的殺人などのケースを考えてみたい。「国内秩序」を守るために、戒厳令や非常事態宣言を出すことで、「一時的に」国内法そのものを停止するといった場合である。平時の法秩序が宙吊りにされた状況をしばしば「例外状態」と呼ぶ。「9.11」の後の対テロ戦争の一環で、キューバにあるグアンタナモ米軍基地に収監されたテロ容疑者を「法が適用されない敵戦

Box 2-2　「例外」の思想家

カール・シュミット（1888-1985）

　シュミットは、例外状態の問題を最初に提起した代表的な法学者であり政治哲学者である。彼は「主権者とは、例外状態に関して決断を下す者である」（シュミット 1971：11）と論じ、大統領が強力な執政権を行使することを認めている。というのも、彼にとっては、混沌とした状況を、通常の法秩序へと戻すことができるのは機能不全に陥っている議会制市民主義ではなく、決断を下すことのできる主権者だけだからである。それが独裁を正当化する理論へと展開されていた。

ヴァルター・ベンヤミン（1892-1927）

　ベンヤミンは、シュミットと並んで20世紀初頭のドイツを代表する思想家であり、シュミットの主権論に批判的に向き合った人物である。シュミットが憲法を停止することで憲法の存立を防衛するという観点から例外状態を肯定したのに対して、ベンヤミンはそれを神話的暴力と捉え、この暴力が法を措定する暴力でもあるため、これに対抗する神的暴力を擁護した（ベンヤミン 1994）。先のナチスによるルールの制定と関連させて考えれば、それを揺るがし、NO を突きつける行為が神的暴力となる。ベンヤミンの中には、例外を作り出す主権者への不信が見て取れる。

闘員」とした例はあまりに有名である。また近年日本での憲法改正の論点の中で度々登場してくる「緊急事態条項」の新たな挿入の議論や感染症対策としての緊急事態宣言の議論は、この流れの中に位置づけて理解することができることは言うまでもない。

　しかし例外状態の議論は今に始まったことではなく、1920年代にドイツのワイマール憲法の第48条の国家緊急権が乱用されていく中で、最終的にはナチ党による全権委任法へとつながった苦い経験がある。

　この例外の論理に基づけば、「自由民主主義」国家を構成する人口を防衛するために、拷問・強制的な引き渡し・無期限拘留といった通常の法の支配下では許されない非自由民主主義的措置が、主権の行使の観点から正当化される。

　こうした近年の世界各国の強権化を理論化するかのごとく、注目されているのがジョルジョ・アガンベンである。彼は、「例外状態」が現代政治における支配的なパラダイムになったと見る。「例外」は、もはや文字通りの一時的な

> **Box 2-3　リスク、先制攻撃、大惨事**
>
> 　脅威や危険といった概念が、主観的要素の中で確定されることが少なくないのに対して、近年議論の俎上に載ってくる「リスク」は過去のビックデータの集積とも相まって、将来に起こる災害などを計測し、発生確率という形で、可視化することができるものとなっている。今日、自然災害・感染症・気候変動・金融危機など、実に多岐にわたるテーマが安全保障上のリスク管理の対象とされている。
>
> 　リスクに基づいたアプローチはそれによって脅威を取り除くことはできない。むしろ、予測も特定もできない物事も数値化することで何かありうるものへと変換できるのが特徴である。近年は、発生する確率は低いが、実際に起きてしまうと途轍もない被害に結びつく可能性のあるものを「カタストロフ（大惨事）」として措定し、未来の安全保障の確保のために、行動不可能なはずの領域を行動可能なターゲットへと変換する統治が広まりつつある（Aradau and van Münster 2011）。今や人口の統治に時間軸が埋め込まれたことがわかるだろう。しかもマスとしての人間だけを見るのではなく、人々の生活を取り囲むインフラ、都市、環境などマテリアルなものと、人口との関係性を総合的に分析していくポスト・ヒューマンな生政治の段階に入ったといえる（Aradau 2010; Coward 2009; Lundborg and Vaughan-Williams 2011）。

例外ではなく、「規範」の一部ともなっており、両者は区別が曖昧で不可分となっていると考えるのである（アガンベン 2003）。というのも、近年の国家の強権化の背景には、テロやクーデターが起こってから手を打つのではなく、事前に先回りして主権行使を先制的に行うということが頻繁に起きているからである。ブライアン・マッスミはこの先制的主権行使を「差し向けられる権力（on-topower）」と呼ぶ（Massumi 2015）。かつてフーコーが、主権は無制限に行使されるのではなく、厳しい条件がつけられるとの言明が、今日的文脈ではひっくり返っていくような状況である。アガンベンはこうした主権権力によって誰もが死に至らしめられうる「剥き出しの生（bare life）」であり、主権者であるはずの人民の誰しもが例外の犠牲者たりうることを指摘する（アガンベン 2007）。加えて、フーコーが論じた「安全」概念についても、アガンベンは国家を相対化しつつ人口を養うという観点で考えるのではなく、むしろ例外状態の問題に引き付ける。現代の安全国家が「全般的な恐怖状態の維持、市民の脱政治化、

あらゆる法の確実性の放棄」の下に立ち現れており、それが人権を危うくして
いることに警鐘を鳴らすのである（アガンベン 2016：205）。

5　残された課題

　以上のように概観的ではあるがポスト構造主義的アプローチによる批判的安
全保障論の特徴を見てきた。これらは、既存のオーソドックスな国際政治学で
は見ることのできない複雑な諸相を捉えるのに有用である一方で、それらに対
する検討に値する批判も存在している。以下では今後の課題としてそれら批判
を今後の洗練化のために提示する。

(1)　安全保障政策担当者との対話の（不）可能性

　例えば伝統的な安全保障政策の方針をリアリズム的な国際政治学から導き出
し、そこから策定する実践が長く続いているとする。典型的な政策としては
「抑止」というものが挙げられるだろう。「抑止というのは要は脅しで、それで
相手が胸襟を開くはずがない」といった本質的な批判をするとする。しかし時
の政権が「対話のための対話は不毛である」という立場を出し、既定路線の安
全保障政策を批判的に検討するという立場を変える気は微塵もないとすればど
うだろうか。こうした状況に対して批判的検討をすることにどれくらいの意味
があるのか、という批判がありうる。また官僚の立場からしても、安全保障政
策に限らず、政権の意向に反するような政策の推進は、自己保身・出世的にも
組織的にも（結果的に信念的にも）、不可能な選択肢に映るかもしれない。

　しかし未来永劫不変の安全保障政策というものも存在はしない。世界で潮目
が変わりつつある中で、クリティカル・シンキング（批判的思考）がその国の
未来を救う場合もある。かつて冷戦期にソ連の当時の副外務大臣だったウラジ
ミール・ペトロフルスキーが、二極構造の限界を感じ、袋小路の「現実」を変
えるために、創造的な別のアプローチがないか模索していた時に、ヨハン・ガ
ルトゥングが1959年に創設したオスロ国際平和研究所（PRIO）が発行するリ
サーチ・ペーパーに触発され新しい活路を見出されたケースがある（Galtung

and Fischer 2013：8-9）。それが契機となってゴルバチョフによる新思考外交に
もつながり、冷戦構造そのものを解消したと見ることができる。そこで鍵を
握ったのは、クリティカル・シンキングであり、創造性であったことは言うま
でもない。つまり、第1の政策担当者からの批判に対しては、別のオプション
は常に頭の中に描く備えをしておくことが、必ずどこかで役に立つはずだと応
答することができる。

(2)　西洋中心主義の再生産にならないのか

　先に紹介したビーゴの議論が EU とその外部の難民問題を扱っているのが象
徴的なように、ポスト構造主義的アプローチは西洋中心もしくはヨーロッパ中
心主義であるというポスト・コロニアリズム（第4章参照）からの痛烈な批判
がある。所詮、世俗的なヨーロッパ中心的な世界観を保持するからこそ、批判
が可能になるのではないのか、という指摘である（Shani 2008）。世俗的アプ
ローチを上位に置き、宗教的要素をもつ「非西洋」を下位に位置づける認識は
ある種のバイアスの再生産にもなりうる。

　しかし、バリー・ハインデスやエンギン・イシンの一連の研究は、「市民権
（≒シティズンシップ）」概念が西洋とその外部を分け隔てるためのツールとして
作動してきたことを指摘する（Isin ed. 2015；Helliwell and Hindess 2017）。これ
は国際政治社会学が、ポスト・コロニアリズムとポスト構造主義的アプローチ
の橋渡しを重要な作業であると捉えていることの証左であり、そこにはより建
設的な発展を見て取れる。

(3)　主権権力論の問題点

　先に示した主権・規律・安全のトリアーデの一角を占める「主権」概念を、
アガンベンはフーコーを批判的に検討する形で発展させてきたが、この方向で
の主権権力論に対する批判は多い。例えば、ジュディス・バトラーは、アガン
ベンが人口の中でも権力が等しく行使されることはなく、人種やエスニシティ
などの違いを理由に、同じ人間であっても「剝き出しの生」として種差的な形
で特定の生が犠牲になるという問題の説明に失敗しているとして批判している

（バトラー 2007）。また対テロ戦争の被害者の中で女性に焦点を当て、それを理解しようとするとき、「ホモ・サケル」という概念（さらには生政治の研究手法）が不適切で、ジェンダーの視角を全く欠いていると批判する者もいる（Masters 2009）。

⑷　新しいマテリアリズムとの関係について

エリザベス・ポヴィネッリは、西洋起源とされる存在論（ontology）は、人間の生を中心に置いて語られることが暗黙の前提なので、本当は生存在論（bi-ontology）であると指摘する（Povinelli 2016：17, 52）。したがって、言語への着目も人間が他の生命に対して特別であるという含みを拭いきれない。生政治論にしても、人間の生命の確保が大前提にあり、その防衛のために、それ以外の存在を犠牲にすることの問題性はそもそも問われなくなる。近年の気候変動問題を考えるとわかりやすい（第6章参照）。人口爆発による地球への負荷の増大に起因する温暖化や大災害の頻発化の問題は、人間の安全保障だけを考えてきたツケではないのか。そのような問いが投げかけられるとき、この「生／非生」の当然のごとき線引きそのものが暴力性をはらんでいるというポヴィネッリの指摘は、より根源的な意味でも、安全保障のあり方を考える意味でも検討に値する。

設　問
- ソシュール・デリダ・フーコーのそれぞれの議論を使うと、日本の安全保障政策の何を分析することができるか説明せよ。
- 統治性とは、「行為の導き（conduct of conduct）」であるが、人々の発言や振る舞いを導く思考が観察できるケースをいくつか挙げながら、自分の言葉で説明せよ。
- 多岐にわたる研究がポスト構造主義的アプローチの中に包摂されているが、この研究群に差し向けられている批判としてどのようなものがありうるか挙げ、それらを乗り越えることが可能かどうか、説明せよ。

【注】
1）　2018年12月22日、『日本経済新聞』朝刊4面。
2）　ポスト・コロニアリズムの立場ではないが、政治理論の一般的な立場から結果的に同様の指摘になるものとしては以下を参照（バーテルソン 2006）。

〔参考文献〕
アガンベン，ジョルジョ（2003）『ホモ・サケル──主権権力と剝き出しの生』高桑和巳訳、以文社
アガンベン，ジョルジョ（2007）『例外状態』上村忠男・中村勝己訳、未來社
アガンベン，ジョルジョ（2016）「法治国家から安全国家へ」西谷修訳、『世界』879号、202-205頁
ウォルタース，ウィリアム（2016）『統治性：フーコーをめぐる批判的な出会い』阿部潔ほか訳、月曜社
シュミット，カール（1971）『政治神学』田中浩・原田武雄訳、未來社
デリダ，ジャック（2007）『マルクスの亡霊たち』増田一夫訳、藤原書店
バーテルソン，イェンス（2006）『国家論のクリティーク』小田川大典ほか訳、岩波書店
バトラー，ジュディス（2007）『生のあやうさ──哀悼と暴力の政治学』本橋哲也訳、以文社
フーコー，ミシェル（2007a）『社会は防衛しなければならない』石田英敬・小野正嗣訳、筑摩書房
フーコー，ミシェル（2007b）『安全・領土・人口──コレージュ・ド・フランス講義 1977-1978年度』高桑和巳訳、筑摩書房
ベンヤミン，ヴァルター（1994）『暴力批判論──他十篇』野村修編訳、岩波書店
Aradau, Claudia（2010）"Security That Matters: Critical Infrastructure and Objects of Protection," *Security Dialogue*, vol. 41, no. 5, pp. 491-514.
Aradau, Claudia and van Munster, Rens（2011）*Politics of Catastrophe: Genealogies of the Unknown*, Abingdon, Oxon: Routledge.
Ashley, Richard K.（1988）"Untying the Sovereign State: A Double Reading of the Anarchy Problematique," *Millennium: Journal of International Studies*, vol. 17, no. 2, pp. 227-262.
Bigo, Didier and Guild, Elspeth eds.（2005）*Controlling Frontiers: Free Movement into and within Europe*, Aldershot: Ashgate.
Bigo, Didier and Tsoukala, Anastassia eds.（2008）*Terror, Insecurity and Liberty: Illiberal Practices of Liberal Regimes after 9/11*, London: Routledge.
Bigo, Didier and Walker, R. B. J.（2007）"International, Political, Sociology," *International Political Sociology*, vol. 1, no. 1, pp. 1-5.
Campbell, David（1998）*Writing Security: United States Foreign Policy and the Politics of Identity*, 2nd Revised, Minneapolis: University of Minnesota Press.

Coward, Martin（2009）*Urbicide: The Politics of Urban Destruction*, London: Routledge.

Der Derian, James and Shapiro, Michael J. eds.（1989）*International/Intertextual Relations: Postmodern Readings of World Politics*, Lexington, Mass.: Lexington Books.

Galtung, Johan and Fischer, Dietrich（2013）*Johan Galtung: Pioneer of Peace Research*, Heidelberg: Springer.

Helliwell, Christine and Hindess, Barry（2017）"The Great Map of Mankind," *International Political Sociology: Transversal Lines*, eds. Tugba Basaran *et al.*, London: Routledge, pp. 145-162.

Isin, Engin ed.（2015）*Citizenship after Orientalism: Transforming Political Theory*, Basingstoke, Hampshire: Palgrave Macmillan.

Lundborg, Tom and Vaughan-Williams, Nick（2011）"Resilience, Critical Infrastructure, and Molecular Security: The Excess of "Life" in Biopolitics," *International Political Sociology*, vol. 5, no. 4, pp. 367-383.

Massumi, Brian（2015）*Ontopower: War, Powers, and the State of Perception*, Durham: Duke University Press.

Masters, Cristina（2009）"Femina Sacra: The 'War on/of Terror', Women and the Feminine," *Security Dialogue*, vol. 40, no. 1, pp. 29-49.

Povinelli, Elizabeth A.（2016）*Geontologies: A Requiem to Late Liberalism*, Durham and London: Duke University Press.

Shani, Giorgio（2008）"Toward a Post-Western IR: The "Umma," "Khalsa Panth," and Critical International Relations Theory," *International Studies Review*, vol. 10, no. 4, pp. 722-734.

Walker, R. B. J.（1993）*Inside/Outside: International Relations as Political Theory*, Cambridge: Cambridge University Press.

Walker, R. B. J.（2009）*After the Globe, Before the World*, Abingdon: Routledge.

第3章

セキュリタイゼーション

大山　貴稔

1　国家の脅威、市民の自由、民主主義──スノーデンの暴露をめぐって

　本章では、批判的安全保障論の分析視角であるセキュリタイゼーションについて解説する。それに先立って、まずは次の事例を頭に浮かべてもらいたい。

　2013年6月、アメリカ国家安全保障局（National Security Agency: NSA）による通信傍受の実態が白日の下にさらされた。NSAで勤めていたエドワード・スノーデンの内部告発により、アメリカ国民をはじめとする世界各地の人々がNSAの監視下にあったことが明るみに出されたのである。GoogleやApple、Facebookといった大手IT系企業によるウェブサービスなどを対象に、メールや通話、資金取引などをめぐる膨大なメタデータが収集されていたという。テロ対策という名目で強化されてきた傍受システムだったものの、テロとの関わりが薄そうな人々までもが傍受されていた。このような自国民のプライバシーをも侵害するNSAの活動にスノーデンは違和感を抱いており、実態を暴くことで国民の判断を仰ごうとしたわけである（スノーデンほか 2017）。

　NSAがアメリカ国内で通信傍受を拡大させたのは、2001年の同時多発テロ事件を受けてからのことであった。当時のブッシュ大統領がテロ対策の名の下に、NSAによる通信傍受を秘密裏に承諾したことに端を発する。本来であれば裁判所の令状を要する行為であったものの、法的／政治的手続きを踏まずして違法性の高い通信傍受が行われていたことになる。これらの例において明らかなのは、テロ対策＝セキュリティを目標とする中で通常の法的／政治的手続

きを踏まない例外措置がとられていたということである。立憲民主主義の基礎をなす個人の自由が蔑ろにされてきたとともに、NSAの活動がセキュリティの観点から正当化されてきたという構図を見て取れよう。

　この事例を通して押さえたいポイントが2つある。1つは、セキュリティという思考枠組みに依拠したときに、通常の法的／政治的手続きから逸脱した展開が繰り広げられることがあるということである。もう1つは、それまでは通常の手続きの中で対処されてきたことだとしても、ある時からセキュリティの問題に格上げされることがあるということである。これらの点を視野に入れるのがセキュリタイゼーションという分析視角である。通常の政治問題がセキュリティの問題へと移り変わるプロセスを浮かび上がらせ、セキュリティの思考枠組みの中で特権を得ている問題を捉え直すきっかけを与えてくれる。

2　セキュリティ概念の問い直し

　しかし、いかにしてセキュリティを確保するかを考えるのではなくて、セキュリティの問題へと格上げされるプロセスを捉えようとするのはなぜだろうか。このような分析視角が打ち出された背景を捉えるために、本節ではセキュリティをめぐる学説史的ないきさつを振りかえることにしたい。

(1)　冷戦期アメリカにおけるナショナル・セキュリティ研究の変遷

　ナショナル・セキュリティの研究は、冷戦期のアメリカで活性化したものであった。とりわけ、1950年代半ばから60年代半ばにかけて戦略研究（strategic studies）が発展したことは大きな追い風となっていた。アメリカに続いてソ連も水爆を手にしたこの時期に、核兵器を視野に入れた新たな軍事戦略が求められるようになったのである。全面核戦争にまでエスカレートさせずに自らの目標を達成すべく、抑止、交渉、制限戦争、軍備管理などをめぐって研究が進められた（Gray 1982：29-85）。そこでは、合理的に行動する敵国と対峙する状況を仮定して演繹的な推論を重ねる科学主義的な研究が多かった。軍事力以外の要素や、政府の意思決定をめぐるダイナミズムなどは捨象されがちであった

Box 3-1　日本とヨーロッパにおけるセキュリティ概念の展開

　国際的な権力政治において力の多元化が進むとともに、相互依存の進展を受けて経済的イシューの重要性が意識されるようになる中で、日本では1970年代末から「総合安全保障」という概念が用いられるようになった。論者によって幅のある曖昧さを残した概念ではあったものの、大平正芳政権期（1978～80年）には政策論議の中核的な位置を占めるなどの重要な意味合いを帯びた（中西 1997）。他方で、ヨーロッパにおいても「共通の安全保障（common security）」という概念がおおむね同時期に打ち出された。ソ連が中距離核ミサイルを東ヨーロッパに配備する（1975年）など、東西対立の緊張が高まってきたことを受け、東西共通のセキュリティを模索しようと方向づける概念であった。東西間でゼロ・サム的な軍拡競争を続けるのではなくて、双方の不安を取り除いて信頼醸成を促す政策が進められることになった（神谷 2009：17）。

（Walt 1991：214-215）。ソ連の脅威にいかに備えるかが差し迫った課題とされる中、国家間の軍事バランスに焦点を当てる視座が普及していたのである。

　これに対し、1960年代末頃から新たな潮流が見られるようになる（中西 2007：55-57）。第1に、平和研究（peace studies）の台頭である（Buzan and Hansen 2009：101-155）。科学主義的な手法に依拠しながらも、緊張緩和の道筋を探ることを主たる関心事とする潮流であった。軍事バランスに主眼を置いたパワー・ポリティクスへの批判として、ベトナム戦争が泥沼化する中で求心力を帯びるようになった（臼井 1976）。第2に、国際政治経済学の台頭である。変動相場制導入や石油危機勃発といった70年代初頭の構造的な変化を受け、経済的イシューが国家の中核的価値に及ぼす影響が問われるようになった。国際機関や多国籍企業といった非国家アクターも重視されるようになり、争点となるイシューごとに力の源泉が異なるという理解も生まれた（ナイ／コヘイン 2012）。

　こうして世界情勢の変化が意識される状況において、セキュリティをめぐって取り上げられる現象も広げられた。貿易やエネルギー供給、環境問題なども視野に入れられるようになり、70年代後半にはセキュリティという概念そのものが問い直されるようになった（中西 2007：56-57；本章 Box 3-1）。しかし、ベ

トナム戦争が終わってデタントが崩壊した頃から戦略研究が再び盛んになり、国際システムの構造に焦点を当てるネオリアリズムも活性化し始める（Walt 1991：216-222）。そのため、アメリカにおいては国家中心・物質中心（軍事力や経済力など）の認識枠組みを問い直す動きは主流化しなかった。この状況に対して繰り広げられたのが「第3論争」であった（第1章2(1)参照）。

(2)　ヨーロッパを中心とする新たな潮流──アベリストウィス、コペンハーゲン、パリ

冷戦後はコンストラクティヴィズムの流行によって物質中心の見方が緩められることになった。とはいえ、アメリカでは国家の軍事問題に主眼を置く伝統的なセキュリティ概念が根強くあり、そこに新たな独立変数として「文化」が持ち込まれたにすぎなかった。これに対し、「セキュリティとは何か」「何をセキュリティの対象とすべきか」を問いなおす議論はヨーロッパにおいて盛んになった。その代表的な潮流として3つのアプローチを紹介したい。

第1に、アベリストウィス（またはウェールズ）学派と呼ばれるアプローチである（第1章4参照）。戦争や貧困、政治的迫害などで生活の機会が制約される状況を問題視して、そこから人々を「解放」することをセキュリティに達する道とした。生存のためのセキュリティだけを見るのでなく、人々が自由にものごとを選択しうる余地を重んじた捉え方であった。人間に焦点を当てた分析を行うことにより、国家はそれを達成するための副次的な存在とされた（Booth 1991：320）。「人間の安全保障」につらなる一潮流とされている（栗栖 1998：2）。

第2に、コペンハーゲン学派と呼ばれるアプローチである。コペンハーゲン平和研究所の共同研究によって形づくられた見方であり、そこで中心的な概念とされたのがセキュリタイゼーションであった。ブザンやヴェーヴァが代表的な論者として知られている。「セキュリティとは何か」は一義的に定めうるものではなく、人々が「セキュリティの問題」とみなすことがセキュリティの問題となる、という姿勢が土台とされている。そのため、セキュリティをめぐる人々の語りの変遷に関心が向けられることになる。

第3に、パリ学派と呼ばれるアプローチである（第2章3参照）。人々の語り

に着目したコペンハーゲン学派に対し、各国政府や NGO などの相互作用を通して脅威が形づくられる様子に焦点を当てた研究がなされてきた。脅威に備えるための実践がルーティン化／制度化される中で、それらが統治技術の一手法として取り込まれていく過程にも関心を寄せている。フーコーやブルデューの議論を基礎として、政治領域とセキュリティ領域の連続性を捉えてきたアプローチともいえるだろう。

　このようにして、ヨーロッパではセキュリティをめぐる新たな認識枠組みが模索されてきた。そこでは、民族紛争や移民・難民問題、テロリズムといった1990年代以降に顕在化したイシューが念頭に置かれることが多かった。上記のいずれのアプローチを見ても、①国家中心・軍事中心の伝統的な認識枠組みから距離を置き、②セキュリティについて述べること自体が帯びている政治性を認識した上で、③セキュリティのためのより良い実践を模索する、という批判性があり（Browning and McDonald 2017）、「アメリカの社会科学」といわれる国際関係論の中でも独自の発展を遂げた下位分野となっている（塚田 2017）。

3　セキュリタイゼーションという分析視角

　先ほども触れたように、セキュリタイゼーションの分析視角は冷戦後のリアリティを捉える試みの 1 つとして関心を集めてきたものである。この分析視角についての理解を深めるために、本節ではまずブザンとヴェーヴァが打ち出した基本的な枠組みについて解説する（1 項、2 項、3 項）。その上でブザンらの枠組みをめぐって繰り広げられた批判を概観し、セキュリタイゼーション研究の到達点を確認しよう（4 項）。

(1)　発話行為によるセキュリティ・イシューの社会的構築

　セキュリタイゼーション（securitization）は "security" と "zation（〜と化す）"を合わせた言葉である。すでに触れたように、ある問題がセキュリティ・イシューとして位置づけられるまでのプロセスを視野に入れた分析視角である。「経済」や「環境」、「人間」など、様々な言葉を冠するセキュリティ概念が入

り乱れている中で、「セキュリティとは何か」「何をセキュリティの対象とすべきか」という問いに対して 1 つの答えを示した切り口であった。ここで基礎とされたのが発話行為（speech act）という考え方である（オースティン 2019）。

　「セキュリティとは X である」「Y をセキュリティの対象とすべきである」と議論を重ねてきた従来のセキュリティ研究を振り返ると、①セキュリティという概念は揺るぎない意味をもつべきであり、②その意味に照らして客観的に世界を捉えればセキュリティの対象が明らかになる、という前提を多かれ少なかれ見て取れよう。いわば、事実確認的（constative）にセキュリティを論じてきたのである。これに対し、セキュリティを論じること自体が人々の考え方を方向づける発話行為であると見ることもできるだろう。例えば、イソップ寓話の「オオカミ少年」を思い出してもらいたい。羊飼いの少年が「オオカミが来た！」と叫ぶと、村人たちが慌てて助けに駆けつけるという一幕がある。実際にはオオカミはいなかったものの、少年が自らの身に差し迫った脅威を想像させる嘘の言葉を叫ぶことで、村人たちを呼び寄せるという力を行使したシーンと捉えることも可能であろう。こうした発話の行為遂行的（performative）な一面に光を当て、セキュリティという問題領域が社会的に形づくられるプロセスを捉えるのがセキュリタイゼーションの分析視角である（Wæver 1995）。

⑵　セキュリタイゼーションとはどのような現象か

　では、セキュリティという問題領域が社会的に形づくられるとはどういうことだろうか。もう少し具体的に見てみよう。ブザンとヴェーヴァによると、あらゆる公的問題は《①政治化されていない問題（nonpoliticized）→②政治化された問題（politicized）→③セキュリティ化された問題（securitized）》というスペクトラムの中に位置づけられる（Buzan *et al.* 1998：23-24）。このスペクトラムにおいて②から③に移り変わることがセキュリタイゼーションと呼ばれている。例えば、立憲民主主義に基づく国家の場合、平時には政治権力の行使に対する制度的な制約が設けられている。しかし、実存する脅威を前にして緊急措置が求められるような状況など、平時には守られるべき手続きを踏まずに行動に移されることもあるだろう。このような例外状態を生み出すきっかけとなっ

ているのが《セキュリティ化された問題》である。

　ならば、公的問題のセキュリタイゼーションはどのようなときに生じるのであろうか。最初に目をつけるべきポイントは(1)で述べた発話行為である。その公的問題がセキュリティ・イシューであると語られることが出発点とされている。とはいえ、ここで重要なのは「セキュリティ」という言葉が用いられるか否かではない。その語りにおいて、脅威にさらされた＝守られるべき対象（referent objects）が示されていることが重要である。このような、ある問題をセキュリティ・イシューとして位置づけようとする言説上の試みはセキュリタイジング・ムーブ（securitizing move）と呼ばれている。そして、セキュリタイゼーションを引き起こそうと努める人々をセキュリタイジング・アクター（securitizing actors）という。脅威を取り除くには緊急措置が必要であり、そのためにも自らに特別な権限を与えるべきだと説くのである。

　次に目をつけるべきポイントは、発話行為を受け入れる聴衆（audience）である。ここで、先ほどの「オオカミ少年」の話に戻ってみよう。この寓話には続きがあった。少年は村人たちが駆けつけたことに味を占め、その後も「オオカミが来た！」と嘘を重ねたのである。当然、村人たちは少年のことを信用しなくなる。そんなある日、少年は本当にオオカミに出くわしてしまう。少年は必死に「オオカミが来た！」と叫んだものの、村人たちが助けに来ないという結末を迎える。この寓話に見て取れるように、脅威の源泉が実在するか否か以上に、セキュリタイジング・アクターの発話行為が聴衆に受け入れられるか否かが重要性をもっているのである。発話が聞き入れられずに終わるセキュリタイジング・ムーブと、聴衆が聞き入れた上で緊急措置に移されるセキュリタイゼーションを区別すべきとブザンとヴェーヴァは述べている。

　このように、セキュリタイゼーションは聴衆が聞き入れて初めて成立する間主観的な現象である。このことを踏まえた上で、セキュリタイジング・アクターの発話行為が聴衆に受容されやすい条件についてまとめておこう（Buzan *et al.* 1998 : 32-33）。第1に、発話内容についての内的な条件が挙げられている。脅威が実存することを明らかにして、もはや後に引けない局面にあることを示した上で、取りうる解決策を打ち出すような論法が効果的と見られてい

る。第2に、発話行為をめぐる外的な条件が挙げられている。例えば、政治家や官僚といったような権力を有する発話者であれば、聴衆が聞き入れる可能性も上がるだろう。また、脅威とされる対象そのものの性質によっても聴衆の反応は左右されるだろう。これらの条件を満たしたときにセキュリタイゼーションは促されやすいという。これは軍事や環境、経済といったセキュリティ・セクターの違いを越えて、広く見て取れる傾向とされている。

(3)　セキュリティを追い求める思考枠組みを相対化する

セキュリタイゼーションの分析視角が提示されたことで、これまでは静的に捉えられてきたセキュリティという問題領域を動的に捉えられるようになった。しかし、セキュリティが間主観的な現象であるとわかったとしても、実際に脅威が感じ取られている状況に対してどのような知見を引き出すことができるだろうか。

一般的な感覚に従えば、自分たちのセキュリティのために例外措置がとられるのは悪いことではないのかもしれない。しかし、ブザンとヴェーヴァはセキュリタイゼーションを決して好ましい現象とは捉えていない。むしろ、通常の政治手続きの中で対処し得なかった失敗例と位置づけている（Buzan *et al.* 1998：29）。というのも、権力を有する人々にとってはセキュリタイゼーションも政治戦略の1つである。権力保持者が超法規的にものごとを進めようと思ったときに、通常の政治手続きで対処し得ない脅威があると強調することは容易であろう（Buzan *et al.* 1998：26）。このような理解を基礎に据え、ブザンとヴェーヴァは「長期的に考えて最適な選択肢は脱セキュリタイゼーションである」と述べる（Buzan *et al.* 1998：29）。《セキュリティ化された問題》を《政治化された問題》へ引き下げて、通常の政策論議を通して解決策を模索すべきというのである。したがって、脅威を不必要に煽ったり、聴衆に過度な不安を抱かせたりしないことが求められるべき対応ということになろう。

具体例を通して考えてみよう。フランスでは国連気候変動枠組み条約第21回締約国会議（COP21：2015年11月20日〜12月12日）を前にして、環境活動家と警官隊が衝突するという事件があった。当時のフランスではパリ同時多発テロ事

件（2015年11月13日）を受けて非常事態宣言が発令されており、公共の場におけるデモ活動が規制された状況にあった。そのため、規制に反発してデモを繰り広げた環境活動家らが289名拘束されることになった。オランド仏大統領は事件を耳にした時に、COP21 に向けて「厄介者たち」が集まるから「このような集会を禁止した」と述べたという（Mullen 2015）。この発言が実際になされたものならば、大統領はセキュリタイゼーションを推し進めることで地球温暖化対策を訴える人々を抑えつけたと見ることもできよう[1]。冒頭で触れたアメリカの例はもとより、人々の不安に依拠した緊急措置が拡大利用される危険性を見て取れることができるだろう。脱セキュリタイゼーションこそが「長期的に考えて最適な選択肢」とされる所以である。

(4)　分析視角としての精緻化──非言語行為、聴衆、平時／緊急時

　これまでは、ブザンとヴェーヴァが提示した基本的な枠組みについて事例を交えながら述べてきた。セキュリタイゼーションという分析視角は確かに画期的であったものの、ブザンらが提示した枠組みについては様々な批判が繰り広げられた。本項ではそのいくつかを紹介することにより、セキュリタイゼーションを捉えるための枠組みがどのように修正されてきたのかを概観したい。

　第 1 に、発話行為に照準を絞ったことに対する批判である。特に現代的な問題を分析しようとするならば、テレビ放送を介した政治コミュニケーションも視野に入れなければならないだろう（Williams 2003）。例えば、アメリカの世界貿易センタービルに飛行機が激突した映像や、東日本大震災を受けて津波が押し寄せてくる映像が放送されなかったとしたら、われわれが感じ取る衝撃もこれほどまで大きくなかったのではなかろうか。このような見地から、人類滅亡までの時間を示した世界終末時計（Vuori 2010）やムハンマド／イスラム教の風刺画掲載（Hansen 2011）、鼻を削がれたアフガニスタン女性の写真掲載（Heck and Schlag 2012）などを事例として、視覚への働きかけによって生じたセキュリタイゼーションの理論化が進められてきた。このような視覚情報に焦点を当てる切り口は、セキュリタイゼーションだけにとどまらず批判的なセキュリティ研究において広く関心を集めている（Moore and Farrands 2013）。

　第 2 に、聴衆をめぐって繰り広げられた批判である。ブザンとヴェーヴァは
セキュリタイジング・アクターの発話行為に関心を寄せるあまり、聴衆の捉え
方を曖昧にして分析を深めていなかった。これに対し、聴衆が一枚岩でない可
能性を視野に入れた上で、聴き手によって受け止め方が変わる様子を見据える
べきという視点が打ち出された（Balzacq 2005）。そして、この問題提起を汲み
取った人々によって、大衆・政界エリート・官僚・科学者といったように聴衆
の類型化が進められ、それぞれに慣れ親しんでいる論法や果たしてきた役割が
異なることが指摘されてきた。ここで取り上げられた事例としては、イギリス
政府がイラク戦争への参戦を決める経緯や（Roe 2008）、カナダ航空保安庁（Ca-
nadian Air Transport Security Authority）の日常的な実践（Salter 2008）などが
よく知られているところであろう。こうして事例研究が進められてきたことに
より、セキュリタイゼーションを方向づける間主観的なプロセスにおいて聴衆
が積極的な役割を果たしている様子が浮かび上がってきた。そのため、理論的
には「主体性を欠いた主体（agent without agency）」とみなされてきた聴衆の
位置づけを再定位する必要性が意識されるようになっている（Côté 2016）。

　第 3 に、平時の《政治化された問題》と緊急時の《セキュリティ化された問
題》を明瞭に分けていることへの批判である。ここにはセキュリタイゼーショ
ンという分析視角に見て取れる欧米性に対する批判も少なからず含まれてい
る。というのも、平時には民主的統制が行き届いているという発想自体、欧米
諸国をはじめとする一部の国々を除いては思い描き難いものであろう。そこ
で、反政府運動が拡大して政権崩壊が起こったキルギスタンや（Wilkinson
2007）、緊急時のような措置が常態化していた革命期のキューバ（Holbraad and
Pedersen 2012）、アラブの春によって権威主義的な政権が倒れたエジプト
（Greenwood and Ole 2013）などを事例として、セキュリタイゼーションの分析
視角が暗黙の前提としてきた国家／社会の安定的な関係を見つめ直す研究が進
められてきた。また、やや異なる角度から、《政治化された問題》が《セキュ
リティ化された問題》に移り変わったとしても、その問題の社会的な重要性は
必ずしも高まるわけではないという指摘もなされている。ブレア政権期のイギ
リスではアフリカ大陸を眺める見地が「開発・発展／人道主義」から「リス

ク・恐れ・不安」に少しずつ変化したものの、アフリカ大陸に対する社会的な関心は周縁的なままであったという事例などが挙げられる（Abrahamsen 2005）。

　このようにして、ブザンとヴェーヴァが提示した枠組みでは捉え難い事例を糸口としながら、セキュリタイゼーションを捉えるための枠組みは修正が加えられてきた。また、ブザンらが設けた着眼点を問い直してきただけでなく、彼らが見据えていなかった新たな問題群に取り組まれるようにもなっている。例えば、セキュリティの専門家による分析であっても政治性を免れ得ないことが意識されるようになる中で（Huysmans 2002）、公正で倫理に適ったセキュリタイゼーションを見極めるための基準が検討されたのはその一例である（Floyd 2011）。総じて、セキュリタイゼーションが生じる条件やメカニズムについては多様な理解があるものの、「人々の不安を梃子として、その脅威に備えるために多大なる資源やエネルギーが割かれている」という理解は共通の土台になっている。

4　日本語で考えるセキュリタイゼーション

　近年は、日本でもセキュリタイゼーションの分析視角を基礎に据えた研究が増えつつある（Box 3-2）。そこで、日本語でセキュリタイゼーションを論じるにあたって、留意すべき点について最後に少しだけ触れておこう。

　国際関係論の文脈において、英語の "security" は「安全保障」と機械的に訳されることが多い。しかし、これら 2 つの概念はきれいに重なり合うものではない。日本語の「安全保障」が、①外部からの脅威に対し、②主に軍事的に備えるための、③国家レベルの政治判断、について用いられる傾向がある一方、英語の "security" はもっと広く日常的に用いられている概念である。"se＝without（～がない）＋curity＝care（心配）" という言葉の成り立ちからもわかるように、「心配がないこと」「大丈夫といえる状態」といった主観的認識と密接に絡み合っている。このような語感の違いを踏まえると、文脈に応じて訳し分ける必要性があるといえよう。「安全保障」という訳語を機械的に当てはめるだけでは、誤訳になってしまう可能性も否定し得ない（赤根谷 2007）。

Box 3-2　日本におけるセキュリタイゼーション研究

　日本ではセキュリタイゼーションの枠組みを精緻化するための事例研究というよりも、特定の現象についての理解を深めるために枠組みを応用するという傾向が強い。欧州連合（EU）が中・東欧諸国にまで拡大した背景を捉えた東野篤子の研究（2009）などでセキュリタイゼーションが知られるようになり、移民・難民（石川2010；阿部 2012；清水 2013；塚田 2013；坂井 2015；杉木 2018）や国境（川久保 2011；重政 2013；南波 2018）、越境犯罪（本名 2007；工藤 2011；青木 2018）をめぐる問題に焦点を当てた論考が増えてきた。ブザンらの発話行為に着目した枠組みと対比させ、パリ学派的な視点を取り入れた研究もなされている（工藤2011；高澤 2017）。しかしながら、脱セキュリタイゼーションに焦点を当てた分析が少なかったり（土佐 2016；青木 2018）、日本の事例を取り上げた研究が少なかったりと（阿部 2012）、事例選択には偏りが見られる。

　当然ながら、セキュリタイゼーションについても同様である。近年では「安全保障化」と訳されることが増えているが、この概念のもつ意味合いは「移民やテロリズムなどの問題が新たに安全保障問題とされるようになった」という点にとどまるものではない。むしろ、人々の不安に働きかけながら行われる政治的実践に関心が集まっていることを思うなら、このようなニュアンスも汲み取れる訳語が望ましいだろう。一部ではうまく訳出できないもどかしさが感じられてはいるものの、良い訳語を選び取れていないのが現状である（伊勢崎2015：163）。日本語でセキュリタイゼーションを捉えるにあたっては、この現象のどのような一面に自らの関心があるのかを見定めつつ、それを適切に言い表しうる訳語を選び取る作業も求められている。

┌───┐

　設　問

・ブザンとヴェーヴァによる枠組みを用いてセキュリタイゼーションを捉えるとき
　に、目をつけるべき着眼点としてどのようなものがあるか説明してください。
・上で挙げた着眼点について、それぞれどのような批判がなされてきたかを説明し
　てください。
・セキュリタイゼーションの分析視角をとることで、うまく理解できそうな事例を
　挙げてください。

└───┘

【注】

1 ）　ポーランドで開催されたCOP24においても「テロ対策」の名目でデモが規制される
　　ことになった。ポーランドでは発電量の 8 割以上を石炭火力に依拠していることもあ
　　り、石炭産業に対する配慮があったのではないかと分析されている（『毎日新聞』2018
　　年12月 9 日）。

〔参考文献〕

青木まき（2018）「人身取引対策の脱安全保障化と官民連携――タイを中心としたメコン流
　　域の人身取引対策協力を事例とした考察」『アジア経済』59巻 2 号、28-49頁
赤根谷達雄（2007）「『新しい安全保障』の総体的分析」赤根谷達雄・落合浩太郎編『「新し
　　い安全保障」論の視座――人間・環境・経済・情報』亜紀書房、71-115頁
阿部浩己（2012）「外国人の定住受入れ――安全保障化と人権保障の交錯」『法律時報』84
　　巻12号、28-33頁
石川一雄（2010）「セキュリタイゼーションと移民ガバナンス」『専修法学論集』109号、1-
　　25頁
伊勢崎賢治（2015）『本当の戦争の話をしよう――世界の「対立」を仕切る』朝日出版社
臼井久和（1976）「アメリカにおける平和研究」『国際政治』54号、100-118頁
オースティン，J. L.（2019）『言語と行為――いかにして言葉でものごとを行うか』飯野勝
　　己訳、講談社
神谷万丈（2009）「安全保障の概念」防衛大学校安全保障学研究会編『新訂第 4 版　安全保
　　障学入門』亜紀書房、3-26頁
川久保文紀（2011）「国境のセキュリタイゼーション――米墨国境における自警団組織『ミ
　　ニットマン・プロジェクト（MMP）』を中心に」『法学新報』117巻11・12号、787-
　　808頁
工藤献（2011）「不安の政治と非伝統的安全保障――東南アジアにおける越境犯罪の安全保
　　障化の重層性」『立命館国際研究』24巻 1 号、183-197頁
栗栖薫子（1998）「近年における安全保障概念の多義化と人間の安全保障」『比較社会文化』
　　4 巻、1-11頁

坂井一成 (2015)「EU の地中海政策におけるフランスの関与と課題——移民問題のセキュリタイゼーションをめぐって」『国際政治』182号、58-70頁

重政公一 (2013)「境界線上の世界遺産保護をめぐるセキュリティ／排除の政治言説の構築——プレアビヒア寺院を事例にして」『関西学院大学先端社会研究所紀要』 9 巻、1-19頁

清水謙 (2013)「スウェーデンにおける『移民の安全保障化』——非伝統的安全保障における脅威認識形成」『国際政治』172号、87-99頁

杉木明子 (2018)「ケニアにおける難民の『安全保障化』をめぐるパラドクス」『国際政治』190号、114-129頁

スノーデン，エドワードほか (2017)『スノーデン——日本への警告』集英社

高澤洋志 (2017)「セキュリタイゼーション・ジレンマ——保護する責任（R2P）概念の変遷と超国家権力の具現化をめぐって」大庭弘継編『超国家権力の探求——その可能性と脆弱性』南山大学社会倫理研究所、157-179頁

塚田鉄也 (2013)『ヨーロッパ統合正当化の論理——「アメリカ」と「移民」が果たした役割』ミネルヴァ書房

塚田鉄也 (2017)「ヨーロッパの批判的安全保障研究——非アメリカ的アプローチの成功例か」葛谷彩ほか編『歴史のなかの国際秩序観——「アメリカの社会科学」を越えて』晃洋書房

土佐弘之 (2016)「『『戦前かつ戦中』における脱セキュリタイゼーションの可能性——国連安保理決議1325をめぐる問題から考える」土佐弘之『境界と暴力の政治学——安全保障国家の論理を超えて』岩波書店、197-224頁

ナイ，ジョセフ・S.／コヘイン，ロバート・O. (2012)『パワーと相互依存』滝田賢治監訳、ミネルヴァ書房

中西寛 (1997)「総合安全保障論の文脈——権力政治と相互依存の交錯」『年報政治学』48号、97-115頁

中西寛 (2007)「安全保障概念の歴史的再検討」赤根谷達雄・落合浩太郎編『「新しい安全保障」論の視座——人間・環境・経済・情報』亜紀書房、21-69頁

南波慧 (2018)「欧州域外国境における人道危機の安全保障化——海難救助活動とブローカーとの闘い」『グローバル・ガバナンス』 4 号、80-93頁

東野篤子 (2009)「ヨーロッパ統合研究への『安全保障研究のコペンハーゲン学派』の適用をめぐる一考察—— EU 拡大を事例として」『法学研究』82巻 5 号、47-77頁

本名純 (2007)「マフィア・国家・安全保障——東南アジアにおける越境犯罪の政治分析」『国際政治』149号、127-140頁

Abrahamsen, Rita (2005) "Blair's Africa: The Politics of Securitization and Fear," *Alternatives: Global, Local, Political,* vol. 30, no. 1, pp. 55-80.

Balzacq, Thierry (2005) "The Three Faces of Securitization: Political Agency, Audience and Context," *European Journal of International Relations,* vol. 11, no. 2, pp. 171-201.

Booth, Ken (1991) "Security and emancipation," *Review of International Studies*, vol. 17, no. 4, pp. 313-326.

Browning, Christopher S. and McDonald, Matt (2013) "The future of critical security studies: Ethics and the politics of security," *European Journal of International Relations*, vol. 19, no. 2, pp. 235-255.

Buzan, B. *et al.* (1998) *Security: A New Framework for Analysis*, Boulder and London: Linne Rienner.

Buzan, Barry and Hansen, Lene (2009) *The Evolution of International Security Studies*, Cambridge: Cambridge University Press.

Côté, Adam (2016) "Agents without Agency: Assessing the Role of the Audience in Securitization Theory," *Security Dialogue*, vol. 47, no. 6, pp. 541-558.

Floyd, Rita (2011) "Can Securitization Theory Be Used in Normative Analysis? Towards a Just Securitization Theory," *Security Dialogue*, vol. 42, no. 4-5, pp. 427-439.

Gray, Collin (1982) *Strategic Studies and Public Policy: The American Experience*, Lexington: University Press of Kentucky.

Greenwood, Maja T. and Ole, Wæver (2013) "Copenhagen-Cairo on a Roundtrip: A Security Theory Meets the Revolution," *Security Dialogue*, vol. 44, no. 5-6, pp. 485-506.

Hansen, Lene (2011) "Theorizing the image for Security Studies: Visual securitization and the Muhammad Cartoon Crisis," *European Journal of International Relations*, vol. 17, no. 1, pp. 51-74.

Heck, Axel and Schlag, Gabi (2013) "Securitizing Images: The Female Body and the War in Afghanistan," *European Journal of International Relations*, vol. 19, no. 4, pp. 891-913.

Holbraad, Martin and Pedersen, Morten A. (2012) "Revolutionary Securitization: An Anthropological Extension of Securitization Theory," *International Theory*, vol. 4, no. 2, pp. 165-197.

Huysmans, Jef (2002) "Defining Social Constructivism in Security Studies: The Normative Dilemma of Writing Security," *Alternatives: Global, Local, Political*, vol. 27, Special Issue, pp. 41-62.

Moore, Cerwyn and Farrands, Chris (2013) "Visual Analysis," *Critical Approaches to Security*, ed. Shepherd, Laura J., Abington: Routledge, pp. 223-235.

Mullen, Jethro (2015) "World leaders arrive in Paris for climate conference," *CNN* (https://edition.cnn.com/2015/11/29/europe/france-paris-cop21-climate-change-conference/index.html, last visited, 1 March 2019).

Roe, Paul (2008) "Actor, Audience(s) and Emergency Measures: Securitization and the UK's Decision to Invade Iraq," *Security Dialogue*, vol. 39, no. 6, pp. 615-635.

Salter, Mark B. (2008) "Securitization and desecuritization: a dramaturgical analysis of the Canadian Air Transport Security Authority," *Journal of International Relations and Development*, vol. 11, no. 4, pp. 321–349.

Vuori, Juha A. (2010) "A Timely Prophet? The Doomsday Clock as a Visualization of Securitization Moves with a Global Referent Object," *Security Dialogue*, vol. 41, no. 3, pp. 255–277.

Walt, Stephen M. (1991) "The Renaissance of Security Studies," *International Studies Quarterly*, vol. 35, no. 2, pp. 211–239.

Wæver, Ole (1995) "Securitization and Desecuritization," *On Security*, ed. Lipschutz, Ronnie D., New York: Columbia University Press, pp. 46–86.

Wilkinson, Claire (2007) "The Copenhagen School on Tour in Kyrgyzstan: Is Securitization Theory Useable Outside Europe?," *Security Dialogue*, vol. 38, no. 1, pp. 5–25.

Williams, Michael C. (2003) "Words, Images, Enemies: Securitization and International Politics," *International Studies Quarterly*, vol. 47, no. 4, pp. 511–531.

第4章

ポストコロニアリズムと安全保障

清水　耕介

1　国際秩序と帝国秩序

　ポストコロニアリズムを教科書的に説明するということは、語義矛盾である。なぜなら、教科書的に説明することは一般的な読者にわかるように説明することであり、それは同時に往々にして社会における多数派に、多数派の言語・概念を使って説明する事を意味するからである。植民地を支配したコロニアルな、すなわち植民地主義的な発想は、必然的にそれに対する反対運動を生み出す。それがポストコロニアリズムである。その意味で、ポストコロニアリズムを決まりきった教科書的な形で説明することは、すでにマジョリティによって定められた表現の規則に従うこととなる。そこにこの矛盾が存在するのである。そして、現代の世界において少なくとも日本語で国際関係学もしくは安全保障を学ぶというそのこと自体が、すでに世界の中でのマジョリティからの視点を意味していることにも注意が必要であろう。そのためここでのポストコロニアリズムについての説明それ自体が、すでにポストコロニアリズムの重要な点を無視した形でしか進められないことを、読者にはここで喚起したい。

　酒井哲哉（2007）は、第二次世界人戦前の世界の秩序を「国際秩序」と「帝国秩序」とに分けて説明する。ここで国際秩序とは、国民国家の間に措定される、平等であり、また相互非介入を前提としたシステムを意味する。そこでは各国の主権が尊重され、内政不干渉が原則とされる。言葉を換えれば、これはいわゆる先進国同士の約束事であり、国際関係学においては、しばしば「ウエ

ストファリア体制」として言及される。この秩序は、戦前においては宗主国と植民地との猛烈な暴力に基づく統治秩序によって支えられていた。つまり先進国同士の優遇されたクラブは、それぞれのメンバーが持つ植民地における暴力的な搾取があってはじめて成り立つという「暗黒面」をもっていた（Suzuki 2009）。

　第二次世界大戦後、多くの植民地は独立を達成した。それらの国々は「先進国クラブ」のメンバーと同様に、ウエストファリア体制の一員となった。そこでは必然的に他のメンバーとの平等性や内政不干渉の原則が適用されることになったが、しかし経済的な格差や旧宗主国における新興独立国に対する見下した態度はいまだに解消されたとは言い難い。こうした格差は、国際秩序と帝国秩序が現代でも脈々と続いていることの証左といえるであろう。ポストコロニアリズムは、まさにこうした問題を旧植民地側の視点から批判する運動として理解することができる。多くの旧植民地が独立した後においても旧宗主国の言動に大きく影響を受け、対等な立場を実質的に実現できない。このような状態こそポストコロニアリズムが焦点を当てる問題なのである。

　では、国際関係学および安全保障という文脈におけるポストコロニアリズムとは何を意味するのであろうか。本章では、この問題に答えるために4つの段階に分けて説明したい。第1に、ポストコロニアリズムの原点とも言える、文学的批評における狭義のポストコロニアリズム、第2に広義のポストコロニアリズムとしての世界性、第3に国際関係学という文脈におけるポストコロニアリズム、そして第4にその安全保障における意味について言及する。

2　ポストコロニアリズム批評

(1)　オリエンタリズム

　ポストコロニアリズムは、一般的には1978年に出版された、エドワード・サイードの『オリエンタリズム』がそのスタートとして理解されている。パレスチナで生まれ、エジプトで育ち、アメリカで教育を受けたサイードは、多くの西洋文学の名作と呼ばれるものが西洋／東洋という二分法によって成り立って

いることを指摘する。そこでサイードは、西洋が合理性、文明、先進といった言葉を通して描かれるのに対して、東洋が神秘、野蛮、停滞というイメージで描かれてきたことを鋭く批判する。

　サイードの議論の重要性は、単に西洋／東洋が様々な二項対立によって支持されていることだけでなく、こうした二項対立の連続による西洋／東洋という二分法の成立それ自体が実は西洋という主体を構築するためにあるということを指摘したことにある。つまり、西洋は西洋としてまた東洋は東洋として二項対立の前に所与の存在として措定されるのではなく、まさにこの西洋／東洋という二項対立によって、換言すれば西洋と東洋の予測されなかったエンカウンター（出会い：Encounter）によって構築されるとサイードは考えたのである。

　この意味で、サイードの議論はいわゆる社会構築主義のカテゴリーに入ってくることが明らかとなる。そしてその裏側には、主としてフランスで展開したポスト構造主義（特にミシェル・フーコー）やイタリアの哲学者アントニオ・グラムシの議論を見ることができる。サイードは、西洋／東洋という二項対立をまさに西洋で展開された理論を援用しながら批判するのである。ここにポストコロニアリズムの１つの面白さがあるといえるであろう。

　しかしながら、このサイードの画期的な議論も問題がない訳ではない。１つの重要な指摘は、サイードの西洋／東洋という二項対立の分析それ自体が再び西洋／東洋という対立項を生み出しているのではないかというものである。サイードの社会構築主義的な西洋／東洋についての読みは確かにそれまでの西洋文学の方法論を一気に変革させるだけの爆発的な力をもっていたものの、西洋／東洋以外の視点を結果的に無視することになってしまった、という言い方は恐らく可能であろう。つまり、西洋／東洋の関係は簡単に二項対立的に理解できるものではなく、そこにはより複雑なプロセスがあると考えられるのである。

⑵　ハイブリディティ（雑種性）

　この点において大きな理論的貢献をしたといわれるのが、ハーバード大学で教鞭をとるホミ・バーバである。バーバのポストコロニアル文学に対する貢献は、「ハイブリダイゼーション」（雑種化：Hybridization）という言葉に集約する

Box 4-1　ハイブリディティからポスト・ハイブリディティへ

　現代においてハイブリディティという言葉は一般的な市民権を得たように見える。この名詞の形容詞形はハイブリッドであり、最近の自動車でよく使われる言葉であり、非常に身近なものと感じる読者も多いであろう。このコラム自体、日本語で書かれながらもハイブリディティという言葉を使っていること自体まさにハイブリッドであるといえる。元々この言葉は古代ギリシャやローマ帝国でも使われたといわれるが、近代になってからはチャールズ・ダーウィンが植物の交雑について使ったことでも知られる。日本においても1955年に批評家であった加藤周一が「日本の雑種性」という論文を出版している。このように文化や文明が雑種的であることは古くからいわれてきたことであり、もともと雑種性概念の根付いている東アジアにおいてはそれほど大きなインパクトをもたらさなかった。

　しかし、現代の国際関係を考えた時、この概念を無視することもまた不可能である。そして近年においてはポスト・ハイブリディティと呼ばれる概念も登場している。これは国立台湾大学の石之瑜が中心となって主張しているものであり、これまでのハイブリディティが植民者と被植民者の文化が混ざり合いながら新たな権力構造を生み出すことを意味しているが、このハイブリッドな権力構造自体常に変化しているはずであると主張する。つまりハイブリッドな文化が生み出されるのではなく、ハイブリッドな文化が生み出され続けており、しかもこの文化の様相は常に変化していくものとして理解されなければならない。ハイブリディティとはあくまでも過程であり、それ自体もまた本質化されてはならないのである（Shih and Ikeda 2019）。

ことができる。サイードが指摘した西洋／東洋という枠組みは実はもっと柔軟であり、そのエンカウンターによって生み出されるのは西洋と東洋の混じり合ったものであると考えるのは至って当然であろう。つまり純粋な西洋も純粋な東洋も存在せず、実際には西洋的なものや東洋的な物が存在するだけである。そしてそれは純粋に西洋的な物から純粋な東洋的なものに至るグラデーションとして理解する方がより現実的である。テリヤキバーガーやカリフォルニア巻きの存在などは卑近な例としてこの文化のハイブリッドな性格をよく表している。

　このハイブリディティ（雑種性）は、西洋／東洋という二項対立のみならず、純粋な日本文化や韓国文化といったものが存在するという可能性も否定するこ

ととなる。例えば日本文化を代表する物として理解されて来た仏教は、実はインドが発祥の地であり後になって日本に伝播したものである。天ぷらやトンカツなどの食文化もしかりである。このように雑種性という概念は文化本質主義、すなわち文化には本質的な何かがあり、それを元に○○文化ができているという考え方を根底から覆すとともに、文化の純粋性もまた否定することとなる。

(3)　サバルタン

　すべての文化が本質的ではなく構築されたものであるとしても、現実にはこれらの文化は純粋なものとして語られている。では、この文化が語られるということが意味するものは何なのか。この問題に取り組んだのがガヤトリ・スピバクである。スピバクはインドにおける寡婦殉死の問題を取り上げ、次のような問いを投げかける。「サバルタンは語ることができるのか？」寡婦殉死とはインドに伝わる制度であり、夫が亡くなった時、残された妻が夫を追って自殺するという文化を意味する。これに対して西洋からは野蛮な制度として批判がなされる一方、インドの男たちはこれをインドの伝統的な文化であるとして、反発する。この対立の間でインドの女性たちは言葉を失うこととなる。なぜなら、彼女たちの声はすでに他者（西洋の男性とインドの男性）によって語られてしまっているからである。

　サバルタンとは元々はグラムシが使い出した言葉であり、一般的には非抑圧者・周辺化されたものという意味をもつ。しかし同時に、こうした人々は既存の構造を揺り動かす存在となることもしばしば見られる。この後者の機能が現在特に注目されるようになってきた。では、サバルタンは語れるようになるのであろうか。ジョアン・シャープは、これは簡単なものではなく、逆に非常に難しい作業であることを指摘している。サバルタンが自分たちから語るためには、彼／彼女らを語ってきた言語をもって語る必要が出てくるからである（Sharp 2008）。大きく言えば、西洋帝国主義の、しかもおそらく英語で語る必要がある。そこには必然的に翻訳の問題が生まれてくる。つまり、翻訳の過程で意味がすり替わったり、逆に帝国の言語を使用しなければならないことに

よってサバルタンの思考が規定されるなどの可能性が考えられる。

3　広義のポストコロニアリズムの世界性

⑴　第二次世界大戦

　一般的に、ポストコロニアリズムはサイードの文学批評からスタートすると考えられてきた。この流れで言えば、ポストコロニアリズム＝中東・インドの学問という定式化は免れない。しかし、世界の政治思想史を考えたとき、この定式化は必ずしも正しいとはいえない。なぜなら全く同じではなかったとしても、サイード、バーバ、スピヴァクの議論と親和性のある思想は世界中に見られるからである。これは、西洋近代に対する批判的な思想が同様の問題意識、すなわち西洋近代との対峙という点から生み出されてきたことを意味している。換言すれば、ポストコロニアリズム的言説の世界的な出現は、世界共通の文化性から導かれるのではなく、世界的に帝国主義という西洋近代の暴力性が蔓延したという歴史的な事実によって引き起こされたということができるであろう。

　こうした西洋近代に対する異議申し立ては20世紀の初頭から第二次世界大戦まで大きなうねりとなって世界に強烈な印象を与えた。例えばアジア人として初のノーベル賞受賞者となったインドのラビンドラナート・タゴールは独自の文明論を展開し、現在のポストコロニアリズムと非常に似た議論をしている（丹羽 2016）。同様に岡倉天心は「アジアはひとつ」という有名な言葉を通して、西洋近代に異議申し立てをするための非西洋の国々による連帯を呼びかけた。イギリスの哲学者であったバートランド・ラッセルは西洋近代が世界を席巻したのは、西洋文明の優位さではなく単にその暴力性が他の地域を上回ったにすぎないと述べた（Russell 2017）。このことは、知識人の間ではすでに1930年代には西洋近代の暴力について一定の了解がなされていたことを表している。

　こうした反西洋という戦前の文脈で展開された最も政治的な事例として日本の京都学派が挙げられる。京都学派は1900年代前半に京都帝国大学文学部を中

心に展開した世界クラスの哲学の学派である。その中心には「無の場所」や「永遠の今」という言葉を使って独自の哲学を展開した西田幾多郎や独自の歴史哲学を展開した田辺元がいた。西田の哲学は難解であったため広く理解されているとは言い難いが、西田や彼の弟子たちによる政治哲学は当時の西洋列強を中心とした国際秩序を鋭く批判するものとして戦前の日本で広く読まれた。京都学派は第二次世界大戦中に戦争協力を行ったこともあり、戦後の日本の思想界ではあまり注目を集めては来なかったが、その指摘には現在でも示唆的であると主張する研究者も見られる（廣松 1989）。

　京都学派の面々は国際秩序が帝国主義諸国によってコントロールされていること、技術の発達による機械化・自動化が人間を疎外し出したこと、極端な市場化によって人々がモラルを失っていることなどを指摘した。彼らは、こうした問題を突き詰めて行ったところには西洋近代があり、われわれに与えられた課題はこの近代を超克するところにあると主張した。そしてその役目は東洋的な文化を維持しながら西洋文明を吸収し、欧米列強と肩を並べた日本にあるという（高坂ほか 1943）。

　しかしながら京都学派の議論は、西洋と東洋という二項対立を前提にしながら、その転覆を試みたという意味においては、非常に単純なポストコロニアルな議論でしかなかったということができるであろう。実際その議論は、単純なポストコロニアリズムがもつ問題点を特徴的に反映しているといえる。例えば、彼らは東洋が西洋とのハイブリッドな関係をもちながらも、最終的には相互排除的であると仮定しているため、そこからはこの2つが交わり合うようなイメージを引き出すことは難しい。つまり、西洋と（ハイブリッドな）東洋の文化が結局は本質主義的な形で仮定されているため、相互に浸透するのではなく、常にぶつかり合うイメージとなって議論に登場することとなる。このことは、西洋と東洋とがそれぞれに一枚岩的な存在として理解され、その中にある多様性・多数性が無視されていることを意味する。これは西洋・東洋というような二項対立構造による認識が生み出す典型的な問題である。ここで非常に興味深いのは、この二項対立を通した構造的な理解という方法論は、西洋合理主義に典型的なものであるという点である。つまり京都学派の哲学者たちは、非

Box 4-2　京都学派の戦争協力問題

　京都学派は西田幾多郎を中心として京都帝国大学に集った研究者の一群を指す。一般的に、この知的グループは３つに分けて考えることができる。すなわち西田幾多郎・田辺元などの第一世代、高坂政顕、西谷啓治、高山岩男、鈴木成高の「四天王」と呼ばれる哲学者、そして三木清、戸坂潤に代表される京都学派左派と呼ばれる一群である。この中で、戦争協力者として名前が挙がるのは、西田幾多郎と四天王である。逆に三木清や戸坂潤は体制を批判し、1945年に獄中死している（三木の体制批判については諸説ある。また西田も同年に亡くなっている）。

　京都学派という言葉は戦後の知識人にとって、ある意味忌まわしきものとして捉えられてきた。いわゆる四天王は戦争協力者として公職追放にあいながらも、のちに大学教授として復帰し、その中から全国規模の学会の長を務めた者も現れた。その意味で、京都学派の戦争協力という問題は戦後知識人にとっては非常に扱いづらい問題であり、それを直接的に表立って批判する者は多くなかった。その中でも丸山眞男の批判は傾聴に値するであろう。丸山は、戦争時に矛盾を多くはらんだ日本の「たこつぼ型」社会をまとめたのは京都学派の言説、「何々即何々」や「何々一如」といった「仏教哲学の俗流化した適用」であったと述べている（丸山 1961：loc. 243/2788）。この辛辣な批判は京都学派という名前こそ出てこないが、明らかに同学派を念頭に置いたものであり、一読の価値はある。京都学派については近年、様々な研究がなされ、多くの著書が出版されている。

西洋的な主張を西洋的な方法論で行うという逆説的な状況にあったともいえる。

(2)　第二次世界大戦後の展開

　第二次大戦後の反西洋の思想を考えた時、アルジェリアの独立運動にかかわった精神科医のフランツ・ファノンを外すことはできない。一般的には、ファノンは植民地解放のための暴力を肯定した思想家として理解されている。この暴力性の肯定という理解それ自体は間違いではないが、逆に彼の議論のその部分だけに焦点を当てることはファノンを誤解することになるであろう。ファノンの代表的な作品としては『黒い皮膚・白い仮面』や『地に呪われたる者』が挙げられ、それらの著作はサイードも含めてポストコロニアリズム全般に非常に大きな影響を及ぼしてきた。そこでの１つの焦点は、「白人」・「黒人」

という枠組みからの解放であった。この枠組みによってこの枠組みによる非植民地化を求めた。そこではそうした人種的概念が生来のものではなく構築されること、その超克にはそうした概念の縛りから逃れる必要があることが語られている（ファノン 2015）。

　さらに日本の稀代の中国研究者であった竹内好は、ヨーロッパがヨーロッパであるためにアジアへの侵入が不可避だったこと、すなわち帝国主義とはヨーロッパが「自己」を維持しようとして生み出されたものであったと議論する（竹内 1983）。西洋近代の暴力性という意味においては、丸山眞男の論考が注目に値する。戦後政治思想の中心となってきた丸山は上記のラッセルの議論を援用しながら、西洋近代が世界に拡大したのは、その文化や文明が他の地域よりも優越していたからではなく、科学技術の発達による高度の暴力性にあると、ラッセルと同様の議論を述べている（丸山 1961）。このことは、戦後の日本の論壇でどちらかといえば近代主義者、すなわち西洋近代の擁護者として位置づけられてきた丸山でさえも、ポストコロニアルな状況に一定の理解があったことを意味している。

4　ポストコロニアリズムと国際関係

(1)　国際関係理論の中でのポストコロニアリズム

　では、ポストコロニアリズムを国際関係という文脈で語るということは、何を意味するのであろうか。ポストコロニアリズムが国際関係という文脈で語られ始めたのはつい最近のことである。クリスティン・シルベスターは、国際関係の中でポストコロニアリズムが登場したのは、1990年代にフェミニズムやポスト構造主義といった言説が注目を集めたその後だと述べている（Sylvester 2014：186）。1997年に出版された、世界の国際関係の授業で最も多く使われているといわれる、ジョン・ベイリズとスティーブ・スミスによって編集された *The Globalization of World Politics* の初版にはポストコロニアリズムのセクションは見当たらない（Baylis and Smith eds. 2014）。その後もポストコロニアリズムについての言及は節のレベルでは見られるものの、1つの章として登場

するのは2011年の第 5 版を待たなければならなかった。それまでも、国際関係を学ぶ者の間に於いて全く注目されなかった訳ではないが、少なくとも一般的な認識を得るまでにはかなり長い時間が必要とされたのである。こうした認識ができるまでは文学批評の領域における研究とみなされてきたこともあり、国際関係の専門家たちはポストコロニアリズムを国際関係の領域外のものとしてきた。科学的な分析に偏重してきた現代の国際関係学にとっては文学や文化的な表象を扱うポストコロニアリズムはあまりにも遠い存在だったのである。

では、近年になってポストコロニアリズムが注目され始めたのはなぜか。シルベスターは、それまでの国際関係学がベルリンの壁の崩壊、ソビエト連邦の消滅、冷戦の終焉といった出来事を予測できなかったことから、より包括的な視点の必要性が叫ばれたところにポストコロニアリズムが登場した理由があると述べている（Sylvester 2014：186）。また、国際関係学においてポストコロニアリズムが注目を集め出したのは9.11の影響であるとスミス＆オーエンズは述べる。そこでは西洋とそれ以外の地域の歴史とがいかに絡み合って成立しているかという点にフォーカスが合わせられる（Smith and Owens 2005：288）。すなわちこれまでの国際関係が見逃してきた多くの要因が9.11の背後にあるということに人々が気づき始めたからである。

上述したように、ポストコロニアリズムは西洋による植民地主義によってわれわれの中に埋め込まれた西洋／東洋という二分法を批判的に分析する手法を意味する。これを国際関係という文脈で考える時に重要になってくるのは、ここでいう「西洋」とは何かという問題である。ヨーロッパ諸国による非西洋の植民地化は、西洋、文明、科学、理性、個人主義といった自己認識によって立つ。そこでは「西洋」は本質的に自律的にこれらの特徴を備えていると前提される。その結果、西洋はそれ以外の地域を非西洋、文化、因習、感情、集団（家族）主義とみなすこととなる。これが一般的な西洋とそれ以外の地域との関係として理解されてきたところである。

ポストコロニアリズムはこれに批判的なまなざしを投げかける。すなわち、西洋にしろ非西洋にしろ、いずれも対比の中で構築されるものであって、この 2 つの概念は絡み合うことによって、つまりこの対立図式を通してのみ成立す

ると。換言すれば、「合理的な西洋」は「感情的な非西洋」という言説を通して成立する、すなわち「感情的な非西洋」なしでは「合理的な西洋」は存在できないことになる。非西洋に住む私たち自身もこの連続する二項対立の図式によって自己認識するようになることである。そして、西洋の進んだ文明から学ぶ（教えられる）側という立場に立つ事となり、西洋は普遍的な価値を体現する教師としてのアイデンティティを獲得する。植民地主義はこうして、単に政治や経済だけでなく文化や物の見方という点における支配関係をも歴史的な流れを通して構築することとなる。それは普遍的な価値観に基づいた歴史的発展の思想を世界中の人々が内面化していくプロセスとして位置づけられることとなったのである。

　シルベスターは、国際関係学に対するポストコロニアリズムの貢献は3点あるという。第1に、上述のように国際関係学に歴史的な視点を導入した点である。西洋と非西洋とが歴史を通してどのように絡み合ってきたのか、それはどのようなアイデンティティを生み出し、どのような政治経済的な構造を生み出してきたのか、という問題提起をしたのである。第2に、ポストコロニアリズムによって国際関係の視点が多様化されたという点が挙げられる。これまでの国際関係は主として大国の権力争いという形で理解されてきたが、ポストコロニアリズムによって大国とは言えない旧植民地からの視点が導入された訳である。そして第3に、小説や詩、日記や様々な私的な証言が国際関係を形作る重要なファクターとして理解されだしたことが挙げられる。すなわち、政治経済というある程度制度化された側面のみによって形作られると思われてきた国際関係に対して、文学や芸術、そして文化的側面の重要性が主張されるようになってきたのである（Sylvester 2014：186）。

　このことは西洋と東洋、大国とそれ以外の国々という対立構造が崩れ出したことを意味する。例えば冷戦の時期においては旧植民地国は、主として大国の影響下にある客体として理解されてきた。つまり、これまでの国際関係学においては、ある特定の旧植民地がアメリカの影響下に入るのか、ソ連の影響下に入るのかという視点のみが強調され、それらの国々自体が注目されることは少なかった。そして、これらの国々にとっての利益は大国が決定するという、ま

さにスピバクの「サバルタンは語れない」という状態が続いた。このことから大国以外の国々はアメリカの第一世界、ソ連の第二世界に対して、第三世界という呼び方をされた。敵対する冷戦構造の影響は非常に大きく、第三世界の国々の実質的な自立を主張する人々の主張もしばしば敵対する側のプロパガンダとして理解されてきたのである。こうした政治的な関心を考えた時、国際関係学も共犯関係にあったということができるであろう（Sylvester 2014：186）。

　これに対して、旧植民地の側は1955年のバンドン会議や1966年の三大陸会議（Tricontinental Conference）、国連の中での勢力団体となったグループ77（G77）などを通して帝国主義国と植民地との構造的な関係を超克する試みを行って来た。また石油輸出国機構（OPEC）などのように政治的な宣言だけではなく、石油の輸出をコントロールすることによって世界経済に影響を与えるという実力行使に出る戦略もとられた。

　しかしながら、このような西洋の大国を中心とした国際秩序に対する異議申し立てが国際関係学の中で注目されることは稀であった。そうした稀な例においても、通常は地域研究の枠組みを出ることはなく、主として大国の権力関係によって形作られる国際関係における例外的な事例として扱われることが多かったといえる。冷戦構造の崩壊や9.11といった出来事が起きたことによって、国際関係学の研究者達が非西洋圏で起きる出来事についても関心を寄せ出したのはつい最近のことである。

(2)　現代のポストコロニアリズムな状況と国際関係学

　現在のポストコロニアリズムは、初期のポストコロニアリズムと比べると、かなり洗練された形となっている。そこにある関心、すなわち大国による国際秩序のコントロールとそれ以外の国々の従属的状況、それ自体は大きな変化はないが、その方法論は確実に進化しているといえるであろう。

　例えば、西洋を中心として展開してきた国際関係学という文脈の中で特に注目に価するのは、バーバの雑種性という概念であるとシルベスターは主張する。すなわち人や物の移動によって人々の生活は混じり合い、雑種となり、純粋な存在は不可能であることを認識することによって、国際関係がまた異なっ

た風景として描かれることとなるのである。そこにある前提は、こうして国際
関係や安全保障を学ぶわれわれ自身が雑種性をもったものを強く認識すること
によって、国民国家（それは西洋型国際関係から生み出された概念である）という
枠組みがわれわれの思考をコントロールし（すなわち日本の○○、中国の○○など
の概念を通して）国民国家の枠組みのみを現実的なものと思わせるような仕組
みを批判的に考察することこそがポストコロニアルの国際関係学であるという
ものである（Sylvester 2014：192）。つまり、シルベスターは旧植民地が植民地
支配から抜け出た後の状況（ポスト植民地主義）とともに、われわれ自身がポス
トコロニアルな存在であること、そしてコロニアリズム（植民地主義）が現代
においてもわれわれの思考を支配しているということに注意を促すのである。
そこでは、世界の状況が雑種化していることと同時に、われわれ自身が雑種性
をもっていること、そして本質主義的国際関係に抗うための雑種性が強調され
るべきであると主張される。

　では、われわれが雑種性をもつために必要なことは何なのであろうか。シル
ベスターはそれをディアスポラという概念に求める。ディアスポラとは、元々
はパレスチナを離れたユダヤ人を指す言葉であったが、転じて生まれた場所を
離れて移住している人々を意味する。上記のサイードやバーバ、スピバクなど
はすべて生まれ故郷を離れて活躍するディアスポラといえる。こうした人々
が、その社会における多数者側と異なる視点をもち、国民国家が決して一枚岩
ではないことを発信していくことによってハイブリッドな政治状況が促進され
ることになる（Sylvester 2014：192）。

5　ポストコロニアリズムと安全保障

　では、ポストコロニアルな安全保障とは何を意味するのであろうか。これま
での議論から言えば、安全保障があくまでも国民国家という枠組みのみを前提
にして議論されてきたことが批判の対象となるであろうことは容易に想像でき
る。事実、こうした批判は様々な角度からなされてきた。例えば、シャーニは
現代の安全保障が、西洋的な価値によって構成されていることを鋭く指摘して

いる（Shani 2014）。そこでは安全保障という概念自体が「外部からの攻撃」に
対処する形で成立していること、それは逆に言えば国民国家の内側には人々の
安全を脅かすものは存在しないという前提をもっていることが批判的に検証さ
れる。事実、昨今の福島の状況、沖縄における基地の問題などを考えれば、こ
れまでの安全保障における「外部からの攻撃」のみに対処するという前提が必
ずしも現状を反映していないという言い方は可能であろう。

　同様の議論はバーカウィによっても指摘されている。彼によれば、第二次世
界大戦の原因についての分析という形で始まった国際関係学は、戦争について
の学問と自負してきた。しかしならが、バーカウィによれば、国際関係学は戦
争それ自体については全く注目してこなかったという。では、国際関係学は何
を議論してきたのか。それは「国際システムとの関係における戦争、その原
因、危機における意思決定、他国との連携、軍事教義の長所・短所など」であ
り、それらは「戦争そのもの」ではない。（Barkawi 2013：88）。戦争は他の学
問領域、すなわち政治学、社会学、経済学、カルチュラル・スタディーズなど
でも取り上げられて来たものの、それらはあくまでも副領域として取り上げら
れて来たのであって、戦争そのものを正面から分析するものではない。戦争は
国際秩序を乱すもの、社会を混乱させるもの、人々の生活を破壊するものとし
て、国際関係、社会学、文学等で登場するが、それらは結果的に戦争を非中心
化（de-centralize）してしまう（Barkawi 2013：90）。

　こうした理論的な展開の最も進んだ形は、昨今注目を集めている非西洋型国
際関係理論の一部に見ることができる。例えば、ティックナーとヴェーヴァ
は、西洋型の国際関係理論という立場から地域ごとに「異なる」安全保障のあ
り方を見るのではなく、異なる視点すなわち社会学や歴史など他のフィールド
の理論を使いながら「世界中でいかに世界は理解されているのか」を学ぶ必要
性を説く。換言すれば、すでに確立された国際関係論や安全保障論を脱中心化
することによってしか、様々な地域での世界の見方は理解され得ないと主張す
る（Tickner and Wæver 2009：1-2）。

　これに対して、主体ではなく関係性に注目する理論も近年注目を集めてい
る。いわゆる関係性理論もしくは関係的国際関係理論（Relational Theory of

IR）と呼ばれるもので、2010年代に入ってからいわゆる中国学派の登場とともに注目を集め始めた理論である。関係性理論の中でも中国学派は比較的正統派の社会構築主義の流れにあるが、それと同時に登場してきた世界各地の関係性に基づく世界観を使った関係性理論はポストコロニアリズムの強い影響を受けている。例えばトラウンゼルほか（2020）ではインドや南米、東アジアの宗教や世界観に基づく様々な関係性理論が紹介されている（Trownsell *et al.* 2020）。ノーディンほか（2019）は、特に関係性理論の展開している中国に焦点を当て、関係性理論の有用性を批判的に検証している（Nordin *et al.* 2019）。そこで共通しているのは、主体はそれ自体で存在するのではなく、他者との関係性によって存在が担保されているという考え方である。つまり、自己は他者との関係の中でのみ存在するとされ、すなわち敵は敵として存在するのではなく関係性によって敵に「なる」ということになる。

　こうして考えてくると、安全保障の枠組みの中でポストコロニアリズムを考えるということの難しさが浮き彫りとなってくる。すなわち、安全保障それ自体が西洋近代主義、帝国主義的であること、そしてその中心には国民国家という厳然とした存在が前提とされている状態の中で、いかにその脱中心化という作業を行うのかという問題がそこにはあるのである。これまでの安全保障という概念に頼らずに、人々の生活を守っていく術とはどのようなものなのか。この困難な問いに敢然と立ち向かうことこそ、ポストコロニアルな時代の国際関係を学ぶ者の義務なのかもしれない。

設　問
・狭義のポストコロニアリズムと広義のポストコロニアリズムとの関係はどのようなものか。
・ポストコロニアリズムの国際関係という学問における位置はどのようなものか。
・ポストコロニアルな視点から見るとき、これまでの安全保障に内在する問題とはどのようなものなのか。

〔参考文献〕

高坂政顕ほか（1943）『世界史的立場と日本』中央公論社

竹内好（1983）『近代の超克』筑摩書房

丹羽京子（2016）『人と思想119　タゴール』清水書院

廣松渉（1989）『〈近代の超克〉論——昭和思想史への一視角』講談社

ファノン，フランツ（2015）『地に呪われたる者』鈴木道彦・浦野衣子訳、みすず書房

丸山眞男（1961）『日本の思想』岩波書店

Barkawi, Tarak (2013) "War, armed forces and society in postcolonial perspective," *Postcolonial Theory and International Relations: a critical introduction* ed. Seth, Sanjay, Abrington: Routledge, pp. 87-105.

Baylis, John and Smith, Steve eds. (2014) *The Globalization of World Politics: an introduction to international relations*, Oxford: Oxford University Press.

Nordin, A. H. M. *et al.* (2019) "Towards global relational theorizing: a dialogue between Sinophone and Anglophone scholarship on relationalism," *Cambridge Review of International Affairs*, vol. 32, no. 5, pp. 570-581. doi: 10.1080/09557571.2019.1643978

Russell, B. (2017) *The Problem of China*, Delhi: Prabhat Prakashan.

Shani, G. (2014) *Religion, Identity and Human Security*, Abingdon: Routledge.

Sharp, J. (2008) *Geographies of Postcolonialism*, London: Sage.

Shih, CY and Ikeda, J. (2019) "International Relations Concerning Post-Hybridity: Dangers and Potentials in Non-Synthetic Cycles," *Critical International Relations Theories in East Asia: Relationality, Subjectivity, and Pragmatism*, ed. Shimizu, K., Abingdon: Routledge.

Smith, Steve and Owens, Patricia (2005) "Alternative approaches to International Theory," *The Globalization of World Politics: an introduction to international relations*, 3rd edition, eds. Baylis, John *et al.*, Oxford: Oxford University Press, pp. 271-297.

Suzuki, S. (2009) *Civilisation and Empire: China and Japan's Encouter with European International Society*, London: Routledge.

Sylvester, Christine (2014) "Post-colonialism," *The Globalization of World Politics: an introduction to international relations*, 6th edition, eds. Baylis, John *et al.*, Oxford: Oxford University Press, pp. 184-197.

Tickner, Arlene and Wæver, Ole eds. (2009) *International relations scholarship around the world*, London: Routledge.

Trownsell, T. A. *et al.* (2020) "Differing about Difference: Relational IR from around the world," *International Studies Perspectives*. doi: 10.1093/isp/ekaa008

第5章

ジェンダー化する安全保障

和田　賢治

1　男らしさのジレンマ

　ジェンダー問題は女性の問題と誤解されることが少なくない。まして国際関係の問題、特に安全保障というテーマとの結びつきはほとんど意識されることがない。本章は国際関係と安全保障がジェンダー化することを明らかにしながら、その問題の所在を示していきたい。

　まず、ジェンダー問題が男性の問題でもあることを示すために身近な例から考えてみよう。男性であるあなたが男友達とキャンプ場へ出かけたとする。その近くには深く流れの速い川があり、友人の1人が「あの岩場から飛び込もう」と提案する。次々と友人が川へと飛び込む中、泳ぎの不得意なあなたは「やめておく」と言い出しにくい状況に置かれる。その胸の内を素直に打ち明けられない理由は、友人の言葉が含意する次のメッセージを察知したからであろう。すなわち、川へ飛び込むという危険な試練を共に乗り越えた「本物の男」だけが仲間の輪に迎え入れられ、及び腰とみなされた「女々しい男」はからかいや仲間外れの対象となる。この例に限らず、飲酒量の競争や性的ジョークの共有など何らかの形で男らしさ（masculinity）を試される場面を見聞きした人や経験した人は少なくないのではないか。このように男性という主体の地位は、セックスという生物学的性差だけでは無条件に担保されず、ジェンダーという社会的性差に合致した振る舞いの継続によって確保される不安定なものである。

　さて国際関係に目を移すと、日本はこの例に似た経験をしている。第三次安倍内閣は集団的自衛権の行使を可能にする平和安全法制を2015年9月に国会で成立させたが、専門家から憲法違反の指摘も多く、国民の理解も十分に進まない中であった。その性急な成立の背景の1つに湾岸戦争（1991年クウェートに侵攻したイラクのフセイン政権に対する米軍を中心とする軍事制裁）の「トラウマ」が挙げられる。当時の日本政府はアメリカからの自衛隊派遣の要請を憲法9条との整合性を理由に断る代わりに、130億ドル（当時約1兆7000億円）の復興予算を拠出した。湾岸戦争の終結後、クウェート政府は自国を支援した国々に謝意を示すリストを公表するが、そこに日本の名前は含まれなかった。[1]

　この出来事が一部の人間にトラウマとして語り継がれる理由は、同盟国を男友達に置き換えるとクリアになる。国際関係で戦争という最もリスクの高い行為の共有は、同盟国間の絆の強さを確認し合う好機といえるが、そこで派兵をためらう国はその危険な試練に及び腰となった「女々しい国」とみなされうる。前述のリストの作成者にその意図がなくとも、そこに日本の名前がないと知ったとき味わう疎外感や劣等感は容易に拭い去れないのであろう。その苦い経験を繰り返さないためにも、戦場で同盟国と肩を並べられる「普通の国（本物の男）」へと日本を正常化（男性化）することが喫緊の課題とされる。

　このように国際関係をジェンダーというレンズを通して見ると、平和安全法制の成立には、憲法9条がいったん女性化した日本を再び男性化したいという欲望を見て取れる（清水 2006：83-105）。ただし、その戦後日本の安全保障政策の大転換もアメリカへのいっそうの従属を促すことから、「自立した男」という理想像からほど遠い状態に日本を依然として置き続ける。日本の軍事的リアリストにとって解消すべき優先課題は、安全保障のジレンマよりも男らしさのジレンマであるといえよう。[2]次節ではそのジレンマを生み出すホモソーシャル（homosocial）な国際関係について見ていこう。

2　ホモソーシャルな国際関係

　前節の議論は、国家が人間のようにジェンダー・アイデンティティをもつと

Box 5-1　キーワード

ジェンダー（gender）：女らしさや男らしさなど性別に応じて望ましいとされる社会的に作り出される性差を意味する。

家父長制（patriarchy）：男性が女性よりも特権を得られる社会的、経済的、政治的な構造という階層化された配列を指すもの。

覇権的男らしさ（hegemonic masculinity）：男らしさは社会に1つではなく複数あり、性的指向、人種、階級などと交錯し、競合する状態にあり、覇権とはその最上位にあるものを表す（Connell 1995：76-79）。

（Peoples and Vaughan-Williams 2015：47, Box 3.1 に筆者が加筆修正）

いう仮説に基づく。当然、そのような仮説はリアリズムに受け入れられるものではない。リアリストにとって国家は、アナーキーな国際関係を生き抜く上で「自助」、「自立」、「権力志向」、「合理性」などを普遍的な行動原則とする均質な抽象物であり、ジェンダー・ニュートラルな存在である。しかし、アン・ティックナーやスパイク・ピーターソンなどフェミニスト国際関係論の研究者により、それらの原則がいずれも西洋の男らしさと合致することに疑問が呈された。西洋の政治思想が人間と男性を同一視してきた歴史を振り返れば、古典的なリアリズムに影響を与えたホッブズらの議論も、さらに時代を遡り、その理論の基礎的思考となる二元論を形成したアリストテレスらの議論も、当時の男性の経験や価値観を反映したものに過ぎないからである（ティックナー2005：35-56；Peterson1992b：33-39；Grant and Newland eds. 1991）。同様の批判は実証主義的なリアリズムにも向けられ、その分析の客観性を揺るがした（Tickner 2001：51-52；Peterson 1992a：12-13）。

　ジェンダーという男性に求められる男らしさ、女性に求められる女らしさは地域により異なり、時代により変化もする。しかし、国際関係論を発展させた欧州とアメリカにおいて変わらぬことは、男らしさが女らしさよりも積極的価値を割り当てられてきたことである。例えば、公的領域での活動に求められる「自立」、「理性」、「強靭」は、すべて男らしいとされ、それに相応しくない「依存」、「感情」、「脆弱」は、すべて女らしいとされる。それらの項目は二項対立な関係（自立／依存、理性／感情、強靭／脆弱）にあるだけでなく、前者を称

揚する非対称な関係にもある。そのジェンダー・ヒエラルキーを認識しないま国家の性質や国際関係の構造を分析する理論は、いくら方法論的な手続きを厳格にしたとしても知の中立性を維持できない。

　もちろん、国家と国際関係のジェンダー化はジェンダー・バイアスという研究者の認識だけの問題ではない。その下地は、近代国民国家の歴史的な形成過程において戦時と平時の両面で整えられてきた。戦時に徴兵された男性が戦争への貢献の対価として市民権を獲得し、平時に家長としての男性のみが選挙権を得て公的活動への参加を認められた（土佐 2000：11-15）。男性が対外的戦争と対内的家父長制により国家と国際関係を占有する一方、女性は私的領域での家事や育児などの再生産労働を割り当てられ、国内外の政治の議論や活動から遠ざけられた。

　ただし、すべての男性が特権的地位を享受できるわけではなく、異性愛者に限定されてきた。近代国家の形成は異性愛家族を基礎単位としながら、矯正すべき異質な存在として「同性愛者」というカテゴリーを作り出し、非異性愛者を公的領域からも私的領域からも締め出してきた（フーコー 1986）。ジェンダー研究者のイヴ・セジウィックは西洋近代の文学テクストの読解から、異性愛という特定の性的指向を強制する家父長制の基盤にホモソーシャルな関係を看取する（セジウィック 2001）。その関係は男同士の連帯を深める絆であり、その時代に女らしいとされる存在や行為を共に忌避することで強化される。その絆を揺るがす存在を排除し、服従させるために、自らがゲイでないことを示す意味でも、同じく忌避の対象である女性を性愛や婚姻の対象とする。つまり、ホモソーシャルな関係とは同性愛嫌悪（homophobia）と女性嫌悪（misogyny）により支えられる。

　異性愛の男性が公的領域を占める中、女性と LGBTQ の人々[3]の社会進出は進まず、特に安全保障に関連する職業（政治指導者、外交官、軍人など）は「覇権的男らしさ」を体現する人間に限られてきた（ティックナー 2005：3, 7-8）。各国の「男の中の男」だけが集う国際関係は、ホモソーシャルな関係の延長線上に展開し、外交、同盟、戦争などを通じて、他国から見下されぬ（女性化されぬ）ように互いの覇権的男らしさを競わせる空間となってきた[4]。

Box 5-2　フェミニズム

リベラル・フェミニズム：法的、経済的、政治的、社会的な男女平等を目指す。

スタンドポイント・フェミニズム：家父長制を批判する根拠として現実の女性の経験を取り入れる重要性を強調する。

ポスト構造主義フェミニズム：男らしさと男性を特権化する西洋の思考様式である二元論を脱構築する。生物学的性差も社会的に構築されたとする主張は、主体としての女性を否定するニヒリズムと受け止められ、他のフェミニズムからも批判された。

（Peoples and Vaughan-Williams 2015：47, Box 3.1 に筆者が加筆修正）

　主流の研究者もその空間内のアクター間で起こる事象を分析さえすれば、国際関係を正確に把握できるという姿勢を取り続けてきた。これを正すためフェミニスト国際関係論の先駆者の1人シンシア・エンローは、「女性はどこにいるのか」という問いから、外交官や軍人の妻、軍事基地の内外で働く女性、プランテーションの農場や衣料品の工場で働く女性らの役割や活動に光を当てる。それまで分析から捨象されてきた私的領域や彼女たちの存在の可視化から、国際関係が多様な男らしさの競争の場であり、そこでの権力の複雑な動態に目を向ける必要性を訴える（エンロー 2020：58-61）。というのも、後述するように、安全保障言説こそがホモソーシャルな国際関係を再生産することで、その庇護の下に置かれる人々に不平等な社会構造や不当な従属を受け入れさせ続けるからである。

3　「保護の神話」は誰を守るのか

　国家がジェンダー・アイデンティティをもつとすれば、どのようにであろうか。批判的安全保障論の研究者デイヴィッド・キャンベルの分析によれば、国家安全保障とは外部の脅威から領土を軍事的に守る政策であるというよりも、脅威としての他者を外部に作り出すことで国家の自己認識を安定化させる言説である。様々な脅威が存在するにせよ、その言説は常に他者を「無秩序」や「野蛮」などと自国よりも劣った存在として女性化し、それらの対概念である

「秩序」や「文明」などへと自国を同一化させ男性化する（Campbell 1992：8-12）。

　その過程を具体的に検討するために、「保護の神話」という安全保障言説を取り上げたい。保護の神話とは、女性や子どもを守ることを理由に軍事力の増強やその行使の必要性を訴える言説である。それが神話と呼ばれる理由は、戦争の犠牲者や難民の多くが女性や子どもであるという現実との大きなギャップにある（Tickner 2001：48-51）。その一例として対テロ戦争（第12章参照）がある。

　2001年9月11日のアメリカでの同時多発テロ以降、ブッシュ政権は同年アフガニスタンへ、2003年イラクへと軍事侵攻を拡大した。これらの戦争を正当化する同政権の主張について、哲学者のアイリス・ヤングは「マスキュリニストの保護の論理」（the logic of masculinist protection）として分析する。まず、その論理は身の安全の保障と引き換えに政府の方針に従う「良き市民」となることを国民に要求する。その方針とは、テロ組織とその支援国を軍事的に敗北させるためのあらゆる資源を動員する権限に加え、国内に潜伏するとされるテロリストの監視強化に向けて市民の人権も制限できる権限を政府に与えることである（Young 2003：3, 8-13）。

　次に、この保護の論理には自己犠牲という騎士道の精神も織り込まれる。ブッシュ政権は、テロの問題と直接関係のない女性の人権問題を取り上げ、タリバンとフセイン政権に性差別主義（sexism）のレッテルを貼ることで戦争への支持拡大を図った（Young 2003：16-20）。この安全保障言説は、救出を待つとされる女性を「無実」、「無知」、「無力」な犠牲者として、彼女らを支配し抑圧するとされる男性を「無秩序」、「野蛮」、「異常」な脅威として、そして彼女らの救出を口実に武力を行使する欧米諸国を「秩序」や「文明」に加えて、「決断力」、「勇気」、「力強さ」を兼ね備えた保護者として三者三様に表象する（Shepherd 2006；Orford 2003）。だが、その戦争開始後から増え続ける女性と子どもの死傷者数は、対テロ戦争を正当化する言説も保護の神話であったことを裏付ける。

　保護の神話は、過去の植民地支配から現代の人道的介入まで長く用いられて

きた（Orford 2003）。ただし、対テロ戦争のそれは保護の対象にLGBTQの人々も含むことを特徴とする。1980年代のアメリカで特にゲイの男性は、エイズ問題を背景に厳しい差別の対象となった。1990年代に入ると、新自由主義経済の発展に貢献し、婚姻や兵役に関する平等に要求をとどめ、異性愛を規範とする支配的制度の変更を強く求めない人々は、「正常な同性愛者」としてアメリカ社会の主流に包摂されるようになる（Duggan 2003：43-66）。こうした変化は、同時多発テロ以降のイスラム恐怖症（islamophobia）が蔓延するアメリカ社会で対テロ戦争という国家的アジェンダと結びつく。同性愛に不寛容とされる「ムスリムの性的指向」を安全保障上の脅威として浮上させ、性的指向に寛容なアメリカを「進歩的な文明国」、その敵を「後進的な野蛮人」へと分別する。クィア理論を専門とするジャスビル・プアは、テロリストを性的逸脱者として他者化することで白人性というアメリカの優位性を確定させる現象を「ホモナショナリズム（homo-nationalism）」と呼ぶ（Puar 2007：1-11, 37-51）[5]。

　ところで、保護の神話は冒頭で言及した日本の安全保障をめぐる議論にも持ち込まれている。2014年5月15日の総理大臣会見で、安倍晋三首相は平和安全法制の整備に向けて、歴代内閣が憲法違反と判断を示してきた集団的自衛権の行使を可能にする憲法解釈の変更の必要性を次のように訴えた。

　　日本は戦後70年近く、一貫して平和国家としての道を歩んできました。これからもこの歩みが変わることはありません。しかし、平和国家であると口で唱えるだけで私たちの平和な暮らしを守ることはできません。私たちの平和な暮らしも突然の危機に直面するかもしれない。そんなことはないと誰が言い切れるでしょうか。テロリストが潜む世界の現状に目を向けたとき、そんな保障はどこにもありません。政府は、私たちは、この現実に真正面から向き合うべきだと私は考えます。［中略］
　　再度申し上げますが、まさに紛争国から逃れようとしているお父さんやお母さんや、おじいさんやおばあさん、子供たちかもしれない。彼らが乗っている米国の船を今、私たちは守ることができない。そして、世界の平和のためにまさに一生懸命汗を流している若い皆さん、日本人を、私たちは自衛隊という能力を持った諸君がいても、守ることができない。［中略］
　　こうした課題に、日本人の命に対して守らなければいけないその責任を有する私は、総理大臣は、日本国政府は、検討をしていく責務があると私は考えます[6]。

この演説の中でも、その内容を補足するために用意されたパネルの1つ（図表1）にも、女性と子どもの保護が具体例として提示される。その内容は、集団的自衛権の行使容認という政府の方針に従うことを国民に迫る。対テロ戦争の言説との注目すべき共通点は、いずれも情緒的な説明で国民に政府への支持

図表 1　2014年 5 月15日総理大臣会見時のパネル

出典：「総理会見時におけるパネル資料」[7]

を呼びかけることである。テロと女性やLGBTQの人権侵害が直接結びつかないように、上述の日本政府の説明も後の国会審議の中で集団的自衛権の事例として適切ではなかったことが判明する[8]。これらの客観性の欠如は偶然ではなく、むしろその欠如にこそ保護の神話の汎用性の高さを見出せる。「弱者の救済」という情動的な安全保障言説は、国家とその言説を受容する人々を保護者として男性化させるだけではない。それは、政府への批判を「弱者の放置」と同義にすることで政府の方針に反対する人々を女性化する。

4　沈黙を破る困難

　保護の神話は、軍事的な安全保障と女性の安全が結びつかない現実を浮かび上がらせる。しかも、それは戦時だけではなく、在日米軍基地関係者による女性や少女に対する性暴力など平時にも続く（エンロー 2006：66-83）。リアリズムの安全保障研究は国家を中心に置くアプローチであり、その政策が女性と男性に異なる影響を与えることを考慮してこなかった。ティックナーによれば、その狭すぎる分析の視野に対して、フェミニズムの安全保障研究は、「特にジェンダー・ヒエラルキーという不平等な社会構造が個人と集団の安全保障にネガティブに与える影響を把握するための分析の中心的カテゴリーとしてジェンダーを採用する」。そのボトムアップのアプローチは、フェミニストの批判

図表 2　安全保障研究の代表的なフェミニストおよびジェンダー・アプローチ

	焦点となるポイント	唱道者
リベラル・フェミニズム	安全保障研究での女性の可視化	シンシア・エンロー
スタンドポイント・フェミニズム	女性の視点と体験の経験的分析	J・アン・ティックナー
ポスト構造主義ジェンダー・アプローチ	「女性」、「男性」という生物学的性差も言説的構築物として分析	V・スパイク・ピーターソン

出典：Peoples and Vaughan-Williams 2015：50, Table 3.1 に筆者が加筆修正

的安全保障論が追求する「女性の従属を終わらせる」という解放の目標を達成するためである（Tickner 2001：47-49）。

　そのアプローチの1つに、女性に特有の脅威に分析の焦点を合わせる安全保障問題化理論（securitization theory）がある（第3章参照）。同理論は脅威が言説を通じて作り出される過程を解明するために、特定の客体を実存的脅威として聴衆に受け入れさせるセキュリタイジング・アクターの言語行為（speech act）を分析する（Buzan, et al. 1998：25-27）。例えば、それぞれ環境問題と健康問題に分類される地球温暖化と新型感染症を、専門家、官僚、政治家などが国家の存続に多大な損害を与える問題として取り上げることで、人々はそれらを安全保障問題として認識するようになる。ただし、このままだとジェンダーの視点を欠くというリアリズムの安全保障研究と同じ問題を抱えることになる。多くの場合、セキュリタイジング・アクターになれるのは、聴衆の説得に必要とされる地位や資源などをそろえた一部の男性エリートに限られるからである。したがって、自らの安全について声を上げることができず、沈黙することでしか自分の身を守れない最も危険な状態に置かれた女性たちの現実は、安全保障問題化理論からも捨象されてしまう。そこで家父長制などの性差別的な社会構造も分析の射程に収められるように、ジェンダーの視点を安全保障問題化理論に取り入れることが提案される（Hansen 2000）。

　さらにフェミニストによる研究の蓄積とトランスナショナルな運動が実り、女性の声を安全保障政策に反映させる取り組みも始まっている。2000年10月の

国連安全保障理事会決議1325の採択以降、国連は平和維持活動や平和構築の立案・実施・評価などにジェンダーの視点を含めるジェンダー主流化（gender mainstreaming）を推進してきた。既存の政策は男性を暗に対象者としてきたため、支援が女性に行き届かず、かえってジェンダー不平等を生むことへの懸念がある。[9] そこで女性の意見やニーズを政策過程に直接反映させる機会として、政策立案者らと紛争に巻き込まれた女性や彼女たちを支援する市民組織との対話の場を設けることが推奨される（United Nations 2000）。

　理論と政策の両面で女性の安全が考慮されるようになってきたが、ここで問題となるのは、どのように女性の声が政策立案者に届けられるかということである（和田 2014）。例えば、2003年の「女性・平和・安全保障に関する NGO ワーキンググループ」は、イラク復興における女性の役割をテーマにイラクから 2 人の女性をスピーカーとして国連へと招いた。ところが彼女たちの口から語られたのはイラクへの軍事介入を強く非難する内容であったため、アメリカの外交官を含む聴衆の多くがその内容に「失望」したという（Gibbings 2011）。このエピソードから垣間見えるのは、安全保障問題について語る女性にはあらかじめ「ピースメーカー」と呼ばれる役割を演じることが期待されているということである。フェミニスト国際関係論のサンドラ・ウィットワースによれば、平和維持活動や平和構築の文脈におけるピースメーカーとは、既存の政策の円滑な実施に貢献する主体を指す。彼女らには、家族のケアやコミュニティの問題など私的領域と結びついた知識や情報を提供することが期待される一方、支援のあり方そのものについての意見は求められない（Whitworth 2004：125-127, 135-137）。女性は女らしく振る舞うべきであり、男性のように自らの国籍やエスニシティなどの観点から安全について語ることは不適切とみなされる（Shepherd 2008：87-90）。

　前述のイラク人女性たちに向けられた「失望」は、イラク戦争の正当性を問うた彼女たちの演説がピースメーカーとしても女性としても不適切な発言であったと聴衆に受け止められたからに他ならない。多様なバックグラウンドをもつはずの女性たちが自らの安全の問題について話したいことを自由に話せないのだとすれば、自らの安全を守るために沈黙を強いられる女性たちとの間に

どれほどの違いがあるといえるだろうか。どのような女性の声が議論から排除されているかを可視化することも批判的安全保障論の課題である。

5　ケアの倫理という対抗言説

　本章で論じてきたように、国家のジェンダー化がホモソーシャルな国際関係を生み出し、そのホモソーシャルな国際関係が国家に過剰に男らしく振る舞う安全保障を追求させる。この相互構成的なサイクルが他者への恐怖と憎悪（女性嫌悪、同性愛嫌悪、イスラム恐怖症など）を原動力とする限り、結局のところ、そこで追及される国家安全保障は、安心よりも不安を、秩序よりも緊張を、そして平和よりも戦争を生む一因となってきたといえよう。

　このような男らしさのジレンマから抜け出す手立ての１つは、リアリズムとは別の主体を生成する対抗言説を紡ぎ出せるかにかかっている。第２節で論じたように、リアリズムは自助と自立を国家の本質とみなすが、そのモデルとなる男性市民は再生産労働に専従する女性への依存を抜きに存在し得ない。すべての人々の安全を考える上で、そのような虚像ではなく、自己と他者が依存し合わなければ生きていけない人間本来の姿に立ち戻ることがフェミニストの研究者から提唱される（岡野 2012：2015：ティックナー 2005：159-169）[10]。

　政治学者の岡野八代は、育児という母親業を担う女性から生まれてきた「ケアの倫理」――「自分自身と他者とのあいだで互いのニーズに積極的に応答し合うさいに求められるもの」（岡野 2012：293）――から非暴力な世界を構想する。ケアの倫理に基づく平和論は、「男性は戦争を好み、女性は平和を愛する」という母性を本質化する平和論と一線を画し、男性の他者として生きてきた経験に由来する（岡野 2012：263-264）。人間も社会も相互のケアなしで存続不能であるにもかかわらず、自助と自立を称揚する既存の安全保障は他者への依存を軽蔑し、他者への不信を煽ってきた（岡野 2012：293-294）。そのホッブズ的論理が国家による暴力装置の独占を推し進め、無数の人間を死に至らしめる大戦を繰り返し、人類の存続を危ぶませる核兵器を手放せなくさせてしまった現在、ケアを社会の中心に据えた世界の実現を検討する余地は十分にあるのでな

いか（岡野 2012：274-281、304：2015：200-215）。

　もちろん、ケアの倫理から主体を生成することは、リアリズムと同様に男性化した主体を所与とする新自由主義、原理主義、排外主義、歴史修正主義が猛威を振るう今日の世界で一筋縄ではいかない。しかも、いずれのイデオロギーも覇権をめぐってそれぞれの男らしさを競い合わせながら、相互補完的にホモソーシャルな国際関係を再生産している点で共犯関係にある。他者への恐怖と憎悪を駆り立て続ける世界が、誰に特権をもたらし、誰に不安を抱かせ、誰を危険に晒しているのかを問い続けていく作業が、平和な世界に向けた新たな主体を立ち上げる起点の 1 つとなるはずである。

設　問
・どのように安全保障というテーマはジェンダーと結びつくのか。
・なぜリアリズムの安全保障研究は、女性への武力紛争の影響や在日米軍基地関係者による性暴力を議論してこなかったのか。
・ジェンダーの視点を踏まえると、平和な世界を築くためにはどのような主体が必要か。

【注】
1）　日本がリストに掲載されなかった理由は派兵の有無よりも、支援額の大半をアメリカの戦費に配分し、その一部しかクウェートの復興費に配分されなかったことによるものという指摘がある（半田 2009：46-53）。
2）　湾岸戦争のトラウマをジェンダーの視点から考察する素材として映画『クヒオ大佐』（監督吉田大八・2009年）がある。堺雅人演じる主人公の日本人男性は、在日米軍基地に勤務する米空軍大佐ジョナサン・エリザベス・クヒオと称する結婚詐欺師である。実生活ではうだつが上がらず、性格的・体力的に弱々しい彼だが、米軍服のレプリカを着用すると男らしく振る舞える。本編のストーリーとは文脈的関係をもたない映画の冒頭と終盤で描かれる湾岸戦争のトラウマを想起させるシーンは、米軍服を着用することでしか男性化できないクヒオの姿に当時の日本政府が抱えるジレンマを重ね合わせているように見える。
3）　LGBTQ は、レズビアン、ゲイ、バイセクシュアル、トランスジェンダー、クエスチョニングあるいはクィアの頭字語であるが、性的指向と性自認はさらに多様である。
4）　国際政治学者の土佐弘之は、国際関係がホモソーシャルである事例として戦時性暴力

を挙げる。敵対勢力の女性に対する性暴力は財の略奪や主権の侵犯という意味をもつことから、その行為は被害者の女性を傷つけるだけではなく、彼女たちを守れなかったという屈辱を敵対勢力の男性に感じさせることを意図する（土佐 2000：16-17，2003：28 -29，38-41）。

5 ）　クィア理論の国際関係論への影響については次を参照（和田 2019）。

6 ）　首相官邸ホームページ「安倍内閣総理大臣記者会見」平成26年 5 月15日（http:// www.kantei.go.jp/jp/96_abe/statement/2014/0515kaiken.html, last visited, 20 October 2015）。

7 ）　首相官邸ホームページ（https://warp.ndl.go.jp/info: ndljp/pid/10992693/www.kantei.go.jp/jp/96_abe/statement/2014/__icsFiles/afieldfile/2014/05/15/20140515_kaiken_panel.pdf, last visited, 1 August 2021）

8 ）　2015年 8 月26日の安全保障関連法案を審議するための参議院特別委員会で、民主党大野元裕議員からパネル（図表 1 ）で示された邦人の有無が集団的自衛権を行使できる条件となるかについて質問された中谷元防衛大臣は、「邦人が乗っているか乗っていないか、これは絶対的なものではない。総合的に判断するということで、邦人が輸送されていることは判断の要素の一つではあるが、絶対的なものではない」と答えた。この答弁を受けて大野議員は次のように指摘した。「邦人が米艦艇に乗っているかということは絶対的な条件ではない、関係ないという。女性や子どもを使って国民感情に訴えて法的な立法事実を覆い隠すとは、とんでもないやり方だ。真摯（しんし）に立法事実を示して議論をするという政府が取るべき姿とは全く違う」（https://www.dpj.or.jp/article/107436, last visited, 20 October 2015）

9 ）　例えば、腕や足を失った女性が男性よりも家族から見捨てられる可能性が高いこと、また戦闘員、召使、性的奴隷として従軍していた女性が存在することについて従来の政策では十分に考慮されてこなかった（United Nations 2003：9-11）。

10）　哲学者のジュディス・バトラーは憎悪の連鎖する世界から抜け出すために、他者との関係性なく存在できない、すべての人間に共通する「可傷性（傷つきやすさ）」を基盤にした連帯が平和な世界の実現に不可欠であると論じる（バトラー 2007：47-95）。

〔参考文献〕

エンロー，シンシア（2006）『策略——女性を軍事化する国際政治』上野千鶴子監訳／佐藤文香訳、岩波書店

エンロー，シンシア（2020）『バナナ・ビーチ・軍事基地——国際政治をジェンダーで読み解く』望戸愛果訳、人文書院

岡野八代（2012）『フェミニズムの政治学——ケアの倫理をグローバル社会へ』みすず書房

岡野八代（2015）『戦争に抗する——ケアの倫理と平和の構想』岩波書店

清水耕介（2006）『グローバル権力とホモソーシャリティ——暴力と文化の国際政治経済学』御茶の水書房

セジウィック，イヴ・K.（2001）『男同士の絆——イギリス文学とホモソーシャルな欲望』

上原早苗・亀澤美由紀訳、名古屋大学出版会

ティックナー，アン・J.（2005）『国際関係論とジェンダー──安全保障のフェミニズムの見方』進藤久美子・進藤榮一訳、岩波書店

土佐弘之（2000）『グローバル／ジェンダー・ポリティクス──国際関係論とフェミニズム』世界思想社

土佐弘之（2003）『安全保障という逆説』青土社

バトラー，ジュディス（2007）『生のあやうさ──哀悼と暴力の政治学』本橋哲也訳、以文社

半田滋（2009）『「戦地」派遣──変わる自衛隊』岩波書店

フーコー，ミシェル（1986）『性の歴史Ｉ──知への意志』渡辺守章訳、新潮社

和田賢治（2014）「平和構築への女性の関与──ジェンダー主流化のパラドックス」『平和研究』43号、91-107頁

和田賢治（2019）「国際関係論のクィア的転回── LGBT をめぐるグローバルな秩序の再編成」『国際政治』196号、133-143頁

Buzan, Barry *et al.* （1998）*Security: A New Framework for Analysis,* Boulder and London: Lynne Rienner.

Campbell, David（1992）*Writing Security: United States Foreign Policy and the Politics of Identity,* Minneapolis: University of Minnesota Press.

Connell, Robert. W.（1995）*Masculinities,* Cambridge: Polity Press.

Duggan, Lisa（2003）*The Twilight of Equality?: Neoliberalism, Cultural Politics, and the Attack of Democracy,* Boston: Beacon Press.

Gibbings, Sheri L.（2011）"No Angry Women at the United Nations: Political Dreams and the Cultural Politics of United Nations Security Council Resolution 1325," *International Feminist Journal of Politics,* vol. 13, no. 4, pp. 522-538.

Grant, Rebecca and Newland, Kathleen eds.（1991）*Gender and International Relations,* Bloomington: Indiana University Press.

Hansen, Lene（2000）"The Little Mermaid's Silent Security Dilemma and the Absence of Gender in the Copenhagen School," *Millennium: Journal of International Studies,* vol. 29, no. 2, pp. 285-306.

Orford, Ann（2003）*Reading Humanitarian Intervention,* Cambridge: Cambridge University Press.

Peoples, Columba and Vaughan-Williams, Nick（2015）*Critical Security Studies: An Introduction,* 2nd edition, New York: Routledge.

Peterson, V. Spike（1992a）"Introduction," *Gendered States: Feminist（Re）Visions of International Feminist Theory,* ed. Peterson, V. Spike, Boulder and London: Lynne Rienner Publishers.

Peterson, V. Spike（1992b）"Security and Sovereign States: What Is at State in Taking Feminism Seriously?," *Gendered States: Feminist（Re）Visions of International*

Feminist Theory, ed. Peterson, V. Spike, Boulder and London: Lynne Rienner Publishers.

Puar, Jasbir K.（2007）*Terrorist Assemblages: Homonationalism in Queer Times*, Durham: Duke University Press.

Shepherd, Laura J.（2006）"Veiled References: Constructions of Gender in the Bush Administration Discourse on the Attacks on Afghanistan Post-9/11," *International Feminist Journal of Politics*, vol. 8, no. 1, pp. 19-41.

Shepherd, Laura J.（2008）*Gender, Violence and Security*, New York: Zed Books.

Tickner, J. Ann（2001）*Gendering World Politics: Issues and Approaches in the Post-Cold War Era*, New York: Columbia University Press.

United Nations（2000）S/Res/1325, 31 October 2000.

United Nations（2003）Gender Mainstreaming in Peacekeeping Activities, Report of the Secretary General, A/57/731, 13 February 2003.

Whitworth, Sandra（2004）*Men, Militarism and UN Peacekeeping: A Gendered Analysis*, Boulder: Lynne Rienner Publishers, Inc.

Young, Iris M.（2003）"The Logic of Masculinist Protection: Reflections on the Current Security State," *Signs: Journal of Women in Culture and Society*, vol. 29. no. 1, pp. 1-25.

第 **Ⅱ** 部 　**争点と事例**

第 6 章

環境と批判的安全保障
——気候の危機からジオ・パワーへ

前田　幸男

蓮井誠一郎[1]

「人々は苦しんでいます。人々は死んでいます。生態系は崩壊しつつあります。私たちは、大量絶滅の始まりにいるのです。なのに、あなた方が話すことは、お金のことや、永遠に続く経済成長というおとぎ話ばかり。よく、そんなことが言えますね。（中略）もしあなた方が私たちを裏切ることを選ぶなら、私は言います。「あなたたちを絶対に許さない」と。」（グレタ・トゥーンベリ2019年9月23日の国連の「気候行動サミット」での演説より）

1　環境危機の背景

　2019年7月、国際労働機関（ILO）は、気候変動により今世紀末までの1.5度の平均気温の上昇予測に基づき、それが2030年には高温による総労働時間中の2.2%の喪失となり、世界中で8000万ものフルタイムの仕事の喪失を意味すると発表した。これは額にして推計2兆4000億ドル（約260兆円）もの経済損失である（ILO 2019：3）。とりわけ屋外での作業の多い農業と建設部門への影響は大きく、そこで働く脆弱な人々（非正規労働者・移民・ワーキングプアなど）が最も深刻な被害を受ける。こうした絶望的なデータは頻繁に出されている。冒頭のグレタさんの演説はそうした科学的根拠に則って行われた。ただ、人々の関心が低く優先順位が低いために目にとまらないだけである。

　この問題が将来世代（これから生まれるすべての生命）を巻き込むイシューであるにもかかわらず、現在の大人といえば、気候変動に対しても戦争メンタリティのまま「戦って克服すべき困難」という発想で「自然」に向き合う。しか

も、戦争メンタリティは強い経済力に裏打ちされた防衛予算により支えられることから、一国経済が「健全に」成長することが経済安全保障の大前提となる。そこから、その経済システムを回すためのエネルギーの安定的確保がすかさず続く。こうして「自然環境」は一国の軍事・政治・経済を回すための「天然資源」として翻訳され、エネルギー安全保障上のアジェンダと「なる」。そこでの自然は共生のパートナーではなく、人間の発展のために使い倒されるモノであることに疑問を差し挟む余地はない。人間のコントロール対象として自然を理解する姿勢が安全保障問題として環境を扱う多くの人間の脳裏につきまとう。この姿勢をクリティカルに問い直すことが本章の基本的スタンスである。

2　環境の安全保障問題化

人間は自然環境をエネルギーや資源として捉えることが多かった。アーノルド・ウォルファーズによれば「客観的には獲得した価値への脅威の不在であり、主観的にはそれらの価値が攻撃される恐れがないこと」を安全が保障された状態と考えた（Wolfers 1962 : 150）。そうであるとして、現在のわれわれの生活がいかに大量の「天然資源」を消費するかを考えれば、この文脈での安全保障とは、環境から資源を抽出して大量消費、大量廃棄する過程を守ることだといえる。

二度の大戦後、①科学技術の高度化の中での核兵器の登場、さらには②科学技術を使う人類の活動の地球への影響力があまりにも大きくなったことで自然環境そのものを人類自らが破壊してしまうことから、自然環境を守らなければならないという文脈で、改めて環境が問題化されていくことになった。

20世紀初頭まで環境劣化に人々は関心を向けず、まして安全保障の問題としては議論もしてこなかった。だが核戦争により地球が汚染され、核爆発の粉塵や大火災の黒煙が地球を覆い、急激な温度変化が起こることで農業と生態系が破壊されるという『核の冬』論の登場により（セーガン 1985）、人々はそこに勝者はいないことを理解し、安全保障と環境の関係を意識するようになった。

　その後、1987年にはいわゆるブルントラント・レポートと呼ばれる国連の文書『地球の未来を守るために』が公表され、「持続可能な開発」の概念が注目され（環境と開発に関する世界委員会 1987）、1992年のリオ・サミットにつながった。90年代は環境安全保障論がブームを迎え、トーマス・ホーマーディクソンらは、環境的枯渇（Environmental Scarcity）が社会経済的な影響をもたらし紛争原因となると指摘した（Homer-Dixon 1999）。この研究はやはり環境を資源と捉え、同時多発的で限られた地域での環境的枯渇とそれによる諍いが、構造的に腐敗した途上国の政治と合わさり、ミクロレベルでの古典的な資源紛争を長引かせ、やがては多数の紛争当事者を作り出し、複雑な地域紛争になることを示唆し注目された。

　このように環境への意識は高まってきた一方で、特定の脅威を措定して軍事力を高めていく伝統的な安全保障論者たちは、ソ連邦の崩壊による脅威の空白を埋めるべく新しい脅威を探した。アメリカの政策担当者の間で参照されてきたロバート・カプランの論稿「アナーキーの到来」では、地球規模の人口増加が環境劣化を生じ、それが疾病・紛争・社会不安を引き起こすと論じた（Kaplan 1994）。これも環境が安全保障問題化（セキュリタイゼーション）した例である。国家は脅威を探し、危険を名指し、「内部を守る」ためにセキュリタイゼーションをするが、環境でもそれは例外なく行われた。ただし、それが適切な対象になるかといえば環境ほどセキュリタイゼーションに馴染まないイシューもない。例えば、地上の氷河が融解すれば海面上昇が起き、その高さ次第では領土が沈む。従来の安全保障であれば認定された脅威に軍事的対応や経済制裁などが発動するかもしれないが、氷河の融解は温暖化を引き起こしているわれわれ自身が脅威である。さらに水没した領土は軍事力によっては取り戻せない。

　別の例として、(1)巨大台風やハリケーン、さらに(2)大規模な山火事を考えてみる。その規模が大きいと国土は破壊され焼き尽くされ、壊滅的被害となる。しかし、(1)の原因は低気圧が超巨大化するための条件である海水温の上昇を引き起こしているわれわれであり、(2)の原因は気候変動による降水量の低下によって蓄積し拡大した森林の乾燥や乱開発であり、行為者はやはりわれわれ自

図表 1　一人当たり CO$_2$排出量（2017年度）[3]

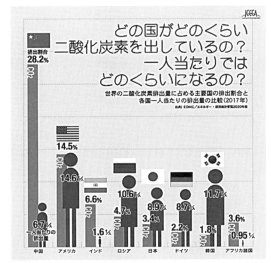

出典：温室効果ガスインベントリオフィス／全国地球温暖化防止活動
推進センターウェブサイト（http://www.jccca.org）より

身である。国家の外部に敵を措定する伝統的な安全保障論がこうした諸問題に無力である所以がここにある。敵は外ではなく内部の人間だからである。

　この点、かつてロバート・マルサス（1766-1834）は『人口論』の中で、人口は放っておくと幾何級数的に増えるが、食糧は算術級数的にしか増えないため、人口を抑制しなければ食糧不足で人類は餓死するが、それは人間自身の責任でやむを得ないと論じた。戦争・貧困・飢饉も人口抑制のためには必要だとの示唆も引き出しうる。確かにマルサスは環境破壊との関係で人口増加について考察はしてはいなかったが、その延長上には、人口は増えすぎるとそれが自ずと環境破壊を引き起こし、それが紛争の原因になるため、早期に介入し、人口を抑制しなければならないというネオ・マルサス派的な発想が登場するのは明らかであり、こうした議論は今なお根強い影響力をもつ。この立場からすれば21世紀の人口動態の中で急増するアフリカ大陸は脅威として捉えられる。その認識から導き出される帰結は、環境破壊を引き起こす人口増は抑制しなければならないというものだろう。

　しかし温室効果ガスの排出に大きな責任をもつ国はどこで、どこに住む人々なのか（図表1参照）。国別排出量と一人当たり排出量の結論は異なるが、先進国や経済成長著しい大国の温室効果ガス排出状況と同じ尺度で、それ以外の途上国に住む人々に排出問題の責任を負わすことはできない。なぜなら、そうした人々の炭素排出量は著しく低く、むしろ生態系とうまく共存している場合が

多いからだ。

　問題の核心部分は、人口増加そのものではなく、人々のライフスタイルの方にある（Hartmann 2017：ch. 4）。日本で2020年10月に2050年カーボンニュートラル宣言が出されたが、その道のりは険しく、エコロジカルに暮らす人々へ歩み寄れるかどうか世界が注目している。ここでは、現状の世界人口の増加であっても、ライフスタイルが炭素排出量次第で地球との共生は可能であるということは改めて強調しておきたい。この点をはっきりしておかなければ、ネオ・マルサス派的な途上国人口抑制論は今後も後を絶たないからだ。

3　気候安全保障論の登場とその意義

(1)　概念の登場とセキュリタイゼーション

　気候変動が注目されたのは80年代からである。それは二酸化炭素が排出量と温室効果（正の放射強制力）の主な部分を占めるとはいえ、多様な温室効果ガスによる現象である。排出源も多岐にわたり、工場や自動車や農地や家畜だけでなく製品の廃棄からも発生する[4]。環境問題としては人為的な「排出」が問題視される。生態系からの発生でも、天然ガス掘削や農地に多くの窒素肥料を施肥するなど人為的な行為なら排出とみなされる。その影響は究極的には地球全体に及ぶ。

　気候変動の影響は地域によって異なるが、海面上昇や気温、降雨量の変化などが典型である。これらのもたらす社会経済的影響は、その地域社会がもつ所与の条件（既存の社会問題、政府への信頼や安定性や対応能力など）に左右される。影響を受けた当事者は目前の問題に集中し、対症療法的な対応がとられ、問題の原因（気候変動）に適した解決策（適応策や緩和策）がとられない傾向にある。

　そうした中で気候安全保障（Climate Security）という概念が注目され始めたのは2007年頃からで、それは環境安全保障論の延長線上の議論であった。安全保障上の脅威の典型である暴力紛争の因果関係を遡ったところ気候変動にたどりついたのだ。だが気候変動が安全保障に影響を及ぼすこと自体については、遅くとも環境安全保障論ブームが始まりつつあった1990年の米海軍大学校の報

告書にはすでに指摘があった（Kerry 1990）。当時は冷戦崩壊後の新たなグローバル・イシューとして気候変動が注目されていたが、海面上昇などの影響が伝統的安全保障の道具である海軍の行動に影響することを指摘した報告だった。気候安全保障論が持ち上がったのは、行動が制約される危機感をもった軍の方からだった。当初の軍は受け身で、気候変動に適応した兵器や基地の開発が中心だった。しかしそれが90年代半ばから環境安全保障論で環境問題が紛争の原因として取り上げられ始めると様相が変わった。環境安全保障論は「主に途上国の環境問題が、難民や貧困などの社会経済的な影響をもたらし、それらが暴力的な紛争につながる」という見方をする。アメリカでは気候変動は軍の途上国での活動を阻害し地域紛争を悪化させる要因とみなされた。そうすると国家安全保障のために気候変動を緩和するか、軍が適応するしかない。結果的にアメリカでは気候安全保障は国家安全保障への脅威としてセキュリタイゼーションされ、学術研究と政策立案がクリントン政権以後に活発化した。

(2)　概念の特徴

　気候安全保障論は環境安全保障論の一部だが、相違点もある。環境安全保障の視野がローカルな環境問題（往々にしてそれらは現地住民や政府の問題とされた）に端を発するローカルな内乱や内戦などの低強度紛争（Low Intensity Conflict: LIC）を焦点にしたのに対して、気候安全保障はグローバルな気候変動による地域への多様なインパクトがもたらすローカルな LIC を焦点にした。同じローカルな LIC に対して影響を及ぼす環境問題がローカルかグローバルかで、それらの環境問題の直接の加害者は前者が途上国で後者が先進国という違いをもつ。これは、それらへの対応が途上国と先進国で異なるという意味では重要な相違点となる。先進国は気候変動を緩和しつつ、途上国は先進国と協力して気候変動に適応して、社会経済的悪影響を緩和・回避し、途上国は政治的不安定を安定化させ、紛争発生後は国際機関と協力して停戦に努め、紛争後は国際機関と協力して平和構築へと進めるというプロセスになる。

　このプロセスが既存の政治的紛争への対応とは異なる部分は紛争段階でいうと気候変動と社会経済の部分にある。その意味で、これまでの伝統的安全保障

論による紛争への対応策と大差ないように見える。しかし、伝統的安全保障論が紛争段階、良くても政治段階から対応していた対症療法では紛争予防としては効果がなく、むしろ安全保障の視野の広さに根本的な問い直しを求めている点に違いがある。環境安全保障論が気候安全保障論に進化した意義はここにある。

　環境問題をセキュリタイゼーションすることには、気候変動などへの対応を軍事化するという危惧が議論の最初期からある（Deudney 1991）。だが、期待される"気候変動適応型の新しいライフスタイルの経済"を前提に、環境問題段階での予防が活発化すれば、問題が政治化する前に状況は改善する蓋然性がある。それは軍事力の安全保障分野における相対的な地位の低下を示唆する。

　つまり、気候安全保障と伝統的安全保障の間には、接合と切り離しの両方のベクトルが働いている。軍隊（特に米軍）にとっては、気候変動は適応対象であり、紛争原因でもあるので、取り組むことで短期的には予算など資源獲得につながり、能力強化にもなるだろう。他方で、長期的には気候安全保障の早期介入政策としての緩和策や適応策が効果を発揮しすぎると、紛争は数も強度も低下するため軍隊無用論が力を得て資源配分を得られなくなる。このため軍関係者は、気候安全保障論を声高に叫びつつも、その紛争原因と軍隊の適応能力の強化を主張せざるを得ない（CNA 2007；Rogers and Gulledge 2010；Plowman 2014；Galgano 2019）。軍の認識は、あくまで気候変動による安全保障上の脅威（threats caused by climate change）なのである。

(3)　気候安全保障論の包摂性とそれ故の対立

　気候安全保障の認識にはもう2つ、軍と異なる重要な側面がある。第1に、対象が地球の大気とそれがもたらす気候であり、すなわち気候の安全保障（security of climate）という側面である。温室効果ガスの排出量を削減する緩和策がこれに該当する。第2に、EUが目指している気候変動を通じた安全保障秩序の構築（security through climate change）である。ドイツ政府の政策諮問委員会の報告は、新しい国際秩序や、国連安保理で気候安全保障を議題にすること、経済社会理事会（ECOSOC）をハイレベルのグローバルな開発と環境を担

う理事会に置き換えるなどの国連改革
などを提唱した（WBGU 2007 : 8）。こ
のような新しい秩序は後に2015年の
G7の文書などでも触れられている
（adelphi *et al.* 2015）。

　また、近年の学術研究や政策文書な
どの成果を調査すると、気候安全保障
は国家安全保障や人間の安全保障、食
糧安全保障やエネルギー安全保障な
ど、他の安全保障に深く関係している
と認識されていることが分かってきた

図表2　多くの安全保障を基礎づける気
候安全保障

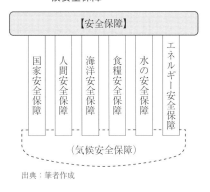

出典：筆者作成

（蓮井 2020 : 14-15）。国家の安寧や人間生活、海洋の自由と資源、食糧と水とエ
ネルギーといったわれわれの生存基盤を守ること、言い換えれば、いわゆる新
しい安全保障のすべては、図表2のように、気候安全保障の上に成り立ってい
る。だがそれがよく認識されていない。というのは、欧米での学術および政策
分野で進展がめざましい一方で、日本の既存の安全保障論では余り目立ってお
らず、認知や研究が進んでいないのが現状だからである。

　気候安全保障論が欧米主導なのには別の理由もある。国際交渉がしばしば先
進国と途上国の対立に陥る、その基本的な構図は、気候変動を理由に温室効果
ガスの排出を抑えたい先進国側と、すでに膨大な排出に基づいた経済成長を享
受した先進国を批判しつつ、自らに課せられる排出制限を緩和して経済成長に
つなげたい途上国側の立場が相容れないためである。「共通だが差違ある責任」
というフレーズは、1992年のリオ宣言に現れたが、気候変動に関する政府間パ
ネル（IPCC）での議論にも登場しており、非常に根深い議論となっている。

　国連でも気候変動と安全保障の関係については厳しい対立があった。安保理
は2007年4月に当時の議長国のイギリスが主導して気候変動を安保理で討議し
ようとした。それは、国境紛争、移民、エネルギー供給、その他の資源枯渇、
社会的ストレス、人道的危機が国際安全保障に影響を与えると考えたからで
あった（S/2007/186）。同月の安保理での公開討論では、理事国以外の参加も認

められ、理事国15カ国以外の40カ国もの国々が参加した。討議では、事務総長やEUや日本、島嶼国はイギリスの議論に賛成したが、G77＋中国の途上国グループの多くが、このような議論は安保理ではなく、総会や気候変動枠組み条約（UNFCCC）やECOSOCで行われるべきだと表明し、対立構造が安保理でも鮮明になった（S/PV. 5663；S/PV. 5663（Resumption1））。その後も安保理での議論は大きな進展は見られないが、総会などでの議論は進んでおり、ことに2018年から国連開発計画（UNDP）が国連政治局（DPPA）や国連環境計画（UNEP）と協力して気候安全保障メカニズムをスウェーデン、ノルウェー、ドイツ、イギリスの支援で立ち上げて活動を展開している。[5)]

　これらの国連加盟国間の深刻な対立にはいくつもの理由があるが、その中でも筆者が重要と考える要因は気候安全保障論をめぐる「未必の故意」論の進展である。未必の故意とは法律用語で、『日本国語大辞典』によれば、行為者が、犯罪事実の発生することを積極的に意図したわけではないが、自分の行為からその結果が発生するかも知れないと思いながら、（〔筆者注〕それを許容して）なおその行為に及ぶときの意識を指す。この場合は故意責任が問われる。

　気候安全保障論において未必の故意は、IPCCなどの科学的知見が蓄積されるに従って、温室効果ガスの排出が気候変動を引き起こすことが以前より明確になった中での排出は、気候変動を意図せずともそれを許容した行為とみなされることを意味する。すなわち、現在では温室効果ガスの排出行為は、他国への気候変動による悪影響を許容したとみなされ、それは気候安全保障論の認識の中では、他国への侵害行為ともみなされうるのである。

　途上国グループが安保理での議論を避けたのは、地球大気を資源として国際管理下に置き、大気汚染は未必の故意論の下、他国に対する侵害行為、安全保障上の脅威とみなす議論に強い危機感を抱いたためだろう。途上国側からすれば、こうした議論が成り立ち得なかった科学的知見がない時代に先進国が大量の排出をしておきながら、今になって未必の故意によって排出行為を責められることは到底許容できない。これに対抗するには温暖化懐疑論しかなく、これが根強いのも、背後に途上国側の消極的な容認があることも一因といえるかもしれない。

⑷　世界共有の「大気」をめぐる安全保障論の難しさ

上述の通り気候安全保障は地球の大気の成分を変化から守ることを意味する面がある。地球上を循環する大気は、ナショナリスティックな議論には最も適さないものの1つである。そこでわれわれが注意すべきは資源化である。環境安全保障では地域の環境を資源すなわち既得権益として考え、紛争を理由に安全保障で守るべき価値とした。安全保障を気候変動に当てはめると、地球の大気を適切に守り管理することを目指すなら結構だが、それを所有権につなげた場合、大気の移動を制御できないこともあり、大きな争いの原因となるおそれがある。例えば隣国からの大気汚染はわが国の清浄な大気への侵害だというような例があるだろう。

資源化とセキュリタイゼーションは守るべき価値にするという意味で重なる部分が大きい。大切なのはいかにしてセキュリタイゼーションに向き合いつつ、その最悪の結果である暴力紛争を防ぐのか、その紛争の前段に来る社会経済的な問題という構造的問題を縮減させることができるかであろう。

そして大気が地球全体に存在する以上、その安全保障はナショナルなものからプラネタリーなものにならざるを得ない。ということは、地球規模の国際協力が必要であり、その意味でも UNFCCC や IPCC といった国連等の協力メカニズムが安全保障上で果たす役割が非常に重要になってくる。にもかかわらず、それが困難を極めているのは前述の対立のためだが、他にも理由がある。

⑸　気候変動を脅威増幅要因とすることの問題

それを一言で言えば自らの外側にある途上国の問題として捉える見方である。これは、主にアメリカ流の見方で、前述の通りアメリカは気候変動を国家安全保障上の脅威と考える立場をとっている。その思想の根本は気候変動とは「脅威増幅要因（threat multiplier）」だということである。アメリカの思想を形成するのに重要だったのは2007年の CNA 報告書「国家安全保障と気候変動の脅威」（CNA 2007）だった。

脅威増幅要因とは既存の脅威を増大させるものである。報告書で注意喚起されているのは「世界で最も危険な地域の相当数における不安定」を増幅するこ

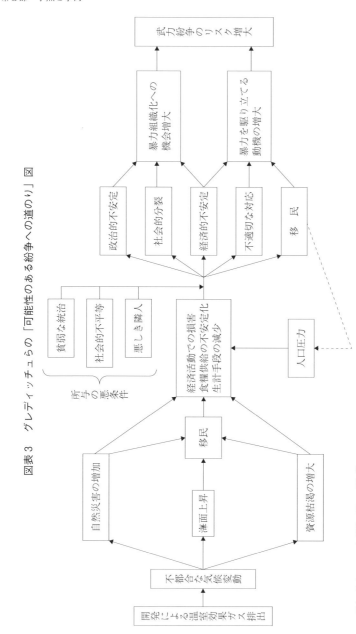

図表 3　グレディッチュらの「可能性のある紛争への道のり」図

と、「世界の安定した地域にすらも緊張を加える」(CNA 2007：6-7) ことなど
で、後者について EU へはアフリカから、アメリカへはラテンアメリカからの
移民が指摘された。この視座は、伝統的安全保障論がもっていた、外からの脅
威論をそのままなぞったものである。すなわち、気候安全保障の問題はあくま
で途上国側、先進国の外側の問題が主であると位置づけられているのだ。

　この傾向もその後も国連でも変わらない (Vivekananda *et al.* 2020)。この分
野では著名な研究者たちが示したモデル (Buhaug *et al.* 2008：21) においても、
実は重要なのは図表3で強調した「所与の悪条件」である。それは、気候変動
は既存の脅威や問題を悪化させるという考え方に根差してみれば、暴力紛争の
決定要因だともいえよう。これは先進国が途上国にそそぐ差別的なまなざしに
近い。それらの悪条件は途上国には日常的に深刻な程度で存在するが、先進国
には比較的少なく、程度もそれほどではない。この議論はやがて脅威増幅要因
として定着し、気候安全保障は途上国の問題、アフリカなど悪条件を抱えた地
域の研究課題と指摘された (Buhaug *et al.* 2014)。

　他方で EU は、気候安全保障論をドイツやイギリスなどを中心に国際秩序再
編の柱として捉えてきた。途上国での気候変動による紛争はその要因の1つに
すぎず、むしろそれらに既存の枠組みでは対応できないことから、新たな国際
秩序を模索しようとした (WBGU 2007：191-212)。

(6)　気候安全保障を論じる意義

　こうした気候安全保障を議論し、新たな安全保障にも援用可能なものに組み
立てる意義は何か。近年の「気候危機」という表現は、われわれの安全保障が
戦争という伝統的脅威により脅かされるだけでなく、すべての安全保障を支え
る生存基盤と知りながら目前の価値追求のために気候を自ら破壊するという脅
威への危機感が高まったことを示唆する。

　気候安全保障論を突き詰めると、安全保障の矛盾が見える。安全保障が守る
べき価値としての開発とその成果が、気候変動を通じて逆に安全保障上の脅威
を醸成するという皮肉な構造が見えてくる。

　対策の1つはリスクマネジメントだ。開発のリスクを許容し、それらを外部

化し、不可視化し、軽視し、否定することで、利益に比べて悪影響は限られて
いると主張する。それでも押さえ込めないリスクには、莫大な予算（これも開
発の成果）をつぎ込んで軍事力により守ろうという考え方であろう。

　もう1つは、この矛盾ある構造を根本的に転換していこうという考え方であ
る。気候安全保障の議論がもたらす、開発が安全保障を損なうという考え方
は、従来の開発が安全保障をもたらすという考えとは矛盾する。持続可能な開
発やSDGsというリスクマネジメントには対症療法的な効果しかなく、組織的
暴力という人類社会の最も深刻な問題の長期的な縮減のためには、新しい安全
保障を考えるのが課題になるだろう。これは、気候変動の原因である開発のあ
り方を考えざるを得ないということだ。すなわち脱開発や脱成長によって資本
主義を変革した社会の必要性である（郭ほか 2005；斎藤 2020）。

　気候を安全保障化するまでに危機に陥ったのは、われわれ自身がどう生きて
いくのかという政治的なライフスタイル選択の積み重ねがもたらした開発と産
業社会である。気候安全保障論の議論はこれまで政治の対象ではなかった気候
という最も地球上で大きな環境に対して、われわれが経済的な利潤動機ではな
く政治的な意思をもって取り組まねばならないことを、論理的な帰結として指
し示す例であろう。そのためには、われわれを束縛してきた安全保障という営
みのエコロジカルな再定義が必要だ。そこでは安全保障と持続可能性（sustain-
ability）が極めて似通った概念になっていくだろう。気候安全保障はそこへ向
けた安全保障観を転換するための重要なステップだといえよう。

4　エコロジカルな安全保障とは？——気候危機に向き合うために

　ここまで見てきたように、伝統的な安全保障の文脈では、対内的至高性と対
外的独立性を担保する「主権」が鍵になっていることがわかる。しかし、批判
的安全保障論の観点からすれば、自然環境というイシューは従来型の安全保障
の論理が最も役立たないことが露呈しやすい分野といえる。であれば、安全保
障という枠組みで考えることをやめてはどうか、という問いかけもありうる。
しかしそこから離れることは簡単だが、その結果「軍事的なるもの」は温存・

強化され、そのことに何の違和感ももたず、日々その実践を反復する人々が国家や平和を司るという事実は変わらない。そうではなく、「安全保障」という言葉（シニフィアン）とその中身（シニフィエ）は必ずしも一義的には決まらないことをここでは気候危機をテーマに考えてみたい。そして以下では代置されうる中身をナビゲートしてくれる概念として「エコロジー」を念頭に置く。

(1) 炭素資本主義が意味するもの

エコロジーとは、単なる環境保護や生産・消費のあり方の変更といった議論ではなく、外部の自然からの制約から自由になった自律的な近代人という存在の生成に挑戦することを示唆する語である（Dalby 2009：168-169）。近代人は国家の社会契約に依拠し、外部の自然からは分離されるというのが現代の大前提だとすれば（Walker 2006）、そもそもその認識のあり方を変えなければ、気候危機には対処できないのではないかとの問いかけが続く。環境は人間の支配下に置かなければならないという大前提がある限り、環境安全保障はうまくいかないだろう。

その意味で、ローマ・クラブの『成長の限界』論は天然資源が枯渇しなかった点など多くの点で批判されたが正しかった点もある。それは地球には人間由来の温室効果ガスを吸収する能力という点で限界があるということだ（Dalby 2009：162）。その意味での「成長の限界」にわれわれは直面している。それは生産・物流・消費の各場面での炭素排出の抑制が必要となることを意味する。

かつてルイス・マンフォードは世界経済システムの基礎を築いたのは、18世紀の大転換を起こした石炭資本主義（carboniferous capitalism）であると論じたが（マンフォード 1972：197）、その主役がその後石油や天然ガスに変わったとはいえ、それは炭素資本主義（carboniferous capitalism）であることには変わりはない（Mitchell 2011）。20世紀は資本主義か共産主義かといった体制選択の時代だったが、現在のわれわれの課題は体制選択にはなく、炭素を極力排出せずにどのように社会・国家・世界を組み直せるかにある。

再度、ポストコロニアルな視点を加味すれば、砂糖・バナナ・コーヒー・天然ゴムといったものはすべて熱帯地域からの産物だが、ヨーロッパはまずこれ

らの交易を通して、帝国の力を拡張したことを忘れてはならない（Dalby 2009：59）。しかも、それがその後にもたらした近代的統治様式と資本主義生産様式が、現代人の生活の一部へ深く埋め込まれ、莫大な消費規模を構成していることが生態系へのすさまじい負荷になってきた（Lipschutz 2004）。牛肉をつくる過程で排出されるメタンガス、飼料を育てるために必要とされる水（ヴァーチャル・ウォーター）消費などが、どのようなインパクトを地球に与えているかは真剣に考えなければならない。また牛肉を廉価にして、薄利多売スタイルで収益を上げることも、生態系への負荷になっている。

　またそもそも戦後世界は貿易を拡大してきたが、それは、遠隔地から燃料を集め、その燃料で世界中から物品をかき集めることを意味した（Cf. Dauvergne 2008）。このシステムは、あらゆるフローを可能にしてきた炭素資本主義が支えてきたわけだが、ジョン・アーリ（2018）は最終的には消費された商品のゴミで、国内で処理できないものは、国外に引き取ってもらう（押し付ける）、いわゆるゴミのオフショアリングに注目している。この仕組みが現在の生態系の環境安全保障にとってはもはやサステナブルではなく、消費もゴミもローカルで完全に出ない形で循環させることが待ったなしの課題となっている。炭素資本主義の中身を見れば、あまりにも生々しいわれわれの消費生活が浮かび上がってくる。これをエコロジカルな安全保障という枠組みで、これまでとは別様な安全をいかにして実現しうるかを考えることが問われている。

(2)　安全保障観のラディカルな転換へ

　上記で論じてきた気候安全保障は重要なテーマではあるが、人類が地球上の生態系に加えた影響の大きさを考えると、それが問題の一部であるにすぎないことがわかる（Dalby 2009：89）。土地の利用方法の変化や、農業や漁業における技術革新、さらには過剰都市化までを考慮すれば、衣食住を含む日常生活のあり方まで問い直すアプローチを採用しない限り環境安全保障は確保されないことになる。

　近年グローバル・ヒストリーとして関心を集めている超長期の歴史を紐解けばわかるように、過去の文明が崩壊したのは、様々な要因によって（含：人為

的要素）、水や食糧の供給ができなくなった点にある（クロスビー 1998；ダイア
モンド 2005）。しかし、こうした文明崩壊の教訓を、これまでの安全保障論は
真摯に受け止めてこなかったといえる。むしろ、伝統的安全保障論の前提に
は、外側にある脅威から、内側の空間を防衛するというものである。2 の環境
の安全保障問題化のところでも論じたように、戦争に限らず、内戦、テロ、感
染症といったものまで、外／内の論理を強力に働かせることが可能となる。

　この安全保障観を、環境安全保障についての全く異なるアプローチで刷新す
ることが今喫緊の課題となっている（Dalby 2009：10, 34）。というのも、軍事
技術のスピンオフとして登場してきたいくつかの科学技術は、一部環境保全に
は有用だとしても（例えば人工衛星やドローンによって上空から監視するなど）、戦
車・戦闘機・ミサイルなどは環境安全保障には全くといっていいほど無力だか
らである（Dalby 2009：24）（例えば、核爆弾の打ち込みによるハリケーンの無効化と
いう発想など）。軍事的脅威が大抵は国家を起点に起こされるのに対して、環境
的脅威はすべての人間の日常生活が起点だが、間接的で目に見えにくく長期的
にボディーブローのように効いてくる「緩慢な暴力」である点が特徴となる
（前田 2020）。そもそもの質が異なるのだ。

　しかもその環境悪化の影響は世界中の人類に均等に降りかかる災厄ではない
（Davis 2008）。自然災害に対して資金をつぎ込める人々と、避難する手段さえ
もたない人々の間の分断線が確実に存在する。熱波といっても、エアコンの効
く場所にいる人々と、遮るものが一切ないところに生きざるを得ない人々の間
には絶望的な隔たりがある。それゆえ、どこに強い負荷がかかっているのか？
それはなぜ、そうなっているのか？といったことが問われなければ、すべての
人々の環境安全保障は確保されないといえる。まさしく誰の何のための安全保
障なのかを問うことが不可欠となる（Dalby 2002）。

　したがって、先に紹介したカプラン（Kaplan 1994）のように中東やアフリカ
の中で環境劣化している地域は、宗教や人種といった要素と絡み合って紛争が
巻き起こることから、それらを意識的に封じ込めのために軍事力を投入してい
くべきであるといった議論は、環境問題が、ある特定の空間を囲ってその内部
を守るために外側の脅威に立ち向かうという伝統的な安全保障観の亜種でしか

ない（Dalby 2009：50）。なぜなら、それは環境劣化が紛争につながるという前提で捉えているため、環境保全の失敗は脆弱国家による統治の失敗と見なされ、環境劣化地域の危険視もしくは積極的介入を正当化することになるからである。しかし、その環境劣化の因はグローバルな商品サプライチェーンから見て、消費する側に因がある。そして何より地球に太陽・空・海はいくつあるのかを考えてみれば明らかなように、どこかの地域の環境劣化はその場所に限定されて完結することは決してない。そうした空間的排除という発想からの根本的な脱却が環境安全保障の実現には必要となっているのである。

(3) 「クリティカル・ゾーン」論

　上記のような問題認識の転換をする上でヒントを提供してくれるのがブルーノ・ラトゥールの「クリティカル・ゾーン」論である（Latour 2018）。これは地球上のあらゆる生命体は太陽光をうけ、地殻上の薄い膜として捉えることのできる、大気・大地・海洋・プレートの相互作用の中で生かされているとして、その膜をクリティカル・ゾーン（≒テレストリアル）という1つの空間として把握する考え方である。そこから、その破壊を防ぐための政策上の含意も引き出すことが可能となる。この議論のポイントは、これまでのグローバルかローカルかの二項対立の議論が、専ら人間のための議論に終始していたことに対して警鐘を鳴らしている点にある。この地球の表面の健全性がなければ生きられないというのは、すべての生命にとっての真理であり、人間はその中の種の1つにすぎず、他の生命循環を乱し続けるなら未来はないということが示唆されている。

(4) 「Biopower から Geopower へ」の意味

　伝統的な地政学（geopolitics）が、「地（geo）」を冠しているにもかかわらず、人間の利害関係に拘泥している状況を専ら認識する学問であることを誇示する中、フェミニストで哲学者であるエリザベス・グロシュは、認識の起点を「生権力（biopower）」に置くのではなく、「大地の力（geopower）」に置くべきではないか、と提案している（Yusoff *et al.* 2012）。生権力とは、ミシェル・フー

コーが統治のあり方を考える際に使用した概念である。国家の三要素である、
領土・主権・国民を守るという問題系に生権力論は接続しやすい。というの
も、生権力とは統治を通して国民（群れとしての人間）を生かすことで、政治的
共同体を持続させる点で作動する権力だからである。ここから国益の議論が立
ち上がることは容易に想像できるだろう。それは旧来の地政学の守備範囲であ
り、伝統的安全保障論の得意分野でもある。しかしそれは人間だけの利益であ
り、これでは現在クリティカル・ゾーン内の人間種を含むあらゆる動植物の生
存の危機は十分に捉えられない。むしろ、それらの破壊が顕在化していること
を鑑みれば「大地の力（geopower）」に依拠しつつも、その力を阻害すること
なく、人間の生存を組み立て直すことが喫緊の課題となる。

　そうすると Geopower は、大地・土地の物質特性や地質学的側面にも踏み込
んだ学問でなければいけなくなるだろう（Clark 2014）。火山活動が噴火後にミ
ネラルという形で動植物に恩恵を与えている点や、海藻が雲を作り、太陽光を
反射したり、雨を降らしたりすることが、いかに生命を育んでいるのかといっ
た分析も当然必要とされるだろう。それは、水・土・光などの物質特性に着目
する地学（geology）と、人間の諸活動の集積と自然を取り扱う地理学（geogra-
phy）が、交差する地点を深く掘り下げていくことを意味する。安全保障とて、
これらのシステムの理解やシステム間の接続がどのようになされるのかといっ
たことを捨象して議論することは今後不可能になるだろう。

5　ノン・ヒューマンと連帯してつくる環境安全保障
——技術的応急措置を超えて

　ホッブズの『リヴァイアサン』を引き合いに出しながらロブ・ウォーカーが
指摘しているように、「近代」が想定する主権的安全保障の主要概念はどこま
でいっても「外部の無秩序から内部を守る」であり、平和な状態は、外側の
「自然状態」を必要とする。しばしば戦争・内戦・テロ等の文脈で「安全保障
／自由」の 2 つはトレードオフの関係に置かれ、人権は安全保障のために宙吊
りにされると論じられてきた。そこでも鍵となるのは「内／外」パラダイムを

維持するために主権が安全保障を確保しようと動く点にある。気候危機の顕在化は、国家の外側に与件とされていた「自然」が崩れ落ちんとする状況ともいえる。フィクションではあっても自然状態があっての国家である。それゆえ、旧来のパラダイムで行けば、環境に対しても緊急事態と称して安全保障のために強権を発動して国家が措置を講ずるというストーリーラインが浮上する。しかし、近代的な主体である人間がこの主権パラダイムによってどれほど犠牲になったかを考えれば、この同じパラダイムで自然を守る行為が成功するなどと考えることはあまりにもナイーブすぎるだろう（Walker 2006：199-200）。

　炭素資本主義とタッグを組んだ人間の活動のせいで地球が悲鳴を上げているというのは事実である。しかしこの事実をいったん認めれば、これまでの豊かさを享受できた特権階級の地位も富も崩されるという恐怖から、気候危機否定論者が登場しているわけだが、この戦略は長続きしないだろう。

　むしろ従来的な安全保障パラダイムを維持しながら、気候危機を認めた場合の今後考えられるオプションの方が問題であり、ここに対して今こそクリティカル・シンキングが求められる。すなわち、①気候危機を誘発する人の数は劇的に減らさなければならないという結論を導いてしまえば、中絶による人工的な操作か、内戦・飢餓・戦争などによる調整かといった荒涼とした世界観が次に来る（Hartmann 2017：194）。あるいは、②気候危機で問題になる排出抑制のために、宇宙空間に太陽光を反射する巨大パネルを張るとか、空気中にエアロゾルを噴射して、太陽が大地に降り注がないようにするとか、CO_2を大量に吸収する海藻を人工的に植えていくといった強力な地球工学的措置も構想されている。そうなれば伝統的な安全保障の理解は温存されたままとなる。それは構成員の声を聴かないという意味で非民主的というだけではなく、緊急的な措置をとる主権の論理を自然科学者が提供するテクノロジーに接続して、実践していくという意味で非政治的でもある。①はある特定の人間の犠牲、②はある生物種の付随的犠牲と、人かそれ以外かの違いはあっても、何かしらの生命の犠牲の上に自らの安全を確保する行為である。

　そうした技術的「応急措置（fixes）」（Falk 2016：3, 138）を専ら使用する安全保障観では気候危機は乗り切れないだろう。そうではなく、自然環境と人間を

分けて構想された近代のプロジェクトそれ自体を問い直し、共生のあり方を探り当てなければならない。ここでの安全保障の確保が、生物種のみならず、太陽・大気・大地・海洋といったノン・ヒューマンとの連帯の先にしか実現できないのであれば、これが安全保障観の劇的な転換を意味する。それこそが一人一人のノン・ヒューマンとの連帯と行動によってしか実現し得ないエコロジカルな安全保障なのだ。

設　問

・なぜ人口増加が自動的に環境安全保障の脅威とは言い切れないのか説明せよ。
・気候安全保障論は、どのような経緯で登場してきたのか。またなぜ気候安全保障に世界全体で対処することが難しいのか説明せよ。
・気候危機に対処する上で、伝統的な安全保障観の何が問題で、その乗り越えのためにどのような安全保障観が求められているか論ぜよ。

【注】

1）　本研究の蓮井担当部分（第2節の一部と第3節）は、（独）環境再生保全機構の環境研究総合推進費（JPMEERF20182001）により実施した。

2）　「本当の意味での地球環境問題は冷戦とともに登場した」とされる。この概念は核実験の死の灰が世界各地で発見されたことに端を発する（マコーミック 1998 [1995]：60）。

3）　EDMC/エネルギー・経済統計要覧2020年版参照（https://www.jccca.org/chart/chart03_02.html, last visited, 17 November 2020）。

4）　日本の温室効果ガス排出量については、二酸化炭素換算で12億4000万トンであり、1990年から2.8%減となった。二酸化炭素の排出では、燃料の燃焼に伴う発生二酸化炭素で94.9%を占めている（温室効果ガスインベントリオフィス（GIO）編 2020：2-1, 2-3）。

5）　Supporting climate security | UNDP のウェブサイト（https://www.undp.org/content/undp/en/home/2030-agenda-for-sustainable-development/peace/conflict-prevention/climate-security.html, last visited, 22 December 2020）参照。

〔参考文献〕

アーリ，ジョン（2018）『オフショア化する世界：人・モノ・金が逃げ込む「闇の空間」とは何か？』須藤廣・濱野健監訳、明石書店

温室効果ガスインベントリオフィス（GIO）編（2020）「日本国温室効果ガスインベントリ報告書　2020年」国立環境研究所地球環境研究センター

郭洋春ほか編（2005）『環境平和学——サブシステンスの危機にどう立ち向かうか』法律文化社

環境と開発に関する世界委員会（1987）『地球の未来を守るために』福武書店

経済産業省編（2019）『エネルギー白書』ぎょうせい

クロスビー，アルフレッド・W.（1998）『ヨーロッパ帝国主義の謎——エコロジーから見た10〜20世紀』佐々木昭夫訳、岩波書店

斎藤幸平（2020）『人新世の「資本論」』集英社

セーガン，カール（1985）『核の冬——第三次世界大戦後の世界』野本陽代訳、光文社

ダイアモンド，ジャレド（2005）『文明崩壊——滅亡と存続の命運を分けるもの』楡井浩一訳、草思社

蓮井誠一郎（2020）「異常気象が安全保障の脅威になる——サブテーマ5：気候変動と安全保障概念の理論的側面に関する研究」亀山康子『気候変動の複合的リスクに備える』国立環境研究所：14-15頁。

前田幸男（2020）「構造的暴力論から「緩慢な暴力」論へ——惑星平和学に向けた時空認識の刷新に向けて」『平和研究』54号、129-152頁

マコーミック、ジョン（1998）『地球環境運動全史』石弘之・山口裕司訳、岩波書店

マルサス，トマス・ロバート（1973）『人口論』永井義雄訳、中央公論新社

マンフォード，ルイス（1972）『技術と文明』生田勉訳、美術出版社

ラブロック，ジェームズ（2006）『ガイアの復讐』竹村健一訳、中央公論新社

adelphi, International Alert, Woodrow Wilson International Center for Scholars, European Union Institute for Security Studies (2015) "A New Climate for Peace: Taking Action on Climate and Fragility Risks," Berlin: PRINTPRINZ GmbH.

Buhaug, Halvard *et al.* (2008) "Implications of Climate Change for Armed Conflict," paper presented to the World Bank workshop on Social Dimensions of Climate Change, The World Bank, Washington D. C., 5-6 March 2008.

Buhaug, Halvard *et al.* (2014) "One Effect to Rule Them All? A Comment on Climate and Conflict," *Climatic Change*, vol. 127, pp. 391-397.

Clark, Nigel (2014) "Geo-Politics and the Disaster of the Anthropocene," *The Sociological Review*, vol. 62, S1, pp. 19-37.

CNA Corporation (CNA) (2007) "National Security and the Threat of Climate Change," Alexandria VA: CNA Corporation.

Daggert, Cara (2018) "Petro-masculinity: Fossil Fuels and Authoritarian Desire," *Millennium: Journal of International Studies*, vol. 47, no. 1, pp. 25-44.

Dalby, Simon (2002) *Environmental Security*, London: University of Minnesota Press.

Dalby, Simon (2009) *Security and Environmental Change*, Cambridge, U. K.: Polity.

Davis, Mike (June 26, 2008) "Living on the Ice Shelf: Humanity's Meltdown," *Tom-*

gram: Mike Davis, Welcome to the Next Epoch.（http://tomdispatch.com/mike-davis-welcome-to-the-next-epoch/, last visited, 13 August 2021）

Dauvergne, Peter（2008）*The Shadows of Consumption: Consequences for the Global Environment,* Cambridge, Mass.: MIT Press.

Deudney, Daniel（1991）"Environment and Security: Muddled Thinking," *Bulletin of Atomic Scientists*（April）, pp. 23–28.

Falk, Richard（2016）*Power Shift: on the New Global Order,* London: Zed Books（フォーク，リチャード（2020）『パワーシフト——新しい世界秩序に向かって』前田幸男・千葉眞他訳、岩波書店）.

Galgano, Francis（2019）*The Environment-Conflict Nexus: Climate Change and the Emergent National Security Landscape,* Cham: Springer.

Hartmann, Betsy（2017）*The America Syndrome: Apocalypse, War, and Our Call to Greatness,* New York: Seven Stories Press.

Homer-Dixon, Thomas（1999）*Environment, Scarcity, and Violence, Princeton,* NJ: Princeton University Press.

Hubbert, M. King（1956）*Nuclear Energy and the Fossil Fuels 'Drilling and Production Practice',* San Antonio: Drilling and Production Practice.

International Labour Organization（ILO）（2019）*Working on a Warmer Planet: The Impact of Heat Stress on Labour Productivity and Decent Work,* Geneva: International Labour Office.

Kaplan, Robert. D.（1994）"The Coming Anarchy," *The Atlantic,* vol. Feb., pp. 1–24.

Kerry, Terry P.（1990）"Global Climate Change Implications for the United States," Newport, RI: U. S. Navy War College.

Latour, Bruno（2018）*Down to Earth: Politics in the New Climatic Regime,* translated by Porter, Catherine, London: Polity（ラトゥール，ブルーノ（2019）『地球に降り立つ——新気候体制を生き抜くための政治』川村久美子訳・解題、新評論）.

Lipschutz, Ronnie D.（2004）*Global Environmental Politics: Power, Perspectives, and Practice,* Washington, D. C.: CQ Press.

Lövbrand, Eva *et al.*（2015）"Who Speaks for the Future of Earth? How Critical Social Science Can Extend the Conversation on the Anthropocene," *Global Environmental Change,* vol. 32, pp. 211–218.

Mitchell, Timothy（2011）*Carbon Democracy: Political Power in the Age of Oil,* London: Verso.

Plowman, J. Andrew（2014）*Climate Change and Conflict Prevention: Lessons from Darfur,* Washington D. C.: National Intelligence University Press.

Rogers, Will and Gulledge, Jay（2010）*Lost in Translation: Closing the Gap Between Climate Science and National Security Policy,* Washington D. C.: CNAS.

Vivekananda, Janani *et al.*（2020）"What can the UN Security Council do on Climate and Security ?" Berlin: adelphi research gGmbH.

Walker, R. B. J.（2006）"On the Protection of Nature and the Nature of Protection," *The Politics of Protection: Sites of Insecurity and Political Agency*, eds. Jef Huysmans *et al.*, New York: Routledge, pp. 189-202.

WBGU（2007）*Climate Change as a Security Risk*, Berlin: WBGU.

Wolfers, Arnold（1962）*Discord and Collaboration: Essays on International Politics*, Baltimore: Johns Hopkins University Press.

Yusoff, Kathryn *et al.*（2012）"Geopower: a panel on Elizabeth Grosz's "Chaos, Territory, Art: Deleuze and the Framing of the Earth"," *Environment and Planning D: Society and Space*, vol. 30, no 6, pp. 971-988.

第 7 章

保健と批判的安全保障

——人命は防衛されなければならない？

前田　幸男

1　保健の意味の多義性

　人々の生をケアする力の作用については、ミシェル・フーコーがモーセによるユダヤ人の出エジプトや、カトリック教会による懺悔室を通した魂の救済に力点を置く「司牧権力」としてそれを描き出したように、その歴史は長い。また、人々の肉体を生かし、管理する力の作用をフーコーは「生権力」（フーコー 2007）と呼んだが、この「生権力」は、中世から近代への時代のシフトの中で、様々なものが正確に計測可能となり、統治術が精緻化される19世紀後半以降、人口の出生率や死亡率として数で可視化されてくる。

　さらに第二次世界大戦、そして米ソ冷戦を経る中で核兵器や軍事力を背景とした国益や同盟をテーマにした安全保障論が中心を占めてきた一方で、急速に国家間戦争が減少し、逆に内戦・貧困・環境破壊・テロ・感染症・難民といった多様な問題が、国家の繁栄や秩序を根底から掘り崩しかねない「リスク」として広く認識されるようになる（安全保障概念の脱軍事化）。

　歴史的には上記のような背景がある「保健」であるが、それは文字通り「健康を保つ」という意味であると同時に目標でもある。人々の群れを養い、保護するというとき、実はかなり多義的な意味が含まれる。それには大きく3つの軸があると考えられる。1つが、(1)内政における群れとしての人々の生命の増進という問題系と、(2)外的脅威に対する防衛という観点からの保健という問題系の2つから成る軸である（x軸）。もう1つが、本書の視座を踏まえれば、保

図表 1　保健の三次元的問題構成

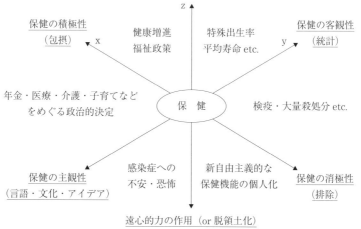

求心的力の作用（or 再領土化）

保健の積極性
（包摂）　x

健康増進
福祉政策

特殊出生率
平均寿命 etc.

y　保健の客観性
（統計）

年金・医療・介護・子育てなど
をめぐる政治的決定

保　健

検疫・大量殺処分 etc.

保健の主観性
（言語・文化・アイデア）

感染症への
不安・恐怖

新自由主義的な
保健機能の個人化

保健の消極性
（排除）

遠心的力の作用（or 脱領土化）

出典：筆者作成

健への⑴客観的アプローチ（統計データを通したターゲティング）と⑵主観的アプローチ（統治対象の人々の不安や恐怖を司る言語・文化・アイデアに注目すること）の２つから成る軸である（y 軸）。

　最後に、求心的（centripetal）か遠心的（centrifugal）かの軸である（z 軸）。ディディエ・ビーゴが指摘するように、世界秩序を考える際、力の作用は中心に地場が働く求心的なものと、花瓶が傾いて倒れると中の水が広がるような遠心的なものがある（第２章参照）。世界秩序を理解するには、その相互のダイナミズムからアプローチすべきで、社会科学の多くは前者は得意だが、後者を捉えることが苦手である。この視点によれば保健というテーマは、求心的力としての人口管理を担う国家と、遠心的に拡散する多種多様な疾病のせめぎ合いとして考える必要がある。加えて、この遠心的な力の作用は、感染症のようなノン・ヒューマンのみならず、例えば科学技術と帝国主義が一体となって果たした生態系のかく乱と再秩序化の動き、また生命の商品化に見られる近年の新自由主義的な方法で保健を担う様々な主体の自己増殖現象までが射程に入る。

　実際は上記のように x, y, z 軸で見てもわかるように複雑な力の場になって

おり、語られる保健がどのような視点からのものかは注意が必要となる。

　このように、保健の意味は非常に多義的だが、それは歴史を経ていく中でこのようになってきたのである。そこで以下では意味の錯綜する保健という考え方がどのように展開し、複雑化していったのかを、日本の事例にも触れながら、見ていく。

2　疫病との戦いの歴史──農耕、定住、そして動物の家畜化

　人類は⑴農耕の開始、⑵定住の開始、⑶野生動物の家畜化、を経験する中で、保健を目標とする感染症との戦いを進めなければいけなくなった。

　農耕は、単位面積当たりの収穫量を増大させ、土地の人口支持力を高めた。そして農耕の開始は、定住の開始をも意味し、それが移動の必要性を弱めることとなり、出産間隔の短縮を可能にすると同時に、それまでの労働力を育児に振り分けることをも可能にした。加えて、野生動物の家畜化は余剰作物の貯蔵庫の役割を果たした。というのも、余った作物を餌とすることで、飢饉の際の食糧にできたからである（山本 2011：第1章）。またこれら3つはどれも人口増加に寄与すると同時に、生産を管理する王や官僚機構、それを正当化する宗教機構を用意した。これらを支えたのが農耕が生み出した余剰食糧だった。

　他方で試練となったのが感染症である。余剰作物は、ネズミなどの小動物の格好の餌でもあった。この小動物を媒介に、ノミやダニが人間社会に発疹・天然痘・インフルエンザ・百日咳などの感染症をもたらし、人類の個体数を調整する役割を果たした。ここに人口の増加と減少の力の拮抗が見て取れる。

　ただし、こうした拮抗はまれに劇的な感染症の流行で崩れ、人口減による予期せぬ社会変動を引き起こす。例えば、14世紀ヨーロッパで猖獗を極めたペスト（黒死病）は3つの大きな変化を起こし、封建的身分制度を解体した。すなわち、⑴労働人口の急激な減少による賃金の上昇で、農奴やそれに依存した荘園制の崩壊を加速させたこと。⑵膨大な屍を前に、教会は権威を失っていったこと。そして、⑶人手不足で既存制度の中では登用されない人材が登用され、それが社会や思想の枠組みを変更したことである（山本 2011：66-67）。

3　帝国主義と国際衛生体制

⑴　帝国主義とテクノロジーの逆説——生態系の攪乱と感染症の流行

　歴史的にも人類は例えば、①モンゴル帝国経由の欧州での黒死病の発生や、②植民地支配下の環境破壊（マラリアの顕在化）、③世界大戦に伴う人の移動によるスペインかぜの大流行など、移動が生態系を攪乱し疫病を蔓延させた（濱田 2004：223）。人類が世界史を大きく書き換えるとき、なかんずく移動・戦争・開発といった社会動乱が起こるときは、多くの場合、他の要因と絡み合って感染症も発生してきた（自然環境の変化が先に来る場合も少なくない）。

　その意味で、近世のヨーロッパ帝国主義はその外部の生態系をかき乱したが、同時に各国は自国民の健康を保つ責務を果たすべく、医学の発達をうまく利用して対応してきた。本章との関係で特筆すべき医学の発達とは、感染症の原因究明の歴史に関してである。顕微鏡が普及していく時期が19世紀末から20世紀初めにかけてであるが、それまで感染症は悪霊の祟りであったり、神罰とみなされており、その後も正体不明の瘴気（悪気の発散）と考えられていた。病気が無生命のものからの自然発生ではなく、微生物の他からの侵入によって起こることがパストゥールによって発見されるのが19世紀後半のことである。そこから予防接種に先鞭がつけられ、ツベルクリン反応の開発、20世紀に入ると抗生物質の登場、ウィルスの発見などを経ていく中で、保健衛生の改善に向けた諸条件が劇的に変化してくる（ハンセン／フレネ 2008：9-22）[1]。

⑵　19世紀半ば以降の国際衛生体制

　世界規模で進む帝国主義の拡張とパラレルに広がっていったのが、感染症に対する衛生面での国際協力体制である。19世紀のヨーロッパでは、交通手段の発達（鉄道や蒸気船等）によって国際移動が活発になるのに並行して、三大感染症であるコレラ・ペスト・黄熱病も、オリエント（オスマントルコ）から到来するとされ、そこからヨーロッパと北米を検疫によって防衛するという時代が19世紀後半から20世紀前半まで続く（Fidler 2005；永田 2010）。1948年の世界保健

機関（WHO）の設立は、こうした国際協力が結晶化したものである。WHO は1951年に国際衛生規則（ISR）を制定し、1969年に国際保健規則（IHR）へと名称を変更するが、その後もこの古典的レジームは継承された（2005年の変更については5で後述）。

4　近代における人口管理としての「保健」

　歴史的に遡れば、はるか古代より続く営みではあるが、批判的安全保障論のテーマである「解放」という観点（詳しくは、第1章4の(5)を参照）からすれば、「保健」は人権概念と不可分な関係にある。それは主権者が王から人民へ移行する中で、「社会権」という形で生活改善がターゲットになってきたという文脈へと接続してくる。他方で人権保障としての「保健」は、統治のツールとして使われてきた面にも注目しなければならない。以下では、近代国家が整備されていく中で、人間がどのように把捉され、またどのように「義務としての健康」（美馬 2007：1）が徹底されていったのか、その過程に注目する。

(1)　身体の二重主体化による人口の析出

　啓蒙思想を経由して18世紀に登場する近代市民社会で、徐々に人権として保障されるべき中身のリストが充実していく（例えば、T. H. マーシャル（1993）による市民的権利、政治的権利、社会的権利の三類型）。他方で人権保障の実質化は「市民社会秩序に収まりきらない身体の多様性（例えば「精神病者」や「犯罪者」のように「非理性」とされた人々）を社会から排除して監禁するテクノロジーの成立と同時期的である」（美馬 2003：173）。ヨーロッパで統治対象としての人口が発見され、国勢調査が開始され、その精度が上がる中[2]、病気や犯罪といった「社会的逸脱」も数字で正確に把握されていく。まさしく「異質性の排除によって成立した社会秩序の価値観を内面化した臣民＝主体（sujet）」（美馬 2003：173）が「正常な」市民として把捉されたのである。

　上記のプロセスがコインの表だとすれば、コインの裏は国民＝市民（citizen）の範囲の確定作業だった（Hindess 1998）。正確な人口動態を把握するには、母

数の正確な把握が必要なことは言うまでもない。その意味で、市民権の付与とはその国家の属する人口の外縁を確定する作業だった。つまり、「身体」は一方で内政における正常な主体として析出されながら、同時にその人口の母数の画定のために市民権を付与することで析出されてきたといえる（身体の二重主体化）。これが徴税や徴兵を可能にする装置にもなった。

　その延長で、各国でこれら諸条件が徐々に整備されてきたことが、統計学の発達と集団を対象とする公衆衛生的な介入を可能にさせた。生産的権力が集合的身体として数え上げられ、把握可能になると（分母の確定）、今度は様々なカテゴリーの作成によって（分子の決定）、確率としてのリスクが計算可能となる。こうして氏名をもつ唯一不二の特定の個人は、いったん抽象的な集合体へと流し込まれ、今度は様々な角度からのリスク・グループへと割り振られる。

(2)　近代化の中の日本と保健——市民権のツール化

　日本が江戸から明治へと移行する中で、保健という一大事業にどのように向き合ってきたのかは極めて重要なテーマである。基底に帝国主義の列強に対する強烈な対抗意識があったことは明らかだが、問題は(i)明治期の保健事業の流れと、(ii)昭和前期のそれとの対照的な展開である。19世紀末から第一次世界大戦にかけての間、移動の自由の拡大は身分証明書による身元確認システムの定着によって支えられたが、その後戦争は移動に対するコントロールを強化した（Torpey 2000：ch. 4）。いわゆる欧米列強の「甲殻類型国家」への変貌である。注目すべきは、身元確認システムの洗練化が、人間を人口として正確に把握可能にする点と、保健の条件となる点を媒介するところである。日本ではその変貌が戦間期から終戦までの期間にかけて頂点に達する。

(i)　**後藤新平の植民地経営と都市計画**　　1894年に清朝が日清戦争に敗北すると、翌年の卜関条約で台湾が大日本帝国に割譲されている。詳細は省くが、当時、陸軍次官兼軍務局長だった児玉源太郎は、台湾総督となった際に、元々医師で内務省衛生局の官僚として勤務していた後藤新平を自らの補佐役として民政局長に抜擢した。1898〜1906年のほぼ8年間で後藤は、当時、多種の疫病が蔓延し、衛生状態の悪かった台湾に対して徹底した調査事業を行う。それが

「民衆が溶け込んでいる自然的秩序の調査」（御厨編 2004：44）である。その後、大胆にインフラ整備を実施し、大規模水利事業、鉄道等の交通網の整備、農業振興政策などを行った。その中で抗日民族運動が高まっていくが、当時台湾で流通していた阿片の漸禁策を慎重に進めると同時に、義務教育制度を徹底させていった。御厨は、後藤がこれら一連の施策を「台湾全体を一つの都市に見立てての「都市計画」的な発想で」行ってきたと指摘する（御厨編 2004：29）。その時期に、後藤は新渡戸稲造を台湾に招へいし、サトウキビやサツマイモの普及と改良に大きな成果も上げさせている。さらに後藤が南満洲鉄道（満鉄）総裁を経て帰国して関東大震災が起きた後に内務大臣兼帝都復興院総裁になった際にも、上記の都市計画的な統治の手法をいかんなく発揮し、都道の環状一号線から環状八号線までの道路敷設計画を立てていった。

　こうした植民地統治は人口を正確に把握し、生かし（生を衛り）、馴致する営みであるため、フーコーの生権力と規律権力の適用事例といえる。むしろ植民地でこそこの権力作用の真価が発揮される（Mitchell 1991：x）。

　しかも鶴見俊輔は、後藤の衛生政策の実践が、明治維新という内戦によって生み出された賊軍・官軍の分断線を超え、薩長のえこひいき人事による公共の弱体化とは別の統治のあり方であったと示唆する（御厨編 2004：42-43）[3]。さらに御厨は後藤のそれが岸信介のとった日本の実利のための植民地経営とは対照的なものだったとまで指摘する（御厨編 2004：59）。

　もちろんこうした歴史は、戦争に続く植民地支配の暴力や収奪と表裏の関係にあり、本章はそれ自体を礼賛するために論じているわけではない。そうではなく、保健衛生政策の系譜学を日本を事例に考えるとすれば、中央政府との関係も睨みながら、台湾や満州国さらには沖縄などを横断する形で、どのように統治が展開したのかを見ていかなくてはならないということである。その上で、どのような教訓が引き出せるのかが問われるべきだろう。

　(ii)　**総力戦体制を通した保健リスクのナショナルな包摂**　それまでとは対照的に、日中戦争から第二次世界大戦にかけての期間、日本の保健衛生は戦争に負けないような強国化のために整備されていく。具体的には1938年に国民健康保険法が制定され、日本では初めてとなる全国民が対象となる社会保険制度が確

立する。続く42年に、この国民健康保険制度が任意加入から強制加入へと変更
され、敗戦直前には内地人口の7000万人が加入していた（美馬 2003：181）。い
わゆる総力戦体制が、日本の医療・福祉サービスの提供という形を通して人口
把握の射程を拡大してきたという点は極めて重要である。なぜなら、軍事的安
全保障とは一見無関係のように見える「保健」というテーマが、実のところ軍
事的安全保障体制自体を支えているからである。戦争とダイレクトにリンクし
ているということに裏側から肉薄することから、「保健」というテーマは批判
的安全保障論にとっての中核を占めるとさえいえる。

　この点、興味深いのが1931年の満州事変から37年の盧溝橋事件を経て、日本
が準戦時体制に入る中、翌年の38年に現在の厚生労働省の前身である厚生省が
設立された点である。当時、生活環境の悪化による栄養失調とも相まった「国
民体位の低下」が、徴兵制の基礎を脅かしかねない問題として認識され、壮健
な成人男子の輩出が国策となり厚生省が発足されたことが見えてくる。

　また国民健康保険法が用意した「保険」のテクノロジーは、国家と資本の関
係を円滑にするという意味で3つの機能を果たした。1つ目は無過失責任主義
への転換、2つ目が労使間の連帯感情の形成（美馬 2003：185）[4]、最後に国家に
反抗する社会勢力の社会保障制度を経由した馴致と取り込みである[5]。これによ
り労使関係の緊張から社会不安へとつながる経路は徐々にふさがれていく。
「保険」によって「保健」を支えることが、同時に反政府勢力の飼い慣らしを
も果たすこととなり、社会秩序編成に一役買うこととなった。

5　グローバルな保健安全保障

　19世紀後半の帝国主義の拡大に伴い、国際保健体制の整備も進んだが、20世
紀は科学技術のさらなる発展により、交通・流通のグローバル化、人間の居住
圏の拡大、大規模移動等が相まって、従来の三大感染症に加え、HIV/エイズ、
マラリア、結核、髄膜炎、デング熱なども流行していく。

(1)　20世紀後半の国際保健体制

　こうした感染症が安全保障という観点から転機を迎えるのが2000年である。これは HIV/エイズのアフリカでの急速な拡大という保健衛生の問題が、国連安保理によって平和と安全への脅威とみなされた初めてのケースである（安保理決議1308[6]）。そこでは、HIV/エイズが蔓延すると、結果的に生産性人口は増えず、経済的な停滞から不平等と貧困の拡大がさらなる社会的・政治的不安を引き起こすとしたのである（McInnes and Lee 2012：151-152[7]）。

　そして2003年の重症急性呼吸器症候群（SARS）の発生を受け、ついに2005年には、初期対応の遅れが世界的な被害の拡大につながる危険性から、「国際保健規則（IHR）」が大幅に改定された。同改正によって、感染症のみならず、テロや不慮の事故で漏出した化学物質や放射性物質による疾病の集団発生も対象となった（WHO 2007）。また、各国に課せられた保健衛生に関する義務の項目の増加と、非国家主体による情報発信を利用することについても明記される（Fidler 2005）。そこではもはや疾病は発生後の封じ込め対象ではなく、発生前からの予防行動によってそもそも生じさせないものへと転換している（Massumi 2015）。2000年からは GOARN（Global Outbreak Alert and Response Network）というコンピューターシステムを WHO が立ち上げており、自動化されたサーチエンジンがインターネット上の疾病情報を検索し、フィルターにかけて取捨選択し、集団発生を見つけ出すグローバルな監視体制を敷いている（美馬 2007：33-34）。もはや保健衛生対策に、直接的な診察と生身の身体は必要なくなっている。

　ミレニアム開発目標（MDGs）の推進されていた期間に、HIV・マラリア・結核の罹患が原因の死亡者数は確実に減少し、実質的にかなりの改善が見られた（WHO 2015：7）。また顧みられない熱帯病（neglected tropical diseases（NTDs））と呼ばれる、HIV/エイズ・結核・マラリア以外の寄生虫と細菌による感染症[8]の感染者数も減少している。これらは2000年から約15年間での目覚ましい改善ではあるものの、さらなる対策を打たなければ、これまでの改善が水泡に帰すかもしれないとも指摘されている（WHO 2015：55）。

(2)　リスクの安全保障問題化（セキュリタイゼーション）

　こうした国際保健体制の主要アクターは WHO であることは明らかであり、問題となる疾病の伝染拡大の危険に対して、通常レベルでの対策を超えて、安全保障問題として深刻度のレベルを引き上げるという重要な役割も担っている（第3章参照）。そこでカギを握るのが、疾病をリストとして枠付けする言語である（Brown and Harman 2011）。例えば、HIV/エイズの場合、国家として疾病対策が歴史的に見てもほぼ皆無の場合、安全保障問題化によって緊急度を引き上げる行為は、国際社会の限られた資源をその対策に向けることになりうる（実際にナイジェリア、コードジボワール、南アフリカ共和国で成功）。国際 NGO や市民社会からすれば、安全保障問題化することで保護されている製薬の特許による制限の緩和を訴えやすくなるメリットはある（Elbe 2006）。

(3)　保健が安全保障問題化することの問題点

　安全保障問題化することの副作用も無視できない。他の安全保障問題化と同様、何か別の問題への注目をそらすことを必然的に伴う。対策を進めなければならない疾病は、他にも山ほどあったとしてもである。

(i)　南北問題のリバイバルとしてのグローバルな監視体制　　この点ラシュトンは「誰の、何のための安全保障なのか？」という根源的な問題提起をする（Rushton 2011）。また保健の安全保障問題化は、結局伝染病が西洋諸国（グローバル・ノース）へ流入するのを防ぐために、西洋諸国と WHO が連携して迅速に対処するシステムなのだとも指摘されている（Davies 2008：309）。

　これはポスト・コロニアリズムの視点（第4章）からの指摘だが、保健を安全保障の枠組みで捉えるアプローチには、途上国で公衆衛生の状態が良くない国に対する監視（グローバルサウスの監視）という面が必ず伴う。監視はあくまで監視であって、それが緊急支援かどうかは別の問題である。

　「世界各地の難民キャンプ、大都市のスラム地域などでマラリアやコレラ、それどころか栄養失調の下では単なる下痢のために死んでいく人々、あるいはワクチンで予防できる病気である麻疹や百日咳のために死んでいく子供たち。こうした日常的になってしまった「旧い」感染症は、先端的な科学研究の対象

　それは保健から捉え返せば、決してイリイチのいう脱システム依存としてではなく、自己責任論の延長としての健康な身体の維持が、日々の節度ある食事や、予防医学の流行、各種民間保険商品の氾濫といった形によって、統治の中に組み込まれていく。食のサプライ・チェーンがグローバル化の中で長く伸びたり、遺伝子組み換え食品をめぐるリスク管理をめぐる政治が一方で展開しながら（ドウキンズ 2006）、他方で対抗的に地産地消へと食のあり方がシフトするケースも近年見られる。これが保健安全保障をめぐる論点であることは意識されるべきで、現在日本でも種子法の改正などが進んでしまった中で、われわれの食が今後も安全なのかという問題は考え続けなければならない。

　(ii)　**命の格差**　　さらに遺伝子組み換え食品の問題は、突き詰めると命の商品化の全面展開という問題に突き当たる。今日ゲノム学の急速な進展によって、生命科学はますます情報科学へと変貌してきた。今や生命のメカニズムは、一連の暗号解読の操作となってしまった。これは生命が、商品化されることの可能な「物質的（material）」現実となっていることを意味する。生命はパッケージ化され、商品となり、データベースとして販売されるようになっている（ラジャン 2011：36-37）。カウシック・ラジャンはこの生命の商品化を「生─資本」の枠組みで捉えるが、その典型例をより露骨に言えば、寿命を延ばせる人間とそうできない人間の間の境界線の強化という問題といえる。われわれはここで、ヒトの健康や寿命にとって有利な細胞や遺伝子を入手できるということが、保健にとって与える衝撃を考えなければならない。

　(iii)　**あらゆる命の商品化へ**　　体外受精、卵子や精子の提供、増加する一方の代理母契約などにより、これまで自然の摂理だった生殖と世代の継承という営みは完全に技術的にかく乱されている。人体部品の使用は拡大し、インドなどでは生物学的な奴隷制度は当たり前の現実となっている（日比野 2015）。血液・臓器・胎児が売買され、規制をかけるべき国家でさえ医療ツーリズムを推奨して、この命の商品化の傾向に拍車をかけている（キンブレル 2011）。

　批判的安全保障論（CSS）を提唱したイギリスのアベリストウィス学派が、人間の解放をテーマとするのであれば、近代の行きつく先が生命の切り刻みと、さらなる使い倒しになっている状況に正面から向き合わないといけない

が、今のところそれは果たされていない。この問題の行きつく先は、ホロコーストをもたらした科学を通して物も人間も把握し支配していく西洋的な道具的理性の問題だろう。われわれに残された課題はあまりにも大きいと言わざるを得ない。

7　おわりに——保健を「ノン・ヒューマンとの共生」で考える

　鳥インフルエンザ、SARS、HIV/エイズ、狂牛病、そして近年ではエボラ出血熱などがその感染拡大に応じて、突発的にメディアで取り扱われて、注意喚起されてきたが、もともとは人間以外の動物での感染症としてローカルに存在していたものが、人間の諸活動の範囲が未開地へと延びたり、さらに従来は食べなかったものを食べるようになることなどが問題の引き金となっている。

　こうした問題に対して、生命維持の責任主体は国家か個人か、はたまた自治体かといった、どのアクターが担うべきかといった議論を繰り返す限り、それが人間中心主義の存在論を起点に、スケールをどこに設定するのかといった、極めて独善的な議論に回収されてしまうだけである。人間が健康に生き生きと生きられるためには、ヒト以外の太陽光、水、土、森、微生物、そしてその他の諸生命体との「共生」があってこそである（西川／アンベール編 2017：藤原 2014：70-71）。感染症の問題も同様で、ヒトは様々な生命・非生命との相互作用の中にある動的平衡（福岡 2009）の中に生かされており、ウィルスでさえ単純に排除する対象として見るのではなく、そうした諸関係の中に位置づけるエコロジカルな考え方が必要となる。

　これらの点を見過ごして、技術的応急措置で人間のさらなる発展と健康増進のみを考える限り、批判的安全保障という枠組みも陳腐化を免れない。突き詰めていけば、自ずと問題は「近代」を成立させるために、ヒトがヒト以外の存在に対してふるってきた暴力に向き合わざるを得なくなるだろう。保健といっても「共生」のあり方を絶えず問い直し続けない限り、真にクリティカルではあり続けられないことだけは、ここで付言しておきたい。

設　問
・図表 1 を見ながら、保健の積極性／消極性（x 軸）、主観性／客観性（y 軸）、求心性／遠心性（z 軸）の間にどのようなケースがあるか考え、具体例を挙げよ。
・保健が安全保障問題化されることのメリットとデメリットを挙げよ。
・保健がネオリベラル化すると何が問題で、それを乗り越えるためエコロジー的視点が必要と指摘されるのはなぜか答えよ。

【注】
1 ）　このように保健衛生のような統治性研究が扱うことを得意とするテーマは、一見すると国家の内政に限定されるもので、権力闘争の場としての国際は関係ないか、ふさわしくないという議論があるが（Selby 2007）、そうではない。テクノロジーの一見微小な変化とのコラボレーションによって帝国主義が組み立てられてきたのである。
2 ）　出生と死亡の記録である「人口動態登録制度」を、世界で初めて完璧な形で確立した国の 1 つがスウェーデンである（Deaton 2013: ch. 2）。
3 ）　鶴見は衛生の改善を考える後藤を通して、国家ではなく社会に注目することを強調しているが、それは最初に国家を措定してから世界を理解する国家主義的立場を退けて、あくまで統治性を打ち出したフーコーとの共通性として現れる。
4 ）　リスクとそれに対する補償も保険料も労使折半により共同で負担する形をとったために、労使の緊張関係は責任の分有体制へと練り上げられた。
5 ）　保険がカバーする対象を国民総体に拡大したことで、国家からの恩恵を国民が直接実感できるようになり、反国家的な社会勢力の部分的な取り込みを可能とした。
6 ）　感染症が国際の脅威として安保理決議の対象となった例は、上記に加え HIV/エイズに関する2011年の1983決議と、エボラ出血熱に関する14年の決議2177である。
7 ）　ただしその後の抗レトロウィルス薬の開発により HIV/エイズはコントロール可能な疾病へと変化した。（稲場雅紀（2003）「抗エイズ治療へのアクセス：その過去・現在・未来」を参照。http://www.ajf.gr.jp/lang_ja/db-infection/200307art.html#02）。
8 ）　WHO（世界保健機関）が「人類の中で制圧しなければならない熱帯病」と定義している17の疾患のこと。例えば、トラコーマ、リンパ系フィラリア症、シャーガス病、デング熱、住血吸虫症など。世界149の国と地域で蔓延し、感染者数は約10億人にものぼる深刻な社会問題である。NTDs は貧困による劣悪な衛生環境が主原因で蔓延するが、それが生産性の低下を招き、貧困からの脱出を困難にし、最悪の場合は死を与える。

〔参考文献〕
イリイチ，イヴァン（1975）『脱病院化社会──医療の限界』金子嗣郎訳、晶文社
キンブレル，アンドリュー（2011）『すばらしい人間部品産業』福岡伸一訳、講談社
ドウキンズ，クリスティン（2006）『遺伝子戦争──世界の食糧を脅かしているのは誰か』

浜田徹訳、新評論

永田尚見（2010）『流行病の国際的コントロール──国際衛生会議の研究』国際書院

西川潤／アンベール，マルク編（2017）『共生主義宣言──経済成長なき時代をどう生きるか』コモンズ

濱田篤郎（2004）『疫病は警告する──人類の歴史を動かす感染症の魔力』洋泉社

ハンセン，ウィリー／フレネ，ジャン（2008）『細菌と人類──終わりなき攻防の歴史』渡辺格訳、中央公論新社

日比野由利（2015）『ルポ　生殖ビジネス──世界で「出産」はどう商品化されているか』朝日新聞出版

フーコー，ミシェル（2007）『安全・領土・人口──コレージュ・ド・フランス講義1977-1978年度』高桑和巳訳、筑摩書房

藤原辰史（2014）『食べること考えること』共和国

福岡伸一（2009）『動的平衡』木楽舎

マーシャル，T・H／ボットモア，トム（1993）『シティズンシップと社会的階級──近現代を総括するマニフェスト』岩崎信彦・中村健吾訳、法律文化社

御厨貴編（2004）『時代の先覚者・後藤新平1857-1929』藤原書店

美馬達哉（2003）「身体のテクノロジーとリスク管理」山之内靖・酒井直樹編『総力戦体制からグローバリゼーションへ』平凡社、168-201頁

美馬達哉（2007）『〈病〉のスペクタクル──生権力の政治学』人文書院

山本太郎（2011）『感染症と文明──共生への道』岩波書店

ラジャン，S・カウシック（2011）『バイオ・キャピタル──ポストゲノム時代の資本主義』塚原東吾訳、青土社

Brown, Garrett Wallace and Harman, Sophie (2011) "Risk, Perceptions of Risk and Global Health Governance," *Political Studies,* vol. 59, no. 4, pp. 773-778.

Davies, Sara E. (2008) "Securitizing Infectious Disease," *International Affairs,* vol. 84, no. 2, pp. 295-313.

Davis, Mike (2005) *The Monster at Our Door: the Global Threat of Avian Flu,* New York: New Press（デイヴィス，マイク（2006）『感染爆発──鳥インフルエンザの脅威』柴田裕之・斉藤隆央訳、紀伊國屋書店）.

Deaton, Angus (2013) *The Great Escape: Health, Wealth, and the Origins of Inequality,* Princeton: Princeton University Press（ディートン，アンガス『大脱出──健康、お金、格差の起原』松本裕訳、みすず書房）.

Elbe, Stefan (2006) "Should HIV/AIDS Be Securitized? The Ethical Dilemmas of Linking HIV/AIDS and Security," *International Studies Quarterly,* vol. 50, no. 1, pp. 119-144.

Elbe, Stefan (2010) *Security and Global Health: Toward the Medicalization of Insecurity,* Cambridge; Malden: Polity.

Fidler, David P. (2005) "From International Sanitary Conventions to Global Health Security: The New International Health Regulations," *Chinese Journal of International Law*, vol. 4, no. 2, pp. 325–392.

Hindess, Barry（1998）"Divide and Rule: the International Character of Modern Citizenship," *European Journal of Social Theory*, vol. 1, no. 1, pp. 57–70.

Massumi, Brian（2015）*Ontopower: War, Powers, and the State of Perception*, Durham: Duke University Press.

McInnes, Colin and Lee, Kelly（2012）*Global Health and International Relations*, Cambridge; Malden: Polity.

Mitchell, Timothy（1991）*Colonising Egypt*, Berkeley: University of California Press（ミッチェル，ティモシー（2014）『エジプトを植民地化する――博覧会世界と規律訓練的権力』大塚和夫・赤堀雅幸訳、法政大学出版局）.

Rushton, Simon（2011）"Global Health Security: Security for Whom? Security from What?" *Political Studies*, vol. 59, no. 44, pp. 779–796.

Selby, Jan（2007）"Engaging Foucault: Discourse, Liberal Governance and the Limits of Foucauldian IR," *International Relations*, vol. 21, no. 3, pp. 324–345.

Torpey, John（2000）*The Invention of the Passport: Surveillance, Citizenship and the State*, Cambridge: Cambridge University Press（トーピー，ジョン（2008）『パスポートの発明――監視・シティズンシップ・国家』藤川隆男監訳、法政大学出版局）.

World Health Organization（WHO）（2007）*A Safer Future: Global Public Health Security in the 21st Century*, Geneva: WHO.

World Health Organization（WHO）（2015）*Accelerating Progress on HIV, Tuberculosis, Malaria, Hepatitis and Neglected Tropical Diseases. A new agenda for 2016–2030*, Geneva: WHO.

第**8**章

人間の安全保障論の現状と展望
——政策と研究の交錯点としての人間の安全保障

古澤　嘉朗

1　SDGsと人間の安全保障

　日本政府が国連外交や開発援助政策の中で外交の柱の1つとして位置づけ、国際協力機構（JICA）がその実現を使命の1つとして掲げる概念が「人間の安全保障」である。「持続可能な開発のための2030アジェンダ」（SDGs）の理念である「誰一人取り残さない」社会の実現に向けて、人間の安全保障論の有用性は改めて注目されている。

　人間の安全保障という概念は、国連開発計画（UNDP）が1990年以降毎年公刊し続けている『人間開発報告書』の1994年度版で特集されたことを契機に注目されるようになった。多くの人々に使われるようになって久しいが、個人の安全を確保する政策論に重きが置かれ、安全保障のメタ理論に関する学術議論にはそこまで重きが置かれていないことが特徴とも指摘されている（Peoples and Vaughan-Williams 2010：121）。

　確かに、1999年3月に国連財務官室の傘下に国連人間の安全保障基金、そして2004年5月に国連人道問題調整事務所内に人間の安全保障ユニットが設置されたことなどは、その政策的側面を象徴している。人間の安全保障はこうした政策概念である一方で、安全保障の対象の深化、脅威の源泉の拡大といった学術議論を体現する政策と研究の交錯点ともいえる。本章では「人間の安全保障」という概念がどう理解されるようになったのかその現状を整理し、そこからどのような示唆を得ることができるのか平和構築という政策領域を手掛かり

> Box 8-1　キーワード
> **人間の安全保障**（human security）：人間にとって「かけがえのない生の中枢を守り、すべての人の自由と可能性を実現すること」を目標に掲げる政策概念（CHS 2003）。
> **人間開発**（human development）：開発援助を「人々の選択の幅を広げるプロセス」と理解する（UNDP 1990）。
> **保護する責任**（Responsibility to Protect）：「国家は人々を保護する責任があり、国家がその責任を果たせない場合、国際社会がその責任を代わって果たさなければならない」とする政策概念（ICISS 2001）。
> **平和構築**（peacebuilding）：紛争後・移行期社会において「紛争の再発を避けるために平和を強化し堅固にする構造を見つけ、支えるための行動」の総称（UN 1992）。

に今後の展望について考えてみたい。

2　「人間の安全保障」概念とは

　人間の安全保障という概念が1990年代半ばに台頭した背景には、冷戦の終焉が大きく関係している。当時、東西間の緊張関係の下で押さえつけられていた地域紛争が表面化し、国家の保護を受けることができない人々への対応に国際社会は追われていた。縮小される軍事費の開発分野への再配分の期待が高まると同時に、先進国の「援助疲れ」も指摘されていたことから、95年3月にコペンハーゲンで開催された国連社会開発サミットに向け、従来の経済・社会インフラ整備といった開発援助とは異なる新しいアプローチが模索されていた（高須 2011；栗栖　2011）。このような国際情勢下において、人間の安全保障論という「人びと一人ひとりに焦点を当て、その安全を最優先するとともに、人びと自らが安全と発展を推進することを重視する考え方」が台頭することになった（緒方 2011：1）。

　人間の安全保障という概念の根底には、UNDP の報告書のタイトルにも記されている「人間開発」の考え方が存在する（UNDP 1990：10）[1]。人間の安全保

障について考えることは、「人間開発において人びとが重視すべきことは何なのか」について考えることを意味することから、「双子の概念」とも呼ばれている（峯 2009：49）。その違いは、平時の均衡ある発展に関する概念が人間開発であるのに対して、人間の安全保障は人間の生存状況の下降局面やダウンサイドリスクに注意を払った、人間開発を補完する概念という点にある（CHS 2003）。

　元国連難民高等弁務官の緒方貞子とノーベル賞経済学者のアマルティア・センを共同議長とする人間の安全保障委員会が2001年に発足し、2003年に同委員会は最終報告書『今こそ人間の安全保障を』（*Human Security Now*）を刊行した（以下、緒方・セン報告書）。緒方・セン報告書では、人間の安全保障を人間にとって「かけがえのない生の中枢（vital core）を守り、すべての人の自由と可能性を実現すること」と定義した（CHS 2003：4）。その特徴として能動的、包括的、多様な担い手といった3点を挙げることができる。

　緒方・セン報告書の「かけがえのない生の中枢」という表現については漠然としているという批判もあり、論者によって受け止め方が異なる。例えば、先述の1994年度の『人間開発報告書』では(1)経済の安全保障、(2)食料の安全保障、(3)健康の安全保障、(4)環境の安全保障、(5)個人の安全保障、(6)コミュニティの安全保障、(7)政治の安全保障、この7つが人間の安全保障を構成する領域として列挙されていた（UNDP 1994）。「漠然としている」という批判の背景には、このような具体性の欠如が関係しているのだろう。だが、峯陽一が「多様な顔をもつ一人一人の人間が選びとれる生の可能性の幅のなかに、必ず含まれていなければならないものは何だろうか」と問いかけるように、人々が何を「かけがえない」と考えるのかは当事者と社会の価値観に依存する。だからこそ、「生の中枢を上から一律に定義することはできない」し、また生の中枢は「具体的な危機状況のもとで、多彩なコミュニティを包み込む公共空間の討議において決められていくべき」ものと理解される（峯 2011：21）。人間の安全保障概念は「能動的」（dynamic）な概念なのである（CHS 2003：4）。

　2000年9月の国連ミレニアム・サミットにて、当時の国連事務総長コフィ・アナンが「『欠乏からの自由』（freedom from fear）と『恐怖からの自由』（free-

dom from want）という２つの目標を21世紀の最優先事項として達成すべき」
と国際社会に訴えた。この武力紛争や人道危機を想定した「恐怖からの自由」
と貧困や飢餓を想定した「欠乏からの自由」は、1994年の UNDP 報告書の中
で人間の安全保障の「２つの構成要素」と位置づけられている（UNDP 1994）[2]。
また、緒方・セン報告書においても、人間の安全保障とは「人びとが生存・生
活・尊厳（survival, livelihood and dignity）を享受するために必要な基本的手段
を手にすることができるようにすること」と論じられていることからも、従来
の「恐怖からの自由」（生存／平和）と「欠乏からの自由」（生活／開発）という
枠組みが基本的に継承されている（参照、図表８−１の「どのような脅威から」）。
人間の安全保障は、両者を統合した「包括的」（comprehensive）な概念なので
ある（CHS 2003：4）[3]。

　そして、人々の生存・生活・尊厳を守るために、緒方・セン報告書では、
トップダウンによる人々の「保護」（protection）とボトムアップによる「能力
強化」（empowerment）の必要性を指摘する（CHS 2003）。この場合の「保護」
とは、統治の強化を意味し、人々の生存・生活・尊厳を守るべく、行政や司法
制度の整備・能力向上を図ることを意味している。また、「能力強化」も、近
年の開発研究におけるレジリエンス（resilience）に近い意味合いで使われてお
り、被支援者である人々の役割・貢献に着目する（参照、図表８−１の「どのよ
うな手段で」[4]）。能動的かつ包括的、そしてトップダウンとボトムアップの実践
を組み合わせる人間の安全保障の担い手は、必然的に多様となる（参照、図表
８−１の「誰が」）。

　さらに、多様な人間の安全保障の担い手の１つには当該国政府（国家）も含
まれている。従来の政府による「国家安全保障」（national security）と人間の
安全保障の関係をどう整理するのかは１つの大切なポイントとなるが、近年で
は両者は相反するものではないといわれている。『広辞苑』は「安全保障」を
「外部からの侵略に対して国家および国民の安全を保障すること」と定義する。
それは脅威の源泉として「外部からの（軍事）侵略」、守るべき対象としては
「国家および国民の保全」を想定した伝統的な国家安全保障を意味する。そこ
には暗黙の了解として、国家（政府）と国民間に一種の社会契約が存在してい

図表 8‒1　国家安全保障論と人間の安全保障論の比較

	国家安全保障論	人間の安全保障論
どのような脅威から	潜在敵国、テロ組織	大量虐殺、人権侵害、貧困、感染症、テロ、犯罪など
何を	国家の自由・独立・生存・領土、国民の生命・生活・財産	恐怖からの自由、欠乏からの自由、尊厳をもって生きる自由
誰のために	国民	途上国・先進国の個々人（主に社会的弱者）
誰が	当該国政府	国際機関、国家、市民社会
どのような手段で	軍事手段	開発援助・平和構築、人道支援、人権外交、教育など

出典：Baldwin 1997を基に筆者作成

た。だが、政府が国家の安全を維持し、国民の生命と財産を守るという考え方が破綻している移行期や紛争後国では国家安全保障論だけでは不十分という考え方が人間の安全保障論の台頭を支えている。[5]人間の安全保障論は、国家安全保障論を「補完する」と表現されることが多い（CHS 2003：4）。

『人間開発報告書』（1994年）や『今こそ人間の安全保障を』（2003年）に見られるように、人間の安全保障概念に関する議論は深まっている。人間の安全保障は「恐怖と欠乏からの二重の自由をすべての人びとが享受できる状態、あるいはその状態に向かう運動」という理解も定着しつつある（峯 2009：57）。2010年3月に国連内で人間の安全保障に関する初めての事務総長報告書が提出され（UN 2010a）、同年7月には人間の安全保障に関する初めての国連総会決議 A/RES/64/291号が全会一致で採択されたことなどは、議論の前進を物語っている（UN 2010b）。他方、「欠乏からの自由」と「恐怖からの自由」のどちらに重点を置くかにより支援する対象と範囲が異なることから、人間の安全保障論はその発信力に惹かれた様々な主体により異なる意味で使われてきた。次節では「カナダ版人間の安全保障」とも呼ばれる「保護する責任」論に着目することにより、人間の安全保障論の現状について考えてみたい。[6]

3　人間の安全保障論と保護する責任論

　「人間の安全保障」という概念の世界的な理解拡大に中心的な役割を果たし
たのは必ずしも国連ではなかった。少なくとも後述する2005年の国連首脳会合
の『成果文書』が採択されるまでは、カナダや日本といった一部の国々、研究
者、人道系NGOが中心的な役割を担っていた。2005年以前は特に論者によっ
て人間の安全保障を論じる際の力点の置き方が異なったことは特筆すべき点で
ある。カナダ政府は「恐怖からの自由」に着目し、大量虐殺といった人道危機
への対応に重きを置いた。そして、その議論は「保護する責任」(R2P)に収斂
されていくことになる。前節の緒方・セン報告書による議論を広義とするなら
ば、R2Pは狭義の人間の安全保障論とも呼ばれた。本節では、最初にR2Pが
何を意味するのかについて、次に広義と狭義の人間の安全保障論の関係をどう
整理できるかについて考えたい。

　「保護する責任」は「国家は人々を保護する責任があり、国家がその責任を
果たせない場合、国際社会がその責任を代わって果たさなければならない」と
いうことを意味する(ICISS 2001)。2001年、カナダ政府が中心となって設置し
た「干渉と国家主権に関する国際委員会」(International Commission on Inter-
vention and State Sovereignty: ICISS)が、国連に提出した報告書『保護する責
任』(*Responsibility to Protect*)の中で提唱した概念である。同報告書は(1)武力
紛争や人道危機を「予防する責任」、(2)発生している人道上の危機に「対応す
る責任」、(3)紛争の根本的原因を解決し持続的な社会を目指す「再建する責任」
といった3つの「絶対に欠くことのできない要素」によりR2Pが構成される
と論じた。その中で注目を集めたのは、国家が領域内の住民を「保護する責
任」を履行しない危機的状況下において、国際社会はどのように「対応する責
任」を果たすのかという点であった(例えば文民の保護を目的とする軍事介入)。
R2Pが提唱された直接的な背景には、1994年のルワンダや95年のスレブレニ
ツァで起きたジェノサイドのような発展途上国内の人道危機に、国際社会はど
のように対応すべきなのかという問題意識が存在していた(武内 2009;長

Box 8-2　ルワンダとスレブレニツァの大量虐殺

ルワンダ虐殺：中央アフリカのルワンダでは、1994年4月から100日間で50万人から100万人ともいわれるトゥチ人と穏健派フトゥ人が過激派フトゥ人により虐殺された。

スレブレニツァ虐殺：東欧のボスニア・ヘルツェゴヴィナのスレブレニツァでは、1995年7月、セルビア人によるスレブレニツァに住む4万人といわれているムスリム人口を消し去ることを目的とした虐殺が起き、8000人以上が犠牲となった。

2009）。このことを踏まえれば、「対応する責任」に注目が集まったのは不思議なことではなかった。

国連安全保障理事会（以下、安保理）がR2Pを根拠に初めて強制措置を決定した事例は、2011年3月のリビア危機である。当時のリビアは、カッザーフィー（カダフィ）政権が政権打倒を目指す反政府勢力に対して国軍を動員し、内戦状態となっていた。この情勢を受け、11年3月に国連の安全保障理事会で安保理決議第1973号が採択された[9]。その主な内容は以下のようなものであった。

・即時停戦を要求する

・保護する責任を果たすために、民間人に対する暴力、攻撃、人権侵害を完全に停止することを要求する

・リビア上空に飛行禁止区域を設定

・市民と、市民が多い地域を保護するために「外国勢力による占領」を除くあらゆる手段を許可する

安保理決議第1973号は、国家（リビア政府）が国民を保護する責任を果たすように求めると同時に、果たせない状況下においては国際社会に「『外国勢力による占領』を除くあらゆる手段」を許可していた。

リビアの事例は、カナダ版人間の安全保障とも呼ばれたR2Pが内政不干渉原則に優先することを行動で示した点において画期的であった[10]。他方、R2Pという大義名分を隠れ蓑に大国による内政干渉が公然と容認されるのではないかと懐疑的な国・研究者も存在し、R2Pが賛否を含めて依然として多くの注目を集めているのも事実である。例えば、土佐弘之は、R2Pは保護する責任を国際社会へと拡張する「コスモポリタニズム志向（の）責任（の）脱領域化」

のように見えたが、安保理常任理事国の地政学的関心が混入した帝国主義的干
渉とそれほど変わらない「超領域的な介入」の様相を呈し、恣意的な適用の結
果、「事実上メルトダウンしてしまった印象が拭いきれない」と指摘している
（土佐 2017：122）。

　R2P に対して一部に根強い反対諸国が存在することは、前節で紹介した緒
方・セン報告書による広義の解釈と、R2P による狭義の人間の安全保障の解
釈の混同を2000年代前半に引き起こしていた。その後、2005年 9 月に国連総会
首脳会合で採択された『成果文書』が状況打開の分岐点となった。

　『成果文書』では、R2P（第138、139、140段落）と人間の安全保障（第143段落）
が別の段落で扱われることになる[11]。文章上区別されたということのみでなく、
両概念の棲み分けを明確にするためにも R2P に関しては、ICISS 報告書から
大きく 2 つの修正も施された。第 1 に、R2P の対象が ICISS 報告書に明記さ
れていた大規模な人命喪失という広義のものから、4 つの深刻な人権侵害
（ジェノサイド、民族浄化、人道に対する罪、戦争犯罪）に限定された。第 2 に、安
保理が軍事的措置を承認しない場合も武力介入できるとした ICISS 報告書と
異なり、軍事的強制力を用いる場合の決定機関が安保理であるという歯止めが
明記された。この棲み分けはその後も引き継がれ、2012年 9 月に採択された国
連総会決議 A/RES/66/290号の中でも「人間の安全保障と R2P は異なる」と
明記されている（UN 2012）。

　ここまで人間の安全保障概念をどう理解できるのか、そして R2P との関係
についてどう整理できるのかなど、その現状を整理してきた。最後に、人間の
安全保障概念からどのような政策的示唆を得られるのか今後の展望について考
えてみたい。

4　紛争後・移行期社会への政策的示唆──平和構築に着目して

　アーサー・コナン・ドイルの推理小説『シャーロック・ホームズ』の「銀星
号事件」（1892年）の中で、犬が吠えなかったことに着目して事件を解決したこ
とから、起こるべきことが起きなかったことを「吠えなかった犬」（the dog

> **Box 8-3　紛争後・移行期社会における平和構築活動**
> 　平和構築は(1)政治的領域（例：法整備支援、選挙監視活動）、(2)経済的領域（例：難民・国内避難民の帰還、元兵士の社会復帰支援）、(3)心理的領域（例：真実和解委員会、心的外傷後ストレス障害［PTSD］対策）、そして(4)治安回復（例：警察を含む治安部門改革、小型武器回収）、この4つの領域によって構成される（Ramsbotham *et al.* 2011：234）。平和構築は多様な活動であり、包括的な視点が不可欠といわれている。

that didn't bark）と表現することがある。人間の安全保障論に対しては肯定的な評価もあれば否定的な評価も存在し、ディヴィッド・チャンドラーは人間の安全保障論を「吠えなかった犬」に例えている（Chandler 2008）。つまり、ヒトに焦点を当てると主張しながらも、人間の安全保障論が結局は従来の主流の国家安全保障論に取り込まれてしまい、人々が期待したほど政策への影響がなかったという主張である。果たして本当にそうなのだろうか。本節では、平和構築に着目しながら、人間の安全保障論の政策的示唆について考えてみたい。

　近年の平和構築に関する議論の1つに平和構築論争（peacebuilding debate）がある（Tadjbaksh ed. 2011；古澤 2013b）。平和構築論争とは、政策志向の「効果」（effectiveness）を追求する「問題解決理論型」（problem-solving）と、前者の政策の前提を批判的に検証する「批判理論型」（critical）の研究間の論争である。前者は社会的文脈に関係なく、民主主義などの自由主義的な価値規範に根差した青写真を実現することによって平和を築けるという前提の上に成り立つ。例えば、紛争後社会において「法の支配」に基づいた国家建設を進める上で、元兵士を武装解除・動員解除・社会復帰（DDR）させ軍隊を適正なサイズに縮小し、国内秩序を維持するために警察改革や司法制度改革を実施するといった一連の活動などがある。その青写真を「リベラル・ピース」（liberal peace）、そしてその青写真に基づく一連の活動を「リベラルな平和構築」（liberal peacebuilding）と呼ぶことから、「リベラル・ピース論争」とも呼ばれる。

　「問題解決理論型」に対して「批判理論型」の平和構築論は、オリバー・リッチモンドが指摘するように「平和について知ること、もしくは語ることは、ある特定の見解を再現することを意味する」ことから、築こうとする平和

の質を問う試みである（Richmond 2008）。批判理論型は、政策志向の問題解決理論型がリベラル・ピースを唯一の所与の枠組みとして認識していることを問題視し、画一的な国家の建設ではなく、被支援国の慣習や文化を踏まえた多様な平和構築の形態を模索することの必要性を説く。後者の流れを汲む動きの１つとして、平和構築における非国家主体を（再）認識する試みがある。非国家主体を平和構築に組み込むか否かは必然的に政治的な判断となるが、この際に治安などの公共財の供給側（supply-side：国家）ではなく、需要側（demand-side：受益者）に配慮するという表現が近年よく用いられている。それは国家を建設すること自体が目的なのではなく、それはあくまでも手段であるという姿勢といえる。

　ここでは平和構築の一領域である警察改革（支援）を例にさらに具体的に見ていきたい（古澤 2013a）。紛争後・移行期社会の平和構築において、国内の治安を維持する上で警察機構の再建・能力強化は重要な課題の１つとなる。従来は警察に対する支援に議論が集中していたが、ブルース・ベイカーは「警察（police）のみが警察活動（policing）に従事しているわけではない」という立場から「非国家主体による警察活動」（nonstate policing）の重要性を訴えている（Baker 2010）。

　非国家主体による警察活動という際に、ベイカーは主に NGO、民間軍事会社（主に念頭に置いているのは現地の警備会社）、慣習組織やインフォーマル・セクターを想定しており、例としてケニア・ウガンダ国境沿いの住民による対家畜窃盗集団などを挙げている（Baker 2010：157）。そして非国家主体による警察活動が一方的に暴力的な「私兵」（vigilante）と片づけられてしまうことを疑問視し、特に紛争後アフリカ社会においては、人々が消極的に選択しているのではなく、「非国家主体による警察活動」が日常生活に秩序をもたらすことから人々に積極的に選択されている現実を指摘する（Baker 2010：9, 29）。

　従来の警察改革（支援）、そして平和構築では、国家の本質をある一定の領域の内部で「正当な物理的暴力行使の独占」とするマックス・ヴェーバーの見解が活動の論拠として参照されることが多い（ヴェーバー 1980）。それは植民地という歴史を経て現在に至る多くのアフリカの国々の歴史特殊性に関係なく

（古澤 2019）、アフリカ諸国と欧米諸国の警察を同じように扱うことを意味する。その結果、警察再建が自明視され、警察以外の主体が乗り越えられるべき障壁と認識されることになる。それに対して、ベイカーは「当時のヨーロッパの時代背景に何が適していたのかは別として、それは現在のアフリカ社会の的確な描写ではない」という主張を展開している（Baker 2010：12）。それは被支援国の社会的文脈に配慮した、より持続可能な平和構築の形の模索へとつながっていくことになる（古澤 2018；Furuzawa forthcoming）。「人間の安全保障」という言葉こそ使われていないが、国家という枠組みに捉われることなく、ヒト（公共財の需要側）に焦点を当てた紛争後・移行期社会における平和構築が模索されていることは注目すべき点である。

　非国家主体の警察改革（支援）への導入などを視野に入れた平和構築論争が盛んになったのが2010年前後からということを踏まえると、チャンドラーが原稿を書いた2008年時点では、2010年以降の議論の展開は知り得なかったことは考慮する必要がある。ただ、それは人間の安全保障という概念が議論されるようになってからまだ月日が浅く、評価を下すのは時期尚早ということを物語っているのかもしれない。非国家主体の警察改革（支援）／平和構築への導入は興味深い議論の進展であると同時に、あくまでも人間の安全保障概念の政策的示唆の一例にすぎないからである。

5　人間の安全保障論は「吠えなかった犬」なのか？

　本章では、人間の安全保障概念に関する議論の現状、そして平和構築を参照しながらその政策論的示唆について見てきた。人間の安全保障に関しては次の3つのことがいえる。第1に、「かけがえのない生の中枢を守り、すべての人の自由と可能性を実現すること」を目的とした「能動的」な概念であるということ。第2に、「恐怖からの自由」（生存／平和）と「欠乏からの自由」（生活／開発）という両者を統合した「包括的」な概念でもあるということ。そして第3に、包括的であるからこそ、トップダウンとボトムアップの実践を組み合わせる必要があり、必然的にその担い手は多様になるということである。

　また、当初は「カナダ版人間の安全保障」とも呼ばれた R2P に関しては、当初の ICISS が提唱した定義自体に変化はないものの、2005年以降は、(1)その対象が４つの深刻な人権侵害（ジェノサイド、民族浄化、人道に対する罪、戦争犯罪）に限定され、(2)軍事的強制力を用いる場合の決定機関が国連安全保障理事会であるとの歯止めが明記された。この修正に伴い、少なくとも国連内の議論においては「人間の安全保障と R2P は異なる」という棲み分けが形成されつつあることは両者の関係を理解する上で重要な点といえる。

　政策的示唆という観点からは、「吠えなかった犬」（Chandler 2008）という批判に対して真摯に耳を傾けることも大切だが、人間の安全保障という概念がいかに研究と実務を橋渡しできるのかは、すべて今後の議論の展開次第ということは付け加えておく必要がある。平和構築論争が志向する国家という枠組みにとらわれない平和構築の模索に象徴されるような、「ヒト」に焦点を当てた安全保障論に関する議論はまだ始まったばかりなのである。

　　設　　問
　・「人間の安全保障」概念が台頭した時代背景について説明しなさい。
　・「人間開発」と「人間の安全保障」の関係について説明しなさい。
　・「人間の安全保障論」と「保護する責任論」の関係について説明しなさい。

【注】
１）　人間開発は(1)所得の向上だけで人々の生活の質を計測することはできない、(2)経済成長は手段でしかない（目的ではない）、という２つの認識を提示し、定着させたと評価されている（CHS 2003 : 8-9）。アマルティア・センのケイパビリティ（潜在能力）の考え方を応用したものである（Sen 1992）。
２）　恐怖からの自由と欠乏からの自由は、フランクリン・ルーズベルト米国大統領が1941年の年頭教書演説にて「人類の普遍的な４つの自由」として位置付けた(1)言論と表現の自由、(2)宗教の自由、(3)欠乏からの自由、(4)恐怖からの自由の内、最後の２つと符合している。
３）　包括的という点について、UNDP の任務が「開発」に関係する国連専門機関による活動の調整であることを考えると、国連グループ内の縦割り行政の弊害を解決する「上位概念」として人間の安全保障が期待されていたのではないかと峯は指摘する（峯 2009）。

4）　レジリエンスとは、逆境下においてそれを乗り越えていくコミュニティの力・能力を指す（Pouligny 2014）。

5）　このような国家が国家として機能していない状況を理解するためには、アジアでは主に1940年代以降、アフリカでは1960年代以降に独立を勝ち取った主権国家の世界的広がりに着目することが重要となる。脱植民地化の結果、ロバート・ジャクソンは、国内的な正統性を著しく欠きながらも国家としての国際的な法的地位を有する「擬似国家」（quasi-state）が国際社会へ参入することになったと論じている（Jackson 1993）。

6）　保護する責任を「カナダ版人間の安全保障」と呼ぶ際に、対をなす表現として「日本版人間の安全保障」も存在する。後者は本節で紹介した緒方・セン報告書に関する議論を指すことが多く、これは緒方・センが共同議長を務めた人間の安全保障委員会を組織・支援したのが日本政府だからである。

7）　「人間の安全保障」をめぐる2005年以降の国連内外の議論については高須 2011が詳しい。一部の国々が人間の安全保障を取り入れた背景について、栗栖は、「軍事力を基盤としたハードパワーにおいて大国とはいえないが、地域的ないし国際的舞台でのリーダーシップを模索」する過程で、様々な政治的動機が働いたと説明する（栗栖 2011：6）。

8）　千知岩 2008は、90年代の「介入する権利」をめぐる人道的介入論と異なり、「保護する責任」論は「介入を考慮している国家ではなく、『支援を必要とする人びと』の視点に重きをおいた問題設定」という点で異なると指摘する。

9）　安保理を構成する15カ国の内、10カ国が賛成（アメリカ、イギリス、フランス、ガボン、コロンビア、ナイジェリア、ボスニア・ヘルツェゴヴィナ、ポルトガル、南アフリカ、レバノン）、5カ国が棄権した（中国、ロシア、インド、ドイツ、ブラジル）。安全保障理事会の常任理事国でもある中国とロシアは決議の採択に当初反対していたが、アラブ連盟が決議に賛同したことにより拒否権を発動することなく棄権した。

10）　「国家の国内事項における干渉の不許容及び国家の独立と主権の保護に関する宣言」（国連総会決議2131［XX］、1965年）に「いかなる国も、いかなる理由によっても、他国の国内又は対外事項に、直接又は間接に干渉する権利を有しない」と明記されていたように、国際社会では他国の管轄事項に、強制または威嚇に基づいた命令的関与を行ってはならないとする規範が存在する。しかし、冷戦終焉以降、人権は国家主権に優越するという考え方が広がりを見せ、90年代以降、国家による人々の保護を「国家の責任」と位置づけるようになった。だが、90年代の人道的介入論の中では介入することは国際社会の「介入する権利」であり、「国際社会の責任」とまで言及されることはなかった。清水 2012は、R2Pは「グローバル化が進む世界のなかで、倫理的価値や規範意識もまた国境を越えた普遍的な性質をもちうるのか、という問題を具体的に提起している」と指摘する。

11）　文書作成時に人間の安全保障概念とR2Pとの関係の整理を主導したのは日本の外務省であったと高須 2011は回顧する。また、政所 2014は、日本政府のR2Pに対する姿勢が2005年を境に様子見から支持へと変化した背景にこの棲み分けの存在を指摘する。

12)　平和構築は当時のブトロス・ブトロス＝ガリ国連事務総長がまとめた『平和への課題』（1992年）が契機となり、国際社会に広まる。

〔参考文献〕

ヴェーバー, マックス（1980）『職業としての政治』脇圭平訳、岩波文庫

緒方貞子（2011）「人びとを取り巻く脅威と人間の安全保障の発展」『国際問題』603号、1-4頁

長有紀枝（2009）『スレブレニツァ——あるジェノサイドをめぐる考察』東信堂

栗栖薫子（2002）「序論——安全保障研究と『人間の安全保障』」『国際安全保障』30巻3号、1-8頁

栗栖薫子（2011）「現段階の『人間の安全保障』」『国際問題』603号、5-13頁

清水奈名子（2012）「『保護する責任』と国連システム」『国際安全保障』40巻2号、24-40頁

高須幸雄（2011）「国連と『人間の安全保障』」『国際問題』603号、36-48頁

武内進一（2009）『現代アフリカの紛争と国家』明石書店

千知岩正継（2008）「『保護する責任』の意義と課題——正当性と権威の概念を手がかりに」『社会と倫理』22号、10-25頁

土佐弘之（2017）「R2Pのメルトダウン——UNSC1973前後の『責任のあり方』をめぐる政治」『国際協力論集』24巻2号、115-128頁

古澤嘉朗（2013a）「平和構築における警察改革（支援）——紛争後・移行期社会の警察に関する研究の動向」『国際法外交雑誌』112巻3号、76-86頁

古澤嘉朗（2013b）「『平和への課題』以降の平和構築研究の歩み」広瀬佳一・湯浅剛編『平和構築へのアプローチ』吉田書店、35-48頁

古澤嘉朗（2018）「平和構築と法の多元性——法執行活動に着目して」『国際政治』194号、111-124頁

古澤嘉朗（2019）「警察」落合雄彦編『アフリカ安全保障論入門』晃洋書房、16-26頁

政所大輔（2014）「『保護する責任』と日本の国連外交」『国連ジャーナル』2014年春号、42-46頁

峯陽一（2009）「人間の安全保障と開発」武者小路公秀編『人間の安全保障』ミネルヴァ書房、45-67頁

峯陽一（2011）「人間の安全保障と開発の哲学」『国際問題』603号、15-24頁

Baker, Bruce（2010）*Security in Post-Conflict Africa: The Role of Nonstate Policing*, Chicago: CRC Press.

Baldwin, David A.（1997）"The Concept of Security," *Review of International Studies*, vol. 23, pp. 5-26.

Chandler, David（2008）"Human Security: The Dog That Didn't Bark," *Security Dialogue*, vol. 39, no. 4, pp. 427-438.

Commission on Human Security（CHS）（2003）*Human Security Now*, New York:

Commission on Human Security.

Furuzawa, Yoshiaki (forthcoming) "Police Reform and Peacebuilding," *Palgrave Encyclopedia of Peace and Conflict Studies,* eds. Richmond, Oliver and Visoka, Gezim, Cham: Palgrave Macmillan.

International Commission on Intervention and State Sovereignty (ICISS) (2001) *Responsibility to Protect,* Ottawa: International Development Research Center.

Jackson, Robert H. (1993) *Quasi-States: Sovereignty, International Relations, and the Third World,* Cambridge: Cambridge University Press.

Peoples, Columba and Vaughan-Williams, Nick (2010) *Critical Security Studies: An Introduction,* London and New York: Routledge.

Pouligny, Beatrice (2014) "The Resilience Approach to Peacebuilding," *USIP Insights,* Summer, pp. 4-6.

Ramsbothan, Oliver *et al.* (2011) *Contemporary Conflict Resolution,* London: Polity Press.

Richmond, Oliver P. (2008) *Peace in International Relations,* London: Routledge.

Sen, Amartya (1992) *Inequality Reexamined,* Cambridge: Harvard University Press.

Tadjbakhsh, Shahrbanou ed. (2011) *Rethinking the Liberal Peace,* London: Routledge.

United Nations (UN) (1992) *An Agenda for Peace,* UN Document A/47/277-S/24111.

United Nations (UN) (2010a) *Report of the Secretary General: Human Security,* A/64/701.

United Nations (UN) (2010b) *Resolution adopted by the General Assembly on 16 July 2010,* A/RES/64/291.

United Nations (UN) (2012) *Resolution adopted by the General Assembly on 10 September 2012,* A/RES/66/290.

United Nations Development Program (UNDP) (1990) *Human Development Report 1990,* Oxford: Oxford University Press.

United Nations Development Program (UNDP) (1994) *Human Development Report 1994,* Oxford: Oxford University Press.

第 9 章

経済安全保障
——安全保障諸概念の深層へ向けた問いかけ

原田太津男

1 〈手段〉ではなく〈実体〉としての経済安全保障へ

　近年、米中の経済対立が先鋭化する過程で、経済安全保障をめぐる政策論争がさかんに行われるようになった。この過程における経済安全保障は、「経済を使った戦争」あるいは「エコノミック・ステイトクラフト」といわれるような「経済ツールを活用して地政学的国益を追求する手段」、国家による経済・貿易制裁のことを意味する。具体的には、中国の華為技術（ファーウェイ）に対して米国が科した制裁と中国側の敵対的な貿易関税は、記憶に新しい。米中の国家間対立は「いわゆる核抑止力によって軍事衝突の脅威が遠のいた結果、いわば……『経済を使った戦争』になった」というのが専門家の國分俊史による評価である（後藤 2020）。従来の経済安全保障をめぐる対立は、米ソ冷戦下のように「国家間で経済制裁を科し合う手法」にもとづいて軍事的衝突に発展する可能性が否定できなかったが、現在では「軍事による戦争を回避すべく、経済戦争だけで決しよう」としており、「歴史上初めて、軍事衝突ありきとせずに始められた冷戦」となった、といわれる（森 2020）。

　しかしながら、「経済戦争」が変貌したという見方は、国家に対する脅威の排除を目的とし、経済を手段としている点で、伝統的な国家安全保障の一種であり、新しい認識枠組みを提供しているわけではない[1]。むしろ、このような言説は、「安全保障のジレンマ」を深刻化させ、国家間の相互不信と不安を永久に繰り延べる効果をもつ。

　もう一点、経済という言葉を〈手段〉の意味で捉える点にも問題がある。経済安全保障上の脅威は、一国だけでなく国境を越える経済取引の複雑なネットワーク化と相互依存関係にもあり、このガバナンスにこそ現代的な課題を発見しなければならない。例えば、グローバルなサプライチェーンの中で発生する労働者の深刻な人権侵害（2013年ファストファッション工場が多数入居するバングラデシュでのラナ・プラザ倒壊事故、2015年ユニクロの中国工場で発生した人権侵害など）、誰もがチェックしない中でコストカットのため行われ、事故や環境破壊の原因となる製品の仕様変更（サイレント・チェンジ）など、そもそも特定の国家の経済的脅威を指弾するだけでは、多くの国で暮らす人々の経済的安全を確保することは難しい。経済生活そのものを著しく毀損し続け、人々の生活を不安全に陥れる各種の経済格差を産み出したり放置したりしてきた構造とは何か。敵対国に脅威の源泉を求め経済的手段での制裁や対抗を求める戦略志向の政策言説[2]は、何が不安全の源泉かに関する現実を覆い隠し、経済の安全保障を追求していく方向性をしばしば過剰な「安全保障化」によってミスリードする効果をもつのである[3]。

　そこで、この問題を冷静に考えるために、経済安全保障論の歴史を振り返ることにしよう。まず、経済安全保障は、米国大統領ルーズベルトが1935年社会保障法（Social Security Act）を成立させた際に、主に「継続的雇用の提供を通じた経済安定」の意味で使われ始めたという史実を確認しておきたい。後段で詳述するが、大恐慌後の経済安全保障の一環として社会保障は位置づけられたのである。

　ただし、注意しておくべきは、この社会保障制度の導入期（いわゆる「1940年体制」の確立期）は、戦争が経済力の函数として強く認識され始めた時期でもあった、ということである（E. H. カーの古典『危機の二十年』[1939]の認識）。前線と銃後、戦闘員と非戦闘員の区別がなくなり、国民全体が否応なく巻き込まれる「総力戦」が支配的な戦争形態となった。軍事力のみならず、それを支えるための大規模な物資の消耗戦に耐えうる経済力・技術力、そして国威を発揚させ国民精神を組織化し、死地へと動員していくためのイデオロギー力（内外への政治宣伝力）が戦争の遂行と勝利の必須条件となった。銃後の不安軽減の

ために、戦争国家（Warfare State）のコントロールは福祉国家（Welfare State）として国民の社会生活全般に浸透していく。

　第二次世界大戦後の冷戦期では、長らく軍事的な国家安全保障が主たる係争点となったが、1970年代から80年代にかけて国際秩序の多極化が進み、資源・エネルギー問題も旧来の枠組みで対処できなくなったとき、日本では「総合安全保障」と呼ばれる一連の「非軍事的安全保障」へと対象領域が拡大し始める。冷戦終結後には、経済のグローバリゼーションが進展し、地域紛争の頻発と泥沼化、地球環境問題の深刻化が進展した結果、「グローバル・ガバナンス」の一環として、改めて経済安全保障論が活発化したのである。そして、現在の国際情勢は、冷戦終結後に進むと見られた多極化ではなく、新冷戦という双極システムに大きく変化していくように見える。

　ここまでの流れをいったん整理しておくと、経済安全保障論は、戦間期に出現した、「社会保障としての経済安全保障」と、伝統的安全保障領域の拡張によって生まれた「非軍事的安全保障としての経済安全保障」のどちらかに大別される。前者から後者の流れはいかに接続しているのか、していないのか。その中で、現在さかんに議論されている「経済戦争」という経済安全保障観は、より本質的な変化の底流を捉える表現なのだろうか。以下でも引き続き考えていこう。

2　批判的安全保障論における経済安全保障

　ここでは、批判的安全保障論者の中で最も精力的に経済安全保障について分析を行ってきたブザン（1991a；1991b）の議論をまず取り上げよう。ブザンのアプローチは、社会構成主義の視点とともに伝統的な安全保障研究の問題提起も活かしつつ、安全保障の諸レベルを設定し諸部門の連携を重視するところに最大の特徴をもつ。つまり、個人、国家、および国際システムという3つのレベルを設定し、政治、軍事、経済、社会、環境という5つの部門の区別を導入した上で、各部門の複雑な連関、特に経済部門から生まれる連関にブザンは着目する（Stone 2009：3-6）。

(1)　ブザンの部門別アプローチ

　5つの安全保障部門には、次のような特徴がある。「軍事安全保障は、国家の武力攻撃能力と防御能力の2つのレベルの相互作用、およびお互いの意図に関する国家の認識に関係している。政治的安全保障は、国家の組織的安定性、政府のシステム、およびそれらに正当性を与えるイデオロギーに関係している。経済安全保障は、許容可能なレベルの福祉と国家権力を維持するために必要な資源、財政、市場へのアクセスに関係している。社会の安全保障は、進化のための許容可能な条件の下で、言語、文化、結社、宗教的および国家的アイデンティティと習慣の伝統的なパターンを再生産していける社会の能力に関係している。環境安全保障は、他のすべての人間の事業が依存する不可欠な支援システムとしての、地域および地球上の生物圏の維持に関係している。これらの5つのセクターは、互いに切り離れては機能しない。それぞれが安全保障問題の焦点と優先順位の順序を定義するが、すべてが強力な連携の網に織り込まれている」(Buzan 1991a：433)。

(2)　市場経済の不安定性と安全保障──両立の困難

　5つの部門はどのように連関しているのだろうか。中でも経済的、社会的、環境的または生態学的という3つの部門とそれらの連携は、より定義が難しい。例えば、経済的脅威は、市場経済自体の性質のために特定するのが困難である。ブザンが指摘するように、市場経済におけるアクターは、通常、リスク、攻撃的な競争、不確実性のうちのどれか1つに晒される。市場環境の不安定な性質により、経済安全保障を解明するのは困難となる。市場経済の固有の不安定性に基づいて許容できる不安全さと真の脅威との閾値を特定するのは難しいことが多い。例えばグローバル金融危機の発生時、米国経済のどの金融機関を米国政府が救済するべきか、そして何をすべきでないかについては、専門家ですら意見が分かれたのだった。

　ブザンによれば、経済的安全と軍事的安全の間のつながりも、経済安全保障も、国家の一般的な安全保障を示す重要な指標とみなすこともできる。例えば、先進国と発展途上国を比較すると、経済安全保障（安定的な経済に基づく財

政的余力）の違いは他のレベルの安全保障の確立しやすさに直結するだろう。社会的部門は、現在蔓延している紛争のほとんどが社会的文化的差別の背景から生じることを考慮すれば、軍事的安全とかかわり、また環境部門の安全保障の実現は、政策的な選択を増やすための財政的根拠と国内外の政治的調整力にかかっていることがわかる（Stone 2009：4-5）。

(3)　国家の役割の不明瞭さ

　こうしたパラドクスに加えて、経済安全保障論では、国家が多様な経済主体の中の１つにすぎないため、その役割が明確化しづらい。「市場経済では、多様な独立したアクターの存在が多元的民主主義の重要な防波堤となっている。しかし、このことは、国家の責任と利益が、政治的・軍事的分野に比べて、経済的分野では明確に定義されていないことを意味する」（Buzan 1991b：123-124）。したがって、経済政策の担い手としての大きい政府か小さい政府かに関する政治的論争が延々と繰り返されることになる。

(4)　市場の脅威

　他方で、市場経済における経済的脅威が国家安全保障にどれほど影響を及ぼすのかの見極めも難しい。市場システムには無数の脅威がある。例えば、外国からの輸入品との激しい競争、自国の輸出品に対する規制、価格・通貨・金利の操作、信用獲得の困難、債務不履行、その他多くの要素が国民経済に深刻な影響を及ぼしうる。しかし、先に述べたように、いわば競争市場における経済活動にはリスクがつきものであり、市場参加者は大なり小なりそれを引き受けることで成功と失敗を繰り返す。市場システムの脅威は社会生活に甚大な影響を及ぼすとはいえ、それはあくまでも市場の常態の一部なのである。「グローバル市場への参加によって開かれた巨大な機会は、他者の経済的行動に対する自らの脆弱性を高めるという代償を払ってのみ手に入れることができる。競争や適応ができないことは、ゲーム自体に内在するリスクである」（Buzan 1991b：125）。

(5)　資本主義市場経済という不安定なシステム

　それでは、資本主義市場経済のような不安定・不安全なシステムにおいて、はたして経済的安全保障は実現しうるのか。「相対的な安全は可能だが、絶対的な安全は不可能である」というのがブザンの端的な解答となる。「競争的資本主義は、その中のすべてのユニット（個人、企業、国家）にとって、かなりの程度の恒常的な不安全の上に成り立っている。資本主義における経済的安全保障という考えは、言葉の矛盾のようにみえる」(Buzan 1991b：235)。

　これと関連するが、もう一点、恒常的な不安全・不安定性を抱えながら、なぜ資本主義は支持されうるのかとブザンは問いかける。資本主義は個別の市場アクターには不安をもたらすが、実際には、最も効果的に富と革新を生み出し、その成果を他のシステムよりも広く分配し、政治的多元性の最も信頼できる形で保証することによって、政治経済システム全体における不安を解消するという壮大なトレードオフをもたらすからである。「成長が、不足と不均等な分配という経済的・政治的問題を緩和する限りにおいて、資本主義は、大きなトレードオフを提供していると理解できる」というのがブザンの微温的な資本主義評である（Buzan 1991b：236)。

(6)　経済安全保障と国際システムの関係

　さらに経済安全保障と国際システムの関係を見てみよう。国家レベルでの経済安全保障の鍵が、貿易、生産、金融の国際ネットワークの中での国家の位置づけにあるとすれば、システムレベルでの鍵は、市場関係のネットワーク全体そのものの安定性である。このネットワークの中で、輸送、通信、信用、契約などが複雑に絡み合っている。このネットワークが円滑に機能していれば、その上で競争が生じ個別のアクターの中から成功者と落伍者が生まれる。しかし、市場のネットワーク自体が破壊されてしまうと、1930年代に第二次世界大戦を引き起こすまでに至ったように、システムに参加しているほとんどすべてのアクターが破綻し、立ち行かなくなるような最悪の事態に陥ってしまう。

　国際的な経済安全保障問題の一部は、市場のグローバルな管理運営と、無政府状態にある政治的権威のバラバラな構造との間の不一致から生じる。端的に

言えば、グローバル経済の規模は、それを管理する国家の政治的権威の能力と正当性を超えてしまっている。その結果、グローバル市場のネットワークは、移り変わりが激しく、不確実で、あまり管理が行き届いていない政治環境の中で機能しなければならず、諸レジームや国際社会だけが統治の機能を果たすことができる（Buzan 1991b：248-249）。

　以上見てきた通り、戦略研究の枠組みが狭いため、幅広く国際関係論に安全保障研究を基礎づけよ、というブザンの提言はもっともであり（Buzan 1991b：23-25）、安全保障諸部門の結びつきを考案した（そしてその中に経済安全保障を含みこんだ）ブザンの理論的方向性は大いに評価できる。しかし、第1に、筆者が疑問視せざるを得ないのは、国家安全保障と経済安全保障のパラドクス（に見えるもの）が、国家と市場に関するかなり狭いモデル的思考に由来する、という点である。具体的に言えば、第1に、あらゆる市場を（完全）競争市場と想定し、不安定だと概説して良いのかという疑問である。例えば、グローバルに見ても一国規模で見ても、現実の市場は、競争市場というよりもむしろ独占や寡占などの市場形態をとることがほとんどである。ブザンの認識で、このグローバルな巨大企業群と国家の統治の軋轢は問題にできるだろうか。さらに、市場取引はネットワーク化し国境を越えて広がっているため、市場の不安定性がどの地域の誰に振り分けられるかというグローバルな「リスクの分配」も問題視できないのではないか。第2に、そもそも一定の国家の条件整備や（再）介入なしに、資本主義的な自由市場経済が成立しうるのかといった疑問である。上で検討してきたように、ブザンは諸部門の連関を分析しているが、ごく一般的な考察にとどまっている。例えば国家安全保障と経済安全保障の形式的論理の不一致や対立を見るだけでは不十分で、それらが相補的に絡み合って登場してきた歴史的経緯にもっと注意を払うべきだろう。

3　ニオクリアスの重層的な経済安全保障論

　われわれは、ニオクリアスの「批判的」な安全保障研究に依拠して、改めて経済安全保障論の深化を図ることにしよう。彼はマルクス主義の立場から資本

主義の秩序観を支える政治経済思想の中核に安全保障の構想を見出し、批判的
考察を重ねてきた。

(1)　思想史的検討――近代資本主義の社会秩序と安全保障

　ニオクリアスの考察の出発点の1つに、『ユダヤ人問題に寄せて』（1844）に
おけるマルクスの指摘がある。「…安全は、市民社会の最高の社会的な概念で
あり、警察の概念である。すべての社会は、社会のすべての成員の人格、権
利、所有権を保障するためにだけに存在するのである。……市民社会はこの安
全の概念によってそのエゴイズムを乗り越えるものではない。安全とはむしろ
こうしたエゴイズムを保障することなのである」（マルクス2014：58-59）。（傍点
は原著者による）

　この視点はマルクス独自のものではなく、多くの近代の思想家たちにも共有
されてきたものである。「ブルジョア思想の歴史を読めば、明らかに安全がつ
ねに自由を凌駕している。ホッブズ、ロック、スミス、ファーガソン、ベンサ
ム、ヒューム、ペインなどは、モンテスキューが『法の精神』で明らかにした
ような見解をもっている。つまり、自由は安全の中にある、少なくとも、自分
の安全に対する意見の中にある、と。自由主義者の考え方では、自由は本質的
に安全の考えの下に包含されている。このような理由から、緊急事態宣言の下
では、自由は常に安全に取って代わられる。すべての自由主義憲法が、安全の
名の下に基本的な自由の停止を認めているのは、まさにこのためである」
（Neocleous 2020：9）。

　この示唆に富む指摘からわかるのは、現在のコロナ禍において典型的な相互
監視状況に歴史的構造的源泉があるということである。平時でも資本主義経済
秩序の維持にとって不安や不安全への対処が必要であり、そのためには警察
（正確には警察の取り締まり policing）が前提とされる。ブルジョア社会が生み出
す利己主義のせいで、われわれは他者を自分の自由に対する障壁とみなし、市
民社会の他の構成員を「脅威や害悪の源」に、「われわれ一人一人を相手の不
安の源にしてしまう」のである。その根源に、資本主義生産の絶え間ない革新
（イノベーション）に伴う、すべての社会的条件と関係の永続的な乱れと、それ

Box 9-1　商業による平和

　近代以降の自由主義が掲げた中核的理念の 1 つが「商業による平和（commer-cial peace）」である。国家間の自由な貿易・金融取引が活発化すると、戦争の機会費用（貿易をしていれば得られたはずだったのに戦争を選んだ場合に失われてしまう貿易利得）が増加する結果、それが国家間の戦争を抑止し、平和と安全保障を促進するとみる見方のことである。現代の国際関係論の中ではナイとコヘインによる「複合的相互依存論」、ラセットの「デモクラティック・ピース論」に継承された。ここでは、18〜20世紀の代表的論者を 1 人ずつ挙げておこう。

　「商業精神は、戦争とは両立できないが、遅かれ早かれあらゆる民族を支配するようになるのは、この商業精神である。……そこで諸国家は、自分自身がもとよりの動機によるのではない高貴な平和を促進するように強いられ、……調停によって戦争を防止するように強いられている、と考える」（カント 1985：70-71）。

　「今日の愛国者は、自国の富および進歩の源泉は、他の国々の富および進歩にあることを知っている。まさに通商こそは、戦争と当然相反する個人的利害を強烈に増大し、それによって戦争を速かに絶滅に向かわせつつあるものである。こうして、国際貿易の拡張と激増とは、世界平和の主たる保証となるものであるから、人類の概念と制度と性質との不断の進歩を永久に大いに保護するものである」（ミル 1955：248）。

　「主として過去30年の出来事であるこの深淵な変化［国家間の軍事的対立より経済的関係を重視する傾向の出現―引用者］の大きな原因は、世界の主だった首都の間の複雑な金融上の相互依存関係であり、それはニューヨークの混乱がロンドンにおける金融上・商業上の混乱となり、もし深刻になれば利他主義ではなく商業上の自衛のために、危機を収拾するようロンドンの金融家を否応なくニューヨークの金融家に協力するよう仕向けるような条件である。現代の複雑な金融は、歴史上かつてないほどにニューヨークをロンドンに、パリをベルリンに依存せしめている。この相互依存は、つい近年に現れた文明の利器の結果である。迅速な通信、即時にして金融商業情報を電信で広めること、一般的にはコミュニケーション手段が信じがたいほどの速度で進歩したことでキリスト教世界の主だった首都が金融面で密接に接触し、その結果100年前のイギリスの大都市の間よりもお互いに依存しあう関係に入ってしまったのである」（Angell 1912：45-47）。

　これとは逆に、「国家は国家安全保障を強化するための独立が生み出す脆弱性から逃れるのに苦労するため、相互依存は協力と同じくらい紛争につながる可能性が高い」と見るミアシャイマーのような論者もいる。

　だが、本文でのニオクリウスの指摘とは逆に、この議論は、治安の安定や私的所

有権の確保がポリス（生活行政や警察）権力の介入によって行われて、初めて経済取引などの自由が生まれている点には、全く関心を寄せていない。「商業による平和」論は、経済的自由の成立条件ではなく、それが生み出す一面をせいぜい言い当てたにすぎない。さらに言えば、経済的自由のために国家を最小化すべし、というもう1つの自由主義的主張は、警察や刑務所の民営化に当然踏み込んでいくが、それによって、安全の基盤を掘り崩し、かえって自由主義の自壊を招くものなのである。

が引き起こす「社会的不安の秩序」がある。この状況下で、いかにして安全で秩序ある資本主義システムを維持できるか。「社会的不安の秩序は安全の政治を生み出し、そこでは警察権力が中心となる。資本の根本問題は、警察権力の根本問題となった」（Neocleous 2020：10）。批判的安全保障の開祖の1人ブースが「安全保障と解放が同じコインの表裏である」と見たのとは対照的に、ニオクリアスは、「安全保障と抑圧が同じコインの表裏である」と見る（Neocleous 2008）。

　こうした思想史的検討における安全保障は、実際の歴史の中でどのように制度化されていったのか。資本主義最大の危機と生き残りが、新しい安全保障を要請し再編した1929年の世界恐慌以後の時期に注目してみよう。

(2)　歴史的検討──安全保障諸構想の重層的出現

（i）　**ルーズベルトの構想**　　社会保障改革に対するルーズベルトのビジョンは、社会保障が国家の団結を促し、国家安全保障を強化するという思想に支えられており、一般の理解よりはるかに壮大であった。逆に言えば、〈国家〉安全保障の新たな考えは、軍事防衛に限定されなかった。したがって、彼の中で〈国内および国際〉安全保障政策は、ほとんど同一視されるようになった。「わが国の社会経済改革プログラムは、兵器そのものと同じくらい基本的な防衛の一部である」（Roosevelt 1941：5）。社会保障プログラムは、多くのリベラル派にとっても「国防の第一線」を意味した。と同時に、ニューディールの中心にある、この重層的な安全保障のビジョンが、国家安全保障の概念の形成と発展を促していく。この歴史的過程を紙幅の許すかぎり詳しく見よう（Neocleous

2006：375）。

　1944年1月の一般教書演説でルーズベルトは、戦争の実施と戦後世界の見通しに関する他国の指導者との話し合いの概要をこう説明した。「各国ごとに個別に話し合った、将来の最高の目標の1つは、全連合国にとって、端的に言えば、安全保障である。これは、敵による攻撃からの安全を提供する物理的な意味での安全保障だけではない。それはまた、国の家族における経済安全保障、社会［安全］保障、道徳安全保障を意味する」（Roosevelt 1950a：33）。ルーズベルトによれば、家庭での安全保障プロジェクトのおかげで、まともな住宅、教育、健康、経済的恐怖からの保護（「これらすべての権利は安全保障を意味する」）という新しい一連の権利を達成できた。そしてこの安全保障だけが世界の平和の基盤を作るのである（Roosevelt 1950a：41）。

　(ii)　**社会保障をつうじた新たな階級統治**　　社会保障法の中心は、社会保険制度にあった。社会保険は、一般には、1880年代に遡る「社会的」統治方法と、20世紀に入って発展した「新しい」「社会的」自由主義の最終形態であるといわれる。1880年代半ばから第一次世界大戦までの間に、西欧、カナダ、オーストラレーシアの多くが何らかの社会保険制度を導入し、それ以降、政治行政の恒久的な特徴となった。社会保険の実施が社会的自由主義に対してもった大きな魅力は、保険制度は受益者からの定期的な拠出を必要とするため、その実施は個人の倹約と慎ましさの証明となることである。さらに、救貧法や慈善救済では受け手が自分自身の安全に関わらず、自立に向かう動機が乏しくなり、制度への依存関係に陥りがちである。これとは対照的に、自分の「稼ぎ」に基づき、現在の消費を控え将来のリスクに備える社会保険は、「意識的な統治の道徳的技術」として、現在と未来にまたがる個人の「安全」に関する文化的政治的理解の変化を伴った。これに伴って安全保障は、個人の行動と市民権の概念を再形成するためのツールになり、その過程で経済秩序の特定のビジョンを構成した。ルーズベルトのニューディール・プログラムは、この歴史的な発展行程の中に明確に位置づけられる。それは、古代は国政として、その後は生活行政や内政として幅広く市民生活の隅々まで関わってきたポリスの浸透と解体、国家と警察機構への再編成の過程でもあった。こうして「社会的なもの」は

「安全保障化」されたのである（Neocleous 2006：371）（本書第7章も参照）。

　(iii)　**資本家階級の利益と労働者階級の馴化**　　ニオクリアスの考察に基づいて、この新しい社会保障制度が、労働者・資本家の両階級に及ぼした影響とは何か、検討しよう。「階級という対象は安全保障論に向かない」と一蹴したブザン（Buzan 1991b：239-240）とマルクス主義者ニオクリアスとの間には、階級観に超え難い深い溝がある[5]。

　例えばイギリスでも、救貧法以降、独立と倹約を促進する気風と市民権と社会的連帯の新しい考え方が労働者階級に時間をかけて浸透してきたおかげで、「経済安全保障」のアイデアは普及した。逆から見れば、産業労働者階級は、国家によって管理されている保険給付金制度を中心に、ますます既成の社会秩序に組み込まれることになった（Neocleous 1996：131-140）。

　その一方で、安全保障をめぐる利害関係の結合が新しい福祉経済を創出した結果、アメリカの民間企業における保険、医療、収入保障の分野が急速に拡大した。社会保障制度の導入で社会的政治的なプレミアムを得ることができると気づいた大企業は、企業の利益を再構築する手段として安全保障に早速飛びついた。1930年代半ばから後半にかけて、大企業は団体の年金、労災、健康保険制度を矢継ぎ早に導入していった結果、企業には諸々のメリットがもたらされた。第1に、商業団体保険に加盟することは、特に「労働者の安全」という考え方によって組合の力を封じ込める重要なメカニズムとなった。労働者が資本の下で「安全」ならば、資本に対抗する意味はないからだ。第2に、企業は政府の制度を利用するようになった。例えば、社会保障給付を含む退職年金総額が従来の年金制度と同じになるように、既存の年金制度を変更した。言い換えれば、公的年金の額が政府の年金額と同等かそれ以上になりそうな場合は、企業年金は支給されない。こうして、企業は国から「社会保障」として支払われる金額分だけ、給付額を直接減額できた。高所得者や企業幹部に最大のメリットを生むような年金負担軽減などの制度も導入され、新しい保険制度は、企業年金をもつ大企業に対していわば大きな補助金として機能した（Neocleous 2006：372-373）。

　導入後の数年間で、安全保障の概念は急速に変化した。新しい安全保障のイ

デオロギーは、高給取りの中産階級の地位を向上させ、経営者は父であるという考え方を維持し、労働組合の急進主義に直面しながらも資本蓄積のレベルを維持するのに役立った（Neocleous 2006：373）。

　このように「社会保障」は、国家の安全を確保するだけでなく、産業資本を再編成するための新たなメカニズムを作り出すツールとなった。チェイス・ナショナル・バンクの取締役会長が述べたように、安全保障とは、「特定の個人やグループのための安全保障ではなく、生産システム全体の安全保障を意味しなければならない」（傍点は原著者による）。「経済安全保障」も同様だった。こうして労働者のための「経済的安全保障」は、資本のためのそれに変質し、資本家階級の利益に資するようになった。安全保障の論理は、保険という新しい仕組みの下で、資本と労働者の行動を見直す手段となった（Neocleous 2006：374）。

　現代の資本主義的な社会構造は、安全保障化されつつあった。安全保障は資本主義近代の政治的管理の重要な部分として組み込まれた。安全保障（security）は、社会保障（social security）という形で初めて重要な政治的正統性を獲得したことは強調しておかねばならない。社会保障として、それは多数の急進派と社会主義者の要求を満たし、彼らはそれを労働者階級のための前進と理解しえた。さらに、この社会保障のアイデアに付随する特に重要な正当性は、引き続き国家安全保障の理念が出現してきたときに、特別な意義をもった。これ以後、社会を政治的に再編成しようとするあらゆる試みに対して、「安全保障上の理由」が付与できるようになったからである。

　この手法が国内で通用するならば、国際的にはそれはどのように適用可能なのだろうか（Neocleous 2006：374）。

　⒤　**アメリカの思惑——一国的社会保障から国際安全保障への拡張**　ニューディールがアメリカに「社会保障」をもたらしたように、まとまった「一つの世界」は全世界に「政治的安全（political security）」をもたらすとみなされた。ニューディールの本質が、「安全と進歩を達成するために大きな政府が自由に支出しなければならない」という考え方にあったように、戦後の国際安全保障にも、戦争によって引き起こされた混乱を克服するための自由な支出が必要と

なる。したがって、他国への援助は、アメリカ内の社会福祉プログラムと同じ
効果を生む。それは、「すべての国の男性と女性と子供たち」の「安全」を達
成し、それが翻って自国のアメリカ人の安全保障を支えるのに役立つ。「恐怖
からの自由は、欲求からの自由と永遠に結びついている」（Roosevelt 1950a : 33
-34）というかの有名な台詞、国連設立文書や人間安全保障報告書にも表れた
「二つの自由」宣言は、こうした文脈で発せられたものだった（Neocleous
2006 : 376）。

　実際、「経済安全保障」の概念は、この時期に国際政治の概念となり、1945
年から自由主義の戦略的武器および主要な政策手段となる一方で、社会保障と
国家安全保障を架橋する役割を果たした。強力な1つの選択肢として、それは
国際援助論における外交上の梃子として使用されることになる（Pollard 1985 :
3 ; Neocleous 2006 : 376）。

　この明瞭な事例としてニオクリアスが取り上げるのは、欧州復興プログラム
（ERP、またはマーシャル・プラン）である（Neocleous 2006 : 377）。ERP は、一般
に、欧州を経済災害から「救う」巨大な経済的万能薬として理解されてきた
が、この従来の読み方は、「崩壊の危機に瀕し、深刻な社会的および経済的不
満を抱えている戦後の欧州」像に基づいている。しかし、実際、ドイツを除い
て、実際に崩壊の危機に瀕している国はなく、深刻な苦痛や生活水準の全般的
な悪化の証拠もほとんどなかった。1946年後半までに、ドイツを除くすべての
国で、生産量はほぼ戦前の水準にまで回復していた。マーシャル・プランは、
実際には、欧州経済の回復促進や悪化の防止のためではなく、西欧諸国の野心
的で拡大志向の経済社会政策を維持するために設計された。もっと言えば、
マーシャル・プランは主に政治的目的のために設計されたのである。それは、
1947年に始まるトルーマン・ドクトリンという新しいグローバル・コミットメ
ントの戦略（共産主義の封じ込め戦略）と密接に関連していたのである。こう
して、自由企業のシステムから離反すると思われる世界的な共産主義化の傾向に
対抗するために、他国の問題に介入する可能性が生まれたのだった。

　さらにマーシャル・プランの中でどれほど経済的、政治的および軍事的狙い
が絡み合っていたかについて理解を深めるには、ティモシー・ミッチェルの指

摘を想起した方がいい。つまり、マーシャル・プランは、欧州統合をも経済的に支援しながら石炭から石油にエネルギー転換を進めて、炭鉱労働者の組織力をそぐという極めて政治的な狙いをもった経済支援だったということについても注意しておこう（前田 2019：32-33；Mitchell 2011：29）。本章の問題関心との関わりで言えば、それはまさに「セキュリティ」のイデオロギーによって推進されたプロジェクトだったのである。

(v)　**国際政治経済秩序の構築に向けて**　この意味で、経済安全保障を原動力として、西欧の軍事的安全保障を引き受けるというアメリカの国際的なコミットメントは展開していく。しかし、より重要なことに、マーシャル・プランとトルーマン・ドクトリンは、「経済的安全保障」のためのプログラムであるだけでなく、世界の資本を再編成する試みを示していた。そして、このプロジェクトが今度はまた、国家安全保障を装って着手された。この時期に出現する最も重要な国家安全保障文書である NSC-68 は、「現時点での全体的な政策は、アメリカのシステムが存続し繁栄できる世界環境を促進するために設計されたものとして説明できる」と述べた（National Security Council 1950：401）。この意味で、セキュリティ・プロジェクトの一部として、ブレトンウッズ機関、国際通貨基金（IMF）、1947年の関税と貿易に関する一般協定（GATT）も含まれると理解できる（Neocleous 2006：377）。

　この時期の「国際秩序」の主要な制度は、共産主義の脅威から社会秩序、ひいては安全保障（政治的、社会的、経済的）をもたらす手段として世界資本を再編成することを目的として、特定の秩序観を念頭に設計されたものである。国家安全保障国家の台頭は、ソ連を念頭においた軍事的脅威を背景にしたものではなかった。アメリカの国家安全保障管理者でさえ、当時、ソ連の脅威を限定的で弱いと正しく認識していた。多くの点でソ連は確かに副次的な問題にすぎなかった。NSC-68 は、米国のシステムに有利な世界環境を作り出すという政策に、2つの補助的な政策が含まれる、と述べている。1つには、ソ連の脅威がなかった場合、健全な国際社会の発展を試みるという方針、もう1つは、ソビエト・システムを「封じ込める」という方針である。したがって、この文書は後に、「ソ連がなかったとしても、自由社会の問題に直面するだろう」と付

言している。それは「秩序、安全保障、参加の必要性を自由の要件と調和させる」ことである（National Security Council 1950 : 401, 412）。問題は、軍事的脅威としてのソ連ではなく、私有財産に対する脅威としての、あるいは資本主義に代わる社会経済秩序としての共産主義にあった。そして、この共産主義の真の危険は、それが東の「あそこ」ではなく、文明化された西の「ここ」の中に存在するかもしれないという恐れにあった。共産主義が「内部」と「外部」に拡がる問題であったように、安全保障化もまた「国内外」にまたがらなければならなかったのである（Neocleous 2006 : 378）。

　(vi)　**自由主義的な経済秩序と安全による統治**　　ネオクリアスのまとめに従えば、国内と国際の両方の権力政治が安全保障化され、そのような安全保障化を支える共通の糸は、ある種の経済秩序像だった。そうした秩序を達成するためには、「経済安全保障」の概念が最も重要だった。一方で、安全保障それ自体が資本主義近代の政治秩序を構築するための主要なメカニズムの１つとなったのは、社会保障と国家安全保障の複合効果によってである。むしろ、経済安全保障は、社会保障と国家安全保障の両方の理論と実践に不可欠であり、国内外を結びつける。それは安全保障プロジェクトの礎石として米国の「世界の警察官」化を支えたものだった（Neocleous 2006 : 380）。

　以上の検討を通じて、われわれは、ブザンの部門的アプローチを超えて、より重層的な安全保障の歴史的考察に到達した。われわれは「警察官」が単なる軍事の比喩ではなかったことを知っている。ポリスによる安全の維持は、私的所有の保護に関わる近代の政治経済秩序の礎石であった。1929年の大恐慌時に、対外的にはファシズムと共産主義からの、対内的には失業による社会不安（と労働運動の高まり）によって挟撃され、危機に瀕した資本主義体制において、安全保障という社会秩序の基層があらわになった。アメリカにおいてはこの危機を乗り越えるための社会保障制度の導入によって、国内の階級対立は緩和され、ファシズムとの対外戦争を戦い抜くことが可能となった（この点でファシズム体制下の社会革命や社会政策もその相対物であるといえよう）。第二次世界大戦後は、国内における社会保障の実践は、国際的にも適用されるようになった。欧州向けのマーシャル・プランも、途上国向けのトルーマン・ドクトリンも、経

済安全保障を高めることを通じて、国家の軍事的安全保障を確保することにつながったのである[6]。

　経済の安全保障は、セキュリティ・プロジェクトの一領域というよりは、むしろそれらの要諦をなす概念であり、実践だった。ルーズベルト体制下の労働者たちは、社会保障といういわば飴を与えられながら兵士として軍事的安全保障のために第二次世界大戦に動員されていったわけだが、翻って現代日本の労働者は米中の経済戦争を通じて一体何に動員され何を得るのだろうか。われわれが経済の安全を求めるというのならば、まずは経済戦争としての経済安全保障論から一定の距離をとらなければならない。経済的安全を脅かす脅威はただ外部にあるのではない。われわれは足下の日本社会が抱える格差の広がりに対処しつつ、対外政策の優先順位について、より冷静で歴史的な判断を積み重ねなければならないだろう。

設　問
・みなさんは、「経済安全保障」という言葉を、対外的な経済的脅威に対抗する経済的解決手段の意味で用いるべきだと考えるか、それとも実体的経済における経済格差を改善するための政策（社会保障）に近い意味で用いるべきだと考えるか。議論してみよう。
・自由と安全はどのような関係にあると思うか。コロナ禍における政治経済の実状も念頭に置いて考えてみよう。とりわけ日本と海外のポリス（生活行政）の比較をしてみよう。
・自由主義的な経済を支持する人は「商業による平和」をつうじて相互依存が高まることが平和への道だという考え方を好む。自由な経済取引が平和をもたらしたケースと紛争をもたらしたケースのそれぞれをあげて、その妥当性を検証してみよう。

【注】
1）「経済安全保障」とは「安全保障のための経済的手段」のことだと考える専門家たち（例えば長谷川 2008：17-18）に対して、本章での「経済」は、カール・ポランニーのいう「実体的」定義をとる。つまり人間と自然との間の物質代謝ならびにその制度化として経済を捉え、したがって経済生活をより安心や安全に営むことにかかわる概念とし

て用いる。なお、安全保障の専門家以外は経済安全保障を社会政策に属する概念と見なすことが多い。一例として、国際赤十字委員会（ICRC 2015）を見よ。

2）　経済安全保障のための政策ツールのことを、経済的強制、経済紛争、経済外交、経済的レバレッジ、経済制裁、経済封鎖、経済戦争などの用語で政策担当者が使用することがある（Taylor and Luckham 2006：145-146）。

3）　2020年の自民党新国際秩序創造戦略本部報告書「『経済安全保障戦略』の策定に向けて」では、経済安全保障は、「国家安全保障戦略」で定義された国益（つまり日本の繁栄と生存）を経済面から確保することとされた（自民党 2020：2-3）。この末尾では、重点的に取り組むべき16の課題と対策が列挙されている。⑴資源・エネルギーの確保、⑵海洋開発、⑶食糧安全保障、⑷金融インフラの整備、⑸情報通信インフラの整備、⑹宇宙開発、⑺サイバーセキュリティの強化、⑻リアルデータの利活用推進、⑼サプライチェーンの多元化・強靭化、⑽わが国技術優越の確保・維持、⑾イノベーション力の向上、⑿土地取引、⒀大規模感染症対策、⒁インフラ輸出、⒂国際機関を通じたルール形成への関与、⒃経済インテリジェンス能力の強化まで多岐にわたる（自民党 2020：12-17）。現在から将来にわたる、そして地球から宇宙に及ぶ果てしない時空間で、経済の諸領域が恣意的に「安全保障化」（本書第3章参照）されているのである。

4）　社会自由主義とは、ニューリベラリズム（新自由主義）の別称である。市場経済を国家の公共支出で支える仕組み（大きな政府）を自由主義の要件としてみなす立場のことで、福祉国家（社会国家）の基盤をなす考え方のこと。ケインズ、ホブハウスなどが主唱した。

5）　ブザンはそもそも社会保障（雇用保護）の効果を認めていない上に実体経済の階級格差への関心が薄い論者である。「経済的保障を、特定の仕事に就く権利や、収入の増加（または収入の減少に対する保護）という観点から見た場合、その要求を満たすことはほとんど不可能である。特別に有利な状況を除いて、政府はこのような方法で経済パフォーマンスをコントロールすることはできないし、そうしようとすると、経済的競争力を維持する能力が損なわれることが多い。富裕層であっても、完全に安全というわけではない。富裕層は、富を維持し（したがって、投資リスクを取り）、結果として生じる不平等によって妬みや憤りを抱く人びとから富と自分自身を守るという問題を抱えているからである」（Buzan 1991b：237-238）。

6）　安全保障概念の理解にとってその重層性の理解が鍵となる。例えば安全保障論を拡張したはずの人間の安全保障論もまた、国家と個人の安全保障に関心を寄せるにとどまり、社会の安全保障（社会保障）の次元を組み込みこまなかった。そしてそれが理論的な弱点となったのである。原田（2009）を参照。

［参考文献］
カント，イマヌエル（1985）『永遠平和のために』宇都宮芳明訳、岩波文庫
後藤匡（2020）「新たな防衛力　経済安全保障とは何か［國分俊史インタビュー］」
　　（https://www.nhk.or.jp/politics/articles/feature/46667.html/, last visited, 26 No-

vember 2020）

自民党（2020）「提言『経済安全保障戦略』の策定に向けて」（https://www.jimin.jp/news/policy/201021.html, last visited, 2 Febrary 2021）

長谷川将規（2013）『経済安全保障——経済は安全保障にどのように利用されているのか』日本経済評論社

原田太津男（2009）「人間の安全保障論の隘路」武者小路公秀編『人間の安全保障——国家中心主義をこえて』ミネルヴァ書房

前田幸男（2019）「石油から見る惑星限界の系譜学——ヒトとモノによる世界秩序」佐藤幸男先生古希記念論文集刊行委員会編『〈周縁〉からの平和学——アジアを見る新たな視座』昭和堂

マルクス，カール（2014）『ユダヤ人問題に寄せて/ヘーゲル法哲学批判序説』中山元訳、光文社古典新訳文庫

ミル（1955）『経済学原理2』戸田正雄訳、春秋社

森永輔（2020）「米国は経済戦争で中国共産党の転換を図る　エコノミック・ステイトクラフトで米中が激突⑴」『日経ビジネス（電子版）』（10/1号）（https://business.nikkei.com/atcl/gen/19/00179/093000014/, last visited, 25 October 2020）

Angell, Norman（1912）*The Great Illusion : A Study of the Relation of Military Power to National Advantage*, New edition, London: Wiiliam Hellman.

Buzan, Barry（1991a）"New Patterns of Global Security in the Twenty-first Century," *International Affairs*, vol. 67, no. 3, pp. 432-433.

Buzan, Barry（1991b）*People, States and Fear: An Agenda for International Security Studies in the Post Cold-War Era*, 2nd edition, Hemel Hempstead: Harvester Wheatsheaf.

Buzan, Barry *et al.*（1998）*Security: A New Framework for Analysis*, Boulder and London: Lynne Rienner.

Carr, E. H.（2001）*The Twenty Years Crisis 1919-1939 : An Introduction to the Study of International Relations*, New York: Prennial（カー，E. H.（2011）『危機の二十年——理想と現実』原彬久訳、岩波文庫）.

Dent, Christopher M.（2007）"Economic Security," *Contemporary Security Studies*, 2nd edition, ed. Colllins, Alan, New York: Oxford University Press, pp. 239-255.

ICRC（2015）"What is Economic Security?"（https://www.icrc.org/en/document/introduction-economic-security/, last visited, 26 November 2019）.

Kant, Immanuel（1795）Zum Ewigen Frieden, in Kleinere Schriften zur Geschichtsphilosopie, Ethik und Politik, Herausgegeben von Karl Vorländer, Verlag von Felix Meiner, Hamburg, 1964.

Marx, Karl（1844）"Zur Judenfrage," Deutsch-Französische Jahrbücher 1844.

Mastanduno, Michael（1998）"Economics and Security in Statecraft and Scholarship," *International Organization,* vol. 52, no. 4, pp. 825-854.

Mill, J. S. (1848) *Principles of political economy, with some of their applications to social philosophy*, London: John W. Parker.

Mitchell, Timothy (2011) *Carbon Democracy: Political Power in the Age of Oil*, London: Verso.

National Security Council (1950) 'NSC-68,' reprinted in *Containment: Documents on American Policy and Strategy, 1945-1950*, eds. Etzold, Thomas H. and Gaddis, John Lewis, New York: Columbia University Press.

Necleous, Mark (1996) *Administering Civil Society: Towards a Theory of State Power*, London: Macmillan.

Neocleous, Mark (2006) "From Social to National Security: On the Fabrication of Economic Order," *Security Dialogue*, vol. 37, no. 3, pp. 363-384.

Neocleous, Mark (2008) "'The Supreme Concept of Bourgeois Society': Liberalism and the Technique of Security," *Critique of Security*, Edinburgh: Edinburgh University Press.

Neocleous, Mark (2020) *A Critical Theory of Police Power: the fabrication of Police Power*, London: Verso.

Pollard, Robert A. (1985) *Economic Security and the Origins of the Cold War, 1945-1950*, New York: Columbia University Press.

Roosevelt, Franklin D. (1938a) *The Public Papers and Addresses of Franklin D. Roosevelt, Vol. 2*, New York: Random House (https://quod.lib.umich.edu/p/ppotpus/4925381.1933.001?rgn=full+text;view=toc;q1=The+Public+Papers+and+Addresses+of+Franklin+D.+Roosevelt/, last visited, 25 September 2020).

Roosevelt, Franklin D. (1938b) *The Public Papers and Addresses of Franklin D. Roosevelt, Vol. 3*, New York: Random House (https://quod.lib.umich.edu/p/ppotpus/4925383.1934.001?rgn=full+text;view=toc;q1=The+Public+Papers+and+Addresses+of+Franklin+D.+Roosevelt/, last visited, 25 September 2020).

Roosevelt, Franklin D. (1938c) *The Public Papers and Addresses of Franklin D. Roosevelt, Vol. 4*, New York: Random House. (https://quod.lib.umich.edu/p/ppotpus/4925387.1935.001?rgn=full+text;view=toc;q1=The+Public+Papers+and+Addresses+of+Franklin+D.+Roosevelt/, last visited, 25 September 2020).

Roosevelt, Franklin D. (1941) *The Public Papers and Addresses of Franklin D. Roosevelt, 1939*, London: Macmillan (https://quod.lib.umich.edu/p/ppotpus/4926579.1939.001?rgn=full+text;view=toc;q1=The+Public+Papers+and+Addresses+of+Franklin+D.+Roosevelt/, last visited, 25 September 2020).

Roosevelt, Franklin D. (1950a) *The Public Papers and Addresses of Franklin D. Roosevelt, 1944-5*, New York: Harper & Brothers (https://quod.lib.umich.edu/p/ppotpus/4926605.1944.001?rgn=full+text;view=toc;q1=The+Public+Papers+and+Addresses+of+Franklin+D.+Roosevelt/, last visited, 25 September 2020).

Roosevelt, Franklin D. (1950b) *The Public Papers and Addresses of Franklin D. Roosevelt, 1943*, New York: Harper & Brothers.

Stone, Marianne (2009) "Security according to Buzan: A Comprehensive Security Studies," *Security Discussion Paper Series* 1, Groupe d'Etudes et d'Expertise "Sécurité et Technologies" GEEST (http://geest.msh-paris.fr/IMG/pdf/Security_for_Buzan.mp3.pdf/, last visited, 10 September 2020).

Taylor, Brendan and Luckham, Bruce (2006) "Economics and Security," *Strategy and Security in the Asia-Pacific*, eds. Ayson, Robert and Ball, Desmond, Sydney: Allen & Unwin.

第10章

グローバルな移民／難民問題と安全保障
——移民／難民の境界線の画定と名付け

柄谷利恵子

1 「移民／難民問題」の構図

　「われわれは、『移民』と呼んでさげすむ。どうして人間と呼ばないのか？（'We deride them as "migrants." Why not call them people ?'）」。「難民は人間である。この単純な事実が忘れさられたかのようだ（'Refugees are human. This simple fact seems to have been forgotten.'）」。「移民、難民、庇護希望者——違いは何か（'Migrants, refugees and asylum seekers: what's the difference ?'）」。これらはすべて、イギリスの大手日刊紙に掲載された記事の表題である（*The Guardian,* 2015年8月28日）。本章では、国際的難民保護制度が維持される一方で、「難民[1]」以外の様々な呼び名が創出されることにより、難民保護の実効性が脅されている点を明らかにする[2]。

　中東や北アフリカの紛争や内戦などを逃れ、欧州連合（EU）域内にやってくる人々が、2015年に入り急増した。その結果、EUの難民および国境管理に関する制度は危機的状況に陥り、報告書などでは「危機（crisis）」という用語が使われるようになった。にもかかわらず、イギリス政府はこのような人々の受け入れに消極的な対応を取っていた。そのような対応への批判として、先述の日刊紙の記事が問いかけたのは「呼び名」だった。なぜ、国境を越えてやってくる人々（以下、「移住者」と総称）を、多様な名称で呼び分けるのか。

　移住者の中から、一部の集団を「難民」と定義し、その者たちだけに国際的な保護を供与するという体制が、第二次世界大戦後から現在まで維持されてい

る。特定の移住者が「難民」かどうかは、移動先の国で庇護申請をした後、その審査結果によって決定される。つまりそのような手続きが完了するまでは、移住者はみな同様に国境を越える「人」である。「難民」かもしれないし「難民」ではないかもしれない。しかしわれわれは、移住者に様々な名前を付け、それぞれに扱いを変えている。つまり、「難民」とそうでない移住者の間に境界線が引かれた後、「難民」ではない移住者の中から「難民」とは別の呼び名を付けられて、何らかの保護が受ける者が存在することになる。

　以下、次節では、移民／難民の境界線を批判的に考察する意義を述べる。その際、難民問題の中身について、各地で難民が現実に抱える問題と現行の難民保護制度が抱える問題を区別して議論する必要性を指摘する。続く第3節では、国際的難民保護制度が抱える問題として、制度の硬直性に焦点を当て、その原因を探る。われわれが生活する今日の国家は、「領域」と「成員」という2つの概念を存立基盤としている。これらの理念型を現実世界で実現するためには、「領域内」と「領域外」、「成員」と「非成員」をそれぞれ、国境・入国管理制度によって明確に区切ることが必要である。しかしその完全な実現は現実世界では不可能である。難民保護制度の役割は、現実世界と理念型の間で生じる乖離を解消することである。国家の存立基盤を支える2つの概念を理念型のままで維持するためには、規範を支える難民保護制度を変更できないのである。

　本章の結論を先取りすれば次のようになる。難民をめぐる情勢が激しく変容しているにもかかわらず、「難民」の定義に基づく保護制度は変わらない。難民保護の規範が国際的に確立する背後で、「難民」とは別の呼び名が作られ、それに従って別の扱いが供与される。難民自身の関与が全くない状態で、名付けという線引き行為が実行され、脅威からの保護および保護の対象者、さらには保護の方法や程度が画定されていく。結果として現状においては、難民保護制度は存在しても、それによって保護される「難民」の数は抑えられることになる。

Box 10-1　難民化する人々

　国際連合（UN）は1951年に「難民の地位に関する条約」、1967年に「難民の地位
に関する議定書」を制定した。一般に、両者をあわせて「難民条約」と呼ばれるこ
とが多い。難民条約は「難民」を救済する法的基盤であり、1950年に設立された国
連難民高等弁務官事務所（UNHCR）の活動の法的指針となっている。日本は両条
約に1982年に加入した。各締約国は保護を求める者から庇護申請を受けつけ、条約
上の難民（条約難民）を認定する。申請手続きには長時間を要することが多く、そ
の間は申請者の就労や就学などの活動が制限されることになる。また近年、難民条
約における「難民」の定義にはあてはまらない、環境破壊や貧困、さらには内戦な
どの要因で難民化する人が増加している。UNHCRの活動においても、「難民」だ
けでなく、自国の国内で難民化する「国内避難民」や国籍をもたない「無国籍者」
の保護が急務となっている。

2　国境を越える移住者を区分する移民／難民の境界線

(1)　移民／難民の境界線を考察する意義

　日本では、移民と呼ばれる人々と難民と呼ばれる人々の間には明確な違いが
あり、それぞれをはっきりと識別できるかのように語られることが多い。もち
ろん現実には、移住者がそれぞれ、難民とか移民とかを記載した名札をつけて
いるわけではない。歴史上、人は絶えず移動を繰り返してきた。いまや、移動
先で1年以上居住・就労している人が2億5000万人を超えている（UN 2017[3]）。
これに非正規移住者や短期の契約労働者、さらには観光目的の旅行者をくわえ
ると、国境を越えて移動する人の数は膨大である。その中から、第二次世界大
戦後には、難民条約に基づき「難民」が定義されるに至った。このような体制
が成立して、すでに半世紀以上が過ぎている。現在でも、「難民」を他の移住
者と明確に区別して扱うという前提は変わっていない。

　各国政府にとって、移住者を管理するための入国管理制度の維持・運用は重
要政策の1つである。また、国籍・帰化制度の下では、「誰が国家の生来の成
員であるか」および「どのような条件で後天的に成員資格を付与するのか」が
決定される。したがって、これらの制度が一体となって、成員の定義という各

国の根幹にかかわる決定をしている。移住者は、国境という領土的境界線を越えるというだけでなく、国籍という人的境界線を越える可能性をもつ。そういう意味では、移住者はすべて、今日の国家および国家から構成される国際社会に不安定性をもたらすことになる。その点においては、難民も移民も同じである。

　「難民」の条約上の定義はさておき、われわれが日常的に、難民と移民をどのように区別しているかは、それぞれの語句がその時々で、どのように解釈されているかによる。難民と移民の境界とは、「何が安全なのか」、「安全が脅かされたとき、どうやって保護するのか」、さらには「誰が保護されるのか」といった、安全保障の議論の枠組みをめぐる闘争の１つの表れといえる（Huysmans 2006：xii）。この闘争を通じて、難民と移民の解釈および呼び名が変容していくことになる。近年、移住者の受入れを成員に対する脅威とみなす、いわゆる「安全保障化（securitisation）」に着目する研究が盛んである[4]。しかし移住者は、一元的に脅威と捉えられているわけではない。移住者の中から、保護されるべき移住者とそうでない移住者が区別され、さらに両者の境界線を維持するための様々な分類がつくられてきた。つまり、安全保障化論が取り上げる脅威の創出の背後で、脅威の濃淡およびそれに基づく保護の濃淡の創出をめぐって、闘争が生じている。にもかかわらず、この点が見過ごされがちである。

　結局のところ、国境を越える人の移動を、国家や政府が完全に規制・管理することは不可能である。必ず成員の枠から外れる人々が国内に存在し、その人々は例外として、何らかの名前が与えられてきた。難民条約に基づく「難民」も、「難民」とは別扱いだが何らかの保護を享受している人々も、保護が不必要であるはずの移民も、それぞれどのように呼ばれるかによって、その人々の扱いが決められていく。

　そういう意味では、「難民」とそれ以外の移住者の境界線を問い直すことは、国家を中心とした伝統的な安全保障概念および、それに基づく制度の再定義・再検討の第一歩といえる。その過程において、保護する者と保護される者の支配的関係が明らかになる。くわえて、保護する者が保護される者を様々に名付けることで、保護の中身や程度を調整し、自らの支配的な立場を維持し続けて

いることが見えてくる。このような分析が積み重なることで、「保護される」
という客体的な扱いを受けてきた者を中心に据えた、従来とは異なる安全保障
の枠組みが可能になる（詳細は、例えば日本平和学会編 2014を参照）。

(2)　２つの「難民問題」

　いったい、「難民問題」とは何か。ここでは「難民問題」を、２つの異なる
問題が連関して構成されていると理解する。この点が見過ごされてしまえば、
われわれが「難民問題」の何を問題視しているかが不明なまま、不毛な議論が
続くことになる。

　「難民問題」の１つ目は、国際的難民保護制度の維持にかかわる問題である。
現行の国際的難民保護制度では、各国が担う保護義務の対象が「難民」に限定
されている。この制度の下では、「難民」の定義の解釈が各国政府に委ねられ
る一方で、保護されないまま命を落とす人々が膨大な数に上ってきた。そこで
今日に至るまで、多くの人々が「難民」以外の名前を与えられ、なんらかの支
援を受けている。結果として、体制の中身が複雑化するだけでなく、そのよう
な体制に対する信頼が揺らぐという問題が生じている。

　２つ目は、実際に難民化する人々の個別具体的な問題である。2015年以降、
世界各地で難民化する人々が増え続けており、テレビや新聞、インターネット
での報道も増えている。ここでいう「難民問題」とは、例えばミャンマーでの
迫害によってベンガル湾から海へと逃れたイスラム教徒ロヒンギャ族の人々
が、タイ、マレーシア、インドネシアから受け入れを拒否された結果、洋上を
漂流し多くの命が失われたという現実の問題である（UNHCR 2015）。また、
2015年以降のヨーロッパで「難民問題」といえば、北アフリカや中東から EU
を目指す密航船の地中海での沈没や転覆の急増を意味する（第11章参照）。さら
に、地中海ルートだけでなく、いわゆるバルカン・ルートを通じてトルコから
ギリシャを経てドイツや北欧を目指す人々も多い。世界規模で見ると、国境内
で避難生活をしている国内避難民を合わせれば、2020年に8200万人以上が強制
的に居住地を追われたことになる（UNHCR 2020）。

　これら２つの「難民問題」のうち、制度のあり方に関しては、第二次世界大

戦後から今日に至るまで基本的な枠組みが固持されている。その一方で、現実に各地で発生する2つ目の難民問題の背景や中身は、その時々でそれぞれ異なる。現在まで、制度の維持という1つ目の難民問題への対応が変わらないまま、2つ目の個別特殊な現実の難民問題への対策が模索されてきた。

　2015年10月に開催された第70回国連総会では、藩基文事務総長（当時）が冒頭の挨拶で、「第二次世界大戦以来、最大の難民危機」を警告した（UN 2015）。このような危機は現在も続いている。にもかかわらず、難民保護制度自体の抜本的改革を求める声は小さい。制度自体をそのまま維持しようとすれば、制度と現実の間に生じるひずみが解消されず、広がり続けてしまいかねない。これまでから、制度変更の代替策として、「難民」とは定義されない難民化した人々の存在や、国境を越えてはいないが保護を必要とする国内避難民という分類が登場し、その対応が多様化してきた。[5]　結果として、制度の運用はますます複雑怪奇になってしまっている。

　さらに現在でも、EU諸国においては、中東やアフリカからの大量の人々の移動を前に、「難民」を含めた移住者の受け入れをめぐり、各国政府の間で不協和音が続いている。中には、これらの移住者の通行および受け入れを拒否し、国境に鉄条網を作ったり軍隊を配備したりする国もある。国境を越えられずに強制的にとどめ置かれている移住者は、庇護申請をする前の者達である。この中には、本来であれば「難民」として保護を受けることができる移住者も含まれる。したがってこのままでは、難民保護制度が有名無実になってしまいかねない。しかしEU諸国が批判するのは、難民保護制度の硬直性や自らの対応ではない。非難の矛先は、大量の移住者を生み出す送出国やEU諸国に向かう移住者に向けられている。

　そもそも、どうして生命の危機にさらされている者の中から、一部だけが「難民」として国際的に保護されるのか。

3　移民／難民の境界線の創出と硬直性

(1)　「領域／国民・国家」と難民の出現

　現在の国際社会では、主要行為体は国家であり、国家間の秩序が国際秩序を決定することになっている。ここでいう国家とは、国内における国家権力の最高性という意味での対内主権と、外部の勢力に従属しないという意味での対外主権を持つ「主権・国家」である。またこの主権国家は、「領域性」と「正規の成員（国民）」という2つの基本要素によって構成される「領域・国家」および「国民・国家」でもある。

　つまり国家は、一定の領域を統治しているという意味で領域性をもつ。さらにすべての人はどこかの国の正規の成員であり、国家は成員からなる特定の人的集団によって構成され、またその人的集団のために存在している（Brubaker 1992：x）。しかし、領域国家かつ国民国家という前提が成立するためには、領域画定をめぐる国境管理および人の移動をめぐる入国管理という重大な任務を、各国政府が果たさなければならない。つまり、国境を越える人の移動を管理するという任務が完全にまた完璧に遂行されて初めて、排他的な領域と唯一の成員という理念が現実のものとなる。

　トーピーは、パスポート制度の成立を分析した著書の中で、近代国家の機能の1つとして「掌握（embrace）」の能力を重視している（Torpey 2000：10-13）。近代国家形成の過程において、国家は政策を実行するために必要な資源・資産を有効的に確保しなければならなかった。つまり、国家が効率よく統治制度を導入していくためには、領土や成員の掌握が不可欠である。したがって近代国家にとっては、パスポートのように成員を囲い込み、不要なものは非・成員として排除する手段が確立されなければならなかった。

　さらに近代国家においては、成員間で特別なつながりが共有されると想定されてきた。その結果、成員から構成される組織としての国家は、無作為に選ばれた複数の人間の集合体ではない。アイデンティティや文化的特性、さらには歴史と未来を共有する成員の集合体である。そのような国家とは、時には成員

が命をかけても守らないといけない存在となり、ここに国民国家の理念型が完成することになる（Brubaker 1989：2-3）。

　しかしながら現在では、成員が命をかけて国家を守っても、国家が成員の保護という任務を十分に果たすことが困難になっている。今日、国境を越える人の移動は、「国境を越える革命の一部を構成し、地球上の社会や政治を再編している」（カースルズ／ミラー 2011：9）という指摘がある。このような時代において、われわれは国家の掌握能力が脅かされているように感じる。特に2001年の9. 11テロ事件以降、入国管理制度の強化を望む声は大きい。このような状況を前に、安全保障問題にかかわる専門家、企業、官僚組織が、移住者の流入を受入国に対する脅威として扱うことで、恐怖感が結果的に構築されているという分析もある（Bigo 2001）。

　しかし歴史的に見て、国家が国境を越える人の移動を完全に管理できたことはなかった。第二次世界大戦後、「難民」が定義される必要があったのは、まさに国家が管理できないほどの大量の移住者が存在した結果である。領域的囲い込みは、第二次世界大戦後の脱植民地過程を経て、少なくとも理論的にはほぼ完了している。それに対し、人の移動に関する国家の掌握能力は、その信頼性をますます失いつつある。

　にもかかわらず、主権国家は、自らの領域内で居住や労働できる者を決定するという建前を捨てていない。というのも、主権国家は成員から構成される国民国家であるというのが、今日の国家の理念型だからである。現在でも、われわれは受入国の許可なしに合法的に国境を越えることができないことになっている。受入国が許可しない、または許可する能力がない場合、移住希望者は主権国家体制の枠外で移動するしか方法はない。ここに、排除されても仕方ない移民と保護されるべき難民を区別する必要性が生まれてくる。

　現在の国際政治体制の下では、われわれが国境を越える際、パスポートの保持を通じて、国籍国への帰属およびそれに派生する国籍国への帰国・受け入れを証明しなければならない。そういう意味では、一見自由に移動しているように見えるビザなし観光客でさえ、実際は各国の合意に基づく移動にすぎない。その移動は、国家の領域性およびそれに基づいた管轄権に抵触しない限りにお

いて、一時的に許可されているだけである。移住者の中から、「難民」が定義
され区別されることで、「難民」には通常の移住者とは異なる処遇を与えるこ
とが可能になる。その結果、「難民」は例外状態として、国籍国の合意なしで
国境を越えて移動する（もしくは移動した）ことが認められ、国際的に保護され
るのである。

　現行の制度の下では、同じく生命の危機にさらされているにもかかわらず、
飢餓や旱魃、貧困や内戦が理由であれば、国際的保護の対象となる「難民」と
は認定されない。どうして、一度創設された移民／難民の境界線を、現状に合
わせて変容しようとしないのか。

(2)　難民保護規範の陥穽

　難民保護という規範は、今日では世界中で広く共有されている。この規範が
創設され維持されていることで、難民保護制度が現在のような形で運用されて
いる。移民／難民の境界線に見られる硬直性は、規範の創設から維持、さらに
は実行へと進む過程で生じる、以下のような問題に由来する。なお、本章では
「規範」を、「あるアイデンティティを共有する集団が、適切と考える行動につ
いての集団的想定」とみなす（Jepperson *et al.* 1996：30）。

　第1に規範の幻想にかかわる問題がある。われわれは規範を、絶対的で唯
一、さらには不変の正義だと受け止めがちである。実際は、ある規範はその
時々の社会システムの一部であり、何が規範として確立するかは、それを決定
する集団内の利害および力関係を反映している。つまり現実には、それぞれの
社会には「適切と考えられる行動」に関する想定が複数存在する。それらが議
論や交渉を経て、ある1つの集団的想定に収斂していくことで規範と認知され
る。何が「適切な行動」かに関する想定は、当然価値中立的でない。現実の生
活において、どの想定が優位に立つかは、価値中立的なAという想定と、同
じく価値中立的なBという想定の正偽によって決まるとは考えにくい。

　難民保護という規範についても同様である。難民条約が1951年に採択された
際、大量の移住者の中で誰が国際的保護の対象となるかは、超大国アメリカと
難民保護に関連する国際機関である国際労働機関と国連（以下、それぞれILO、

UN）の間で実質的に決定された。その際、決め手となった要因は、それぞれの経済・政治的な力関係であった（柄谷2004）。「誰が最も保護を必要としているか」という観点が最優先されたわけでは決してなかった。にもかかわらずわれわれは、「難民」と呼ばれる移住者こそが、国際的な保護を最も必要とする移住者だと思い込んでしまう。裏を返せば、「難民」保護という規範が共有され実行されることによって、それ以外の移住者は保護する必要がない者という意味になってしまう。しかし現実には、「国内避難民」や「無国籍者」のように、国際的な保護を必要とする人々が多く存在している。

　第2に規範が示す世界と現実の世界の乖離という問題がある。規範の創設およびその実行過程では、規範に合わせて現実が解釈されてしまう。本章の関心にひきつければ、国家主権やそれに関連する領域性および成員といった概念は、本来は歴史性をもって存在している。[6] しかしこれらの概念は、今日においても国際政治体制の理念型を支える根幹と理解されている。その結果、われわれは、「すべての人は必ずどこかの国の成員（国民）である」とか、「国家は特定の領域に排他的な管轄権をもつ」といった点を、あたかも自然なことのように受け入れてしまっている。しかし実際には、いつの時代でも無国籍者は存在し、国境線をめぐる紛争が繰り返されていた。結果として、国家主権や領域性から想定される理念型と国際政治の現状とは合致しない。そこで、両者の乖離をできるだけ最小限にとどめ置くために、国家主権や領域性を下支えする制度が不可欠だった。

　難民条約およびそれに基づく保護制度は、まさにそのような役割を果たすために制定されている。ある難民研究者は、「新しい国家の形成とは難民創設の過程でもある（"The Formation of New States as a Refugee-generating Process"）」という論文を発表している（Zolberg 1983：31）。国際社会が、領土と成員の境界線によって区切られた国家から構成されているという理念型を維持するためには、その境界線から外れる者を例外的存在とみなして、何らかの対応をすることが必要となる。そのために「難民」が生まれ、難民保護の規範が作られることになった。つまり、領域／国民・国家という理念と難民保護規範は同じコインの裏表に当たる。

> Box 10-2　人の移動に関する国際制度
>
> 　人の移動をめぐる諸問題については、複数の国家が関与するという問題の性質
> 上、各国政府が個別に対応するだけでは不十分である。しかし、多国間条約が必要
> か、それとも二国間の政策協調がよいのか、または情報交換に限定するネットワー
> ク形成が望ましいのかといったように、国際制度の形態についての合意はない。そ
> れでも、特に第二次世界大戦後は、様々な国際機関やNGOが移住者の代弁者とな
> り、移住者の権利保護に向けた努力が続けられてきた（柄谷 2016：157-174）。今
> 日でも、移住者一般を対象とする国際移住機関（IOM）や難民や庇護希望者を対象
> とする国連高等難民弁務官事務所（UNHCR）にくわえて、人権保護を専門とする
> 国連人権高等弁務官事務所（OHCHR）などが、それぞれの分野で活動している。
> 2003年には、「あらゆる移民労働者とその家族の権利保障に関する条約（移住労働
> 者の権利条約）」が、普遍的人権を実現・強化するための制度化の流れの中で発効
> した。ただし2021年時点で批准国は56カ国にすぎず、子どもの権利条約や女子差別
> 撤廃条約といった、監視機関をもつ他の主要国連人権条約と比べて、各国の認知度
> は極めて低い。

　第3には難民保護規範に特有の問題として、規範の創設・運用主体と規範の
対象の間の誤謬がある。難民保護という規範およびそれに基づく制度創設・運
用の特徴として、本来はその主役であるはずの難民が関与していないという点
がある。難民保護が規範化しているといっても、現実には、難民は規範形成に
かかわる集団にも、その規範を適切と考え行動する集団にも参加できていない
（柄谷 2013）。というのも、移住者は一般に、受入国では外国人として政治的発
言権が制限されていたり、労働者としても弱い立場に置かれていたりする。生
まれ育った国においても、苦境を強いられた結果、移住を選択せざるを得な
かった者が多い。そのため移住者の大多数は、送出国および受入国のどちらに
おいても周辺化されている。そこで移住者の生活を守りその権利を保護するに
は、国際機構やNGOに代表されるアドボカシー集団が、移住者の「代弁者集
団（voice institutions）」（Grugel and Piper 2007：39）としての役割を担う必要が
ある。とりわけ「難民」とは定義上、移住者の中でも特に保護が必要な弱い存
在であり、「保護されるべき」客体である。そのような者たちが必要な保護を
求めて、自力で移民／難民の境界線の修正を実現することは不可能である。

図表 1　国境を越える人にかかわる国際制度の現状

		移住者の属性	主に担当する国際機関	主に該当する国際条約	動機
国境を越える人（移住者・Migrant）	自発的移住	労働者	ILO	ILO条約（第97, 143号）	労働、就学、観光、家族呼び寄せ、等。
		外国人	国連、特にOHCHR	ICMW、ICERD、ICESCR	
		女性	国連、特にOHCHR	CEDAW	
		子ども	国連、特にOHCHR	CRC	
	強制的移住	難民	UNHCR	難民条約・難民議定書	「迫害を受ける恐れが十分にある」ため、国籍国に帰還できない、あるいは帰還を望まない。

出典：Grugel and Piper（2007），p. 51の表に、筆者が加筆・修正。条約の正式名称については、ICMW：International Convention on the Protection of the Rights of All Migrant Workers and Members of Their Families（移住労働者の権利条約）；ICERD：International Convention on the Elimination of All Forms of Racial Discrimination（人種差別撤廃条約）；ICESCR：International Covenant on Economic, Social and Cultural Rights（国際人権A規約）；CEDAW：Convention on the Elimination of All Forms of Discrimination against Women（女子差別撤廃条約）；CRC：Convention on the Rights of the Child（子どもの権利条約）。

　つまり難民は、自らの扱いを決定する分類および名付け行為を他者に委ねざるを得ない。しかし代弁者集団は、集団である以上、文字通り複数の主体によって形成される。そのため、そこで形成される声は必ずしも難民の声を直接反映するとは限らない。多くの場合において、多様な目的をもって代弁者集団に参加する複数の主体間の討議や調整によって、分類や名前は変更されてしまうことになる。

4　狭間に陥る者を切り捨てないために

　以上見てきたように、「難民」が登場した背景には、成員と非成員の間の立場にいる者の保護をどうするのか、誰が保護するのかという問題があった。その際、移住者の中から「難民」を画定することで、例外的に保護を供与される者が名指しされる必要があった。そうすることで、領域／国民国家の理念型を維持したまま、難民保護という規範が確立された。

　同時に、保護される者としての「難民」と保護されない者としての移民の境界線を維持するために、その狭間（in-between）にいる者には「難民」以外の名付けをして、それぞれ別の対応が実行されることになった。「難民」ではないが保護の対象となる「国内避難民」は、まさに移民／難民の境界線の狭間の地位（in-between status）である。この狭間の地位を創設することで、難民保護という規範を脅かさずに保護することが可能になる。

　いまなお、欧州を目指す多くの人々が地中海で命を落としている。地中海はまさに、保護が供与される領域としてのEUと保護が供与されていない北アフリカや中東の国々の狭間の領域（in-between space）にあたる。この狭間の領域において、地中海を渡る人々を保護するのか、それとも排除するのかについて、EU諸国および関連する国際機関はその対応に苦慮している。

　現実に発生している難民問題の要因や形態は、時代や場所によって変化し続けている。にもかかわらず、今日に至るまで、境界線の狭間の人々への名付け行為を繰り返すことで、制度としての難民保護が維持されてきた。難民自身の関与がないまま、今後もそのままの制度が続くと考えられる。現在の国際社会では、生まれ育った国家を追われ生命を脅かされる者にとって、最後のセーフティー・ネットが国際的な難民保護制度である（柄谷 2016：175-178）。しかし各国政府は、本来保護されるはずの「難民」と認定されるべき人々も含めて、できるだけ庇護申請をさせないための様々な政策を講じている。このような状態では、多くの人が「難民」になれないまま、難民保護制度が存続することになりかねない。「難民」ですら保護されていない状況では、狭間の地位に陥る者は切り捨てられるだけである。

```
┌┄┄┄┄┄┄┄┄┄┄┄┄┄┄┄┄┄┄┄┄┄┄┄┄┄┄┄┄┄┄┄┄┄┄┄┄┄┄┄┄┄┄┄┄┄┄┄┄┄┄┄┐
┊ 設　問                                                  ┊
┊ ・難民保護の規範があるにもかかわらず、なぜ難民化する人々が条約難民以外の名 ┊
┊ 　前で呼ばれ、保護される必要があるのか。                         ┊
┊ ・難民化する要因が多様化しているにもかかわらず、なぜ条約難民の定義は変更し ┊
┊ 　ないのか。                                              ┊
┊ ・難民化する人々を保護するために、難民保護制度を今後どうしていく必要がある ┊
┊ 　のか。                                                 ┊
└┄┄┄┄┄┄┄┄┄┄┄┄┄┄┄┄┄┄┄┄┄┄┄┄┄┄┄┄┄┄┄┄┄┄┄┄┄┄┄┄┄┄┄┄┄┄┄┄┄┄┄┘
```

【注】

1）　本章においては、難民条約上定義される「難民」とそれ以外の難民化している人々を区別するために、前者を指す場合は「難民」と表記する。

2）　「難民」という概念がいかに創設され、国際社会・政治の変化ともに変容しているのかに注目する研究としては、Soguk（1999）、Haddad（2008）を参照。

3）　移住者の定義は各国で異なる上に、統計には非正規の移住者数は反映されない。季節ごとに移動して就労する者や、国境を越えた先の職場に通勤する越境通勤者なども含まれない。さらには、統計を実施することが政治的にも経済的にも困難な国が数多く存在する。したがって、実際に移動する人の数は統計値を大きく超えると推定できる。

4）　人の移動と安全保障化に関する先駆的論文として Weiner（1995）がある。邦語での詳細な解説・分析については、塚田（2013）を参照。

5）　国内避難民の定義をめぐる議論については、Phuong（2004：28-38）および墓田（2003：33-55）が詳しい。

6）　Cobban は民主主義や主権といった概念を定義する難しさとして、中身は時代とともに変化するにもかかわらず、名前は変化しないことを挙げている。概念が指し示す内容は変化するのであり、その本当の意味は歴史の中でのみ明確になることに注意すべきである（Cobban 1969：23）。

〔参考文献〕

カースルズ，S.／ミラー，M. J.（2011）『国際移民の時代（原書第４版）』関根政美・関根薫監訳、名古屋大学出版会

柄谷利恵子（2004）「『移民』と『難民』の境界――作られなかった『移民』レジームの制度的起源」『広島平和科学』26号、47-74頁

柄谷利恵子（2013）「人の移動――国際レジームの変遷をめぐる動因と戦略」大矢根聡編『コンストラクティヴィズムの国際関係論』有斐閣、173-195頁

柄谷利恵子（2016）『移動と生存――国境を越える人々の政治学』岩波書店

塚田鉄也（2013）「安全保障化――ヨーロッパにおける移民を事例に」大矢根聡『コンストラクティヴィズムの国際関係論』有斐閣、53-74頁

日本平和学会編（2014）『平和研究』43号

墓田桂（2003）「国内避難民（IDP）と国連──国際的な関心の高まりの中で」『外務省調査月報』No. 1

Bigo, Didier（2001）"Migration and Security," *Controlling a New Migration World*, eds. Guiraudon, Virginie and Joppke, Christian, London: Routledge, pp. 121-149.

Brubaker, Rogers（1992）*Citizenship and Nationhood in France and Germany*, Cambridge: Harvard University Press.

Brubaker, William Rogers（1989）"Introduction," *Immigration and the Politics of Citizenship in Europe and North America*, ed. Brubaker, William Rogers, Lanham: Univesity Press of America, pp. 1-27.

Cobban, Alfred（1969）*The Nation-State and National Self-Determination*, London: Collins.

Grugel, Jean and Piper, Nicola（2007）*Critical Perspectives on Global Governance: Rights and Regulation in Governing Regimes*, London: Routledge.

Guild, Elspeth（2009）*Security and Migration in the 21st Century*, Cambridge: Polity.

Haddad, Emma（2008）*The Refugee in International Society: Between Sovereigns*, Cambridge: Cambridge University Press.

Huysmans, Jef（2006）*The Politics of Insecurity: Fear, Migration and Asylum in the EU*, London: Routledge.

Jepperson, Ronald L. *et al.*（1996）"Norms, Identity, and Culture in National Security," *The Culture of National Security: Norms and Identity in World Politics*, ed. Katzenstein, Peter J., New York: Columbia University Press.

Phuong, Catherine（2004）*The International Protection of Internally Displaced Persons*, Cambridge: Cambridge University Press.

Soguk, Nevzat（1999）*States and Strangers: Refugees and Displacements of Statecraft*, Minneapolis: University of Minnesota Press.

Torpey, John（2000）*The Invention of the Passport: Surveillance, Citizenship and the State*, Cambridge: Cambridge University Press.

UN（2015）"We Must Build upon Foundation of Solidarity, Generosity, Secretary-General Says at Meeting on Migration, Refugee Flows", SG/SM/17166-REF/1215, 30 September 2015. UN のウェブサイト（http://www.un.org/press/en/2015/sgsm17166.doc.htm, last visited, 8 August 2021）.

UN Department of Economic and Social Affairs, Population Division（2017）, *International Migration Report 2017*, ST/ESA/SER. A/403.

UNHCR（2015）"South-East Asia: Mixed Maritime Movements", April-June 2015. UNHCR のウェブサイト（https://reliefweb.int/report/myanmar/south-east-asia-mixed-maritime-movements-april-june-2015, last visited, 8 August 2021）.

UNHCR（2020）*Global Trends: Forced Displacement in 2020*. UNHCR のウェブサイト

（https://www.unhcr.org/60b638e37/unhcr-global-trends-2020, last visited, 8 August 2021）.

Weiner, Myron（1995）*The Global Migration Crisis: Challenge to States and to Human Rights*, New York: HarperCollins College Publishers.

Zolberg, Aristide R.（1983）"The Formation of New States as a Refugee-generating Process," *Annals of the American Academy of Political and Social Science*, vol. 467, pp. 24-38.

第**11**章

批判地政学と安全保障

——地政学をローカルに考えて見えてくる世界の複雑さ

北川　眞也

1　地政学と安全保障

　移民の中に「テロリスト」が紛れ込んでいるのではないか。移民の流入が続くヨーロッパでは、このような感情が醸成されてきた。地中海に浮かぶイタリア・ランペドゥーザ島。面積わずか20.2k㎡、人口6000人ほどのこの小さな島は、およそ25年にわたりアフリカから海を渡る「密航者」たちが、最初に足を踏み入れるヨーロッパの地であり続けている。「こうしてランペドゥーザは IS［イスラーム国］の恐怖を生きる」[1]。2015年 2 月、このような報道が新聞上でなされた。それは、ちょうど IS が地中海に面するリビアの都市スルトを支配した直後だ。「この戦争で最初の代償を払うのは、われわれランペドゥーザ島民である。われわれはリビアにあまりにも近すぎる」[2]。ランペドゥーザはヨーロッパ最南の境界に位置するために、地中海南岸からの「テロ」の恐怖に最も晒されている、というわけだ。

　国家と境界、恐怖と安全をめぐるこのエピソードには、「地政学（geopolitics）」と呼ばれる知の特徴が様々に表明されている。元々「地政学」と呼ばれる知的潮流は、20世紀の前半にヨーロッパ諸国の研究者、軍人、政治家へと広がったものである。地政学は、19世紀の地理学者フリードリヒ・ラッツェルの「国家有機体説」に影響を受けたスウェーデンの政治学者ルドルフ・チェレーンによって初めて用いられ、ドイツのカール・ハウスホーファーをはじめ、地理学者らによって、それぞれの国家の文脈において積極的に展開された。個々

190

の議論に違いはあるが、これら「伝統地政学」においては大抵の場合、国家は領土と民族と一体化した有機体とみなされた。その生存と安全のためには他国との生存競争を勝ち抜き、成長することが不可避であり、そのように運命づけられているとされた。生存し続けるためには、国家はおのれの領土を拡張するより他にはなく、そうでなければ死滅するのみである。それゆえに、コロンブスに代表された西洋による探検＝征服時代の終結後、地球の限られた大地をめぐる生存競争は、戦争へと帰着するしかないのだと。地政学は、このような世界規模の空間的・地理的条件の変容のただ中で出現し、急速な広がりを見たのだった。第二次世界大戦後、地政学はドイツや日本の軍事・侵略戦争との結びつきが指摘され、それに貢献した擬似学問として、日本のみならず英語圏などでも、地理学をはじめとする学問世界、さらには社会一般からも広くタブー視されるに至った[3]。

　ただこのように「悪」と理解されてきたとはいえ、大戦後においても、20世紀前半の伝統地政学を特徴づけたある種の思考形態は消え去ってはいない。そればかりか、昨今日本でも頻繁に出版される地政学関連の本には、こうした発想を繰り返しているものも少なくないと指摘される（土佐 2017；高木 2020）。それというのは、国家主義かつ国家中心主義の発想はもとより、地理という自然環境によって、国家の本質・指針・行為が決定されるとする発想である。例えば国際関係を論じる政治学は、国家の体制変化や政権交代が、国際政治に大きな影響を及ぼすと考えてきたが、地政学は、体制や政権が変わっても、その力学は変わらないと考えた。なぜなら、政治的・社会的・イデオロギー的条件は、人間の意志によって変更されても、地理という自然環境は永遠不変であり、人間の意志やイデオロギーでは変更不可能なものとされたからである（オツァセール／アグニュー 1998：156）。

　このように考えたからこそ、不変の地理を詳細に研究・理解すれば、国際政治の行く末を示す不変の法則、「真理」を知ることができるとされた。地政学はここで、変化することのない自他の空間の位置・形態・環境を研究・比較することで、自らの生存空間の安全を保障し、さらには拡張する上で必要なビジョンを示す知として注目を浴びたのだ。

　本章は、冒頭のランペドゥーザ島をめぐる具体的な状況を通して、このような地政学の思考形態に挑戦してきた新たな研究としての批判地政学（critical geopolitics）、さらにはそこからさらなる展開を遂げたいくつかの研究を紹介し、地政学的な発想に支えられた安全保障のあり方を問い直すことを目的とする。

2　批判地政学と言説

　地図で確認すると、ランペドゥーザ島は、イタリア本土からはかなり南に位置していることがわかる。シチリア島からは210km、チュニジアからは128kmの距離にあり、アフリカ大陸のほうに近い（ちなみにリビアからは310km）。こう考えると、アフリカから船で北上する移民たちが、最初にランペドゥーザ島にたどり着くのは、至極当然のようにも感じられる。こうした事態は、ランペドゥーザの「地理的位置」という用語によって説明されてきた。「島はその地理的位置のために、アフリカから来る人々にとってのヨーロッパ最重要の「扉」とみなされてきたのだ[4]」。

　しかし、このもっともらしい事実は、それほど当然視できるものではない。なぜなら、この島に移民たちがたどり着くのは、決して自然な現象ではないからである。実際のところ、時折見られる自律的な船（特にチュニジアから）を除けば、移民たちの「密航船」が、ランペドゥーザ島に直接たどり着くことはほとんどない。大抵の場合、かれらはイタリアの海上警備隊や各種警察、近くを通る商船、海難救助に当たる NGO によって海の上で発見、救助される（海難救助［Search and Rescue］の活動である。移民たちが SOS の信号を出すことも多い）。かれらは当局の船に乗せられたり、当局の監視や許可の下で NGO の船に乗せられたりして、ランペドゥーザ島の埠頭まで連れて来られる。

　つまるところ、ランペドゥーザという島が、移民の移動に最初に直面するヨーロッパであるのは、アフリカ大陸に物理的に近いという地理的・自然的宿命のためのみではない。むしろ、人為的かつ政治的に、移民たちの着岸場所として設定されてきたからこそ、ランペドゥーザはヨーロッパの扉、より正確に

言えば、境界なのである。島には次のような声もある。「ランペドゥーザは確かに特別な地理的位置を有するためにそのような場所として選ばれた。でもそれは、なぜパンテッレリーア［ランペドゥーザ近隣のイタリア領の島］ではなく、マルタではないのかという理由を取り去るものではない[5]」。ランペドゥーザ島という地理的存在は、はじめから境界であるわけではない。ランペドゥーザは境界になる。ならランペドゥーザは何によって、境界になるのか。このような視点に立って、所与とされる地理的現実が政治的に構成され、固定化される仕組みを明らかにしようとするアプローチが、「批判地政学」という研究の最も際立った特徴だった。

　批判地政学とは、1990年代に入るあたりから、国際関係論におけるポストモダン・アプローチの影響も受けながら、英語圏の政治地理学において、ガローゲ・オトゥーホール、サイモン・ダルビー、クラウス・ドッズらを旗手としながら形成されてきた知的潮流である（北川 2020）。批判地政学は、上述したような視点から、潜在的に争われるはずの地理的現実が、自明の異論なき「真理」とされる過程を問い、検討してきた。こうした地理的「真理」は、所定の国家およびその知識人が置かれた歴史的・社会的・技術的文脈によって条件づけられ、規定された真理でしかないのである。「地政学理論が客観的で公平なものであったためしはなく、こうした公的な識者の政治哲学や政治的野心という生来的なものであった」（オツァセール／アグニュー 1998：15）。

　批判地政学は、地政学をただ悪として、疑似科学として告発することで、それを問題化してきたわけではない。問題は、それがある社会で語られ、理解され、「真理」となっていく過程なのである。批判地政学の視座からすれば、地理による政治の規定や決定よりも、政治によって地理が所与とされる、否、作り出される過程が問われねばならない。一般的に言うなら、それが「地政学」と呼ばれようが呼ばれまいが、帝国主義・戦争・支配と結びつく地理をめぐる知識、あるいはグローバルな政治の中で創出され続け、さらには国家の行動や実践を正当化する地理をめぐる知識を検討することが、批判地政学の重要な課題なのである（Ó Tuathail 1996）。

　こうした知見を踏まえれば、ランペドゥーザが境界となるのは、地中海南岸

> **Box 11-1　地図学的理性**
>
> 　地図学的理性（cartographic reason）は、近代の地政言説を可能とした1つの技術である。それは世界を地図へと改変することで、地図と現実の区別を不可能とする。この技術の確立にとっては、西欧のルネサンスにおける遠近法の出現が決定的だった。遠近法は、垂直の階層性に基づいた中世までの世界観を一掃すると同時に、地球という三次元の球体を二次元の平面へと改変し、その平面の全体を一望するという現実には存在し得ない視野を確保するものだった。この世界から切り離されたまなざしは、不動の一点からグローバル空間のすべてを、1枚の白地図として、その視野へと包摂する。地図学的理性は、世界のあらゆるもの、そして世界それ自体を地図化し、可視化できると自認する。
>
> 　現実に存在し得ない超越的なこの視野は、文脈に左右されずに、安定的、客観的、普遍的に世界を見通すことができると自認してきた。しかし実際には、このような技術、この視野を通して、文脈化された一定の世界を生産する試みでしかない。近代地政学は、まさしくこの「白いキャンバス」を創出する地図学的理性に基づいて、線を引き、それぞれの場所に色づけや特徴づけを与え、地政言説を生産してきたといえる。
>
> 　しかし、グローバル化時代の「脱領域化する過剰な脅威」（新型コロナウイルスにも顕著であろう）は、西洋近代の根幹に位置するともいえるこの地図学的理性とそれによって実現されてきた（とされる）近代の安全保障の問題系に根源的な危機をもたらしている（北川 2017）。

　に対するイタリアやEUをはじめとする国家や諸制度の政治的（軍事的）計算と統治実践によってであるとまずは考えられる。ここにおいて、批判地政学によって特に強調されたのが、言説（discourse）の働きである。つまり、国家や諸制度によって生産される言説の働きを通して、ランペドゥーザは境界化（bordering）されるのである。

　批判地政学における言説の概念は、フランスの思想家ミシェル・フーコーなどの研究に大きな影響を受けてきた。端的に言えば、言説とは単に言語のことではなく、それを通して人々が世界を理解できるようになる表象の体系である。フーコーはこの表象体系の働きを、権力の働きとして理解する。知／権力とも呼ばれたように、ある事柄についての解釈や理解が「真理」として構成されることで、言説は知と権力の結びつきを体現する。言説を通して、人々はそ

の事柄について知ること、述べることができるようになるが、言説はその事柄についての理解を一定の方向へと導くことで、それについて別様に理解する可能性、別の現実のあり様を閉じてしまう。言説はその事柄を理解可能なものとすると同時に、その事柄自体を積極的に構成し、一定の現実を創出しているといえるのである（オツァセール／アグニュー　1998）。

　批判地政学が特に分析の対象としたのは、「地政言説（geopolitical discourse）」と呼ばれるものである。これは、国際政治のただ中で生産される地理や空間についての言説を通して、政治的現実を所与のものとして構成し、政治的行為を正当化するものだ。そのさい地政言説においては、地図学的理性（Box 11-1）をもとに、地理はきまって簡単な分類や分割によって単純化され、大抵の場合、そこから自己と他者とを隔てる境界が定められてきた。こうして、「われわれ」と「かれら」の存在が、世界地図上の空間的ブロックとして構築されると同時に、差異化がなされ、空間的にも可視化される。それが「まっとうで安全なこちら側」と「不可解で危険なあちら側」へと翻訳され、色分けされることも頻繁である（ドッズ　2012；山﨑　2013；大城　2020）。

3　地政言説による現実の構成

　地政言説によって、ランペドゥーザがヨーロッパの境界となるのであれば、その言説の内実は具体的にはどのようなものか。簡略かつ図式的ではあるが、ここでは2つの地政言説、そしてそれらを通して構成される2つの現実を提示したい。1つは、ランペドゥーザを「ヨーロッパの入口」とする言説であり、もう1つは「ヨーロッパの出口」とする言説である。以下で考察するように、これら2つの言説は、それぞれの目的にそって、様々な人、モノ、実践を細かく配置し、それらに意味づけを行う。こうした動きを通して、ランペドゥーザにおいてはこの2つの現実が形成され、混在、さらには混淆してきたといえる。

　「ヨーロッパの入口」言説は、ランペドゥーザを、人道支援、人権保護、受け入れの場所として設定する。「戦争、迫害から逃れてきた移民、難民たちに、

この島は希望を与えてきたのです」[6]。イタリアの国連難民高等弁務官事務所（UNHCR）のスポークスパーソンだった（現在は国会議員）ラウラ・ボルドリーニは、ランペドゥーザについてこう述べた。ここから、地理、人、モノを一定の筋書き、いわば地政的筋書きにそって配置することで、1つの境界としての現実が構成される。例えば、地中海を渡る人々は、よりよい生活を求め、経済的・社会的荒廃や内戦、迫害から逃れてくる人たちとされるが、この言説の中では、かれらの受動性が強調されることとなる。出身地の「悲惨な」状況から逃れて、さらには「非道な密航斡旋業者」の下で暴力に晒され、命からがら地中海を渡ってきた「可哀想な」移民、難民たち（特に難民性が強調される）。海で救助され、島にたどり着くや否や、かれらは赤十字や国境なき医師団などの人道NGOによる応急救護を受ける。当然、死の危険がある長い船旅で身体的・精神的に困窮している。埠頭には、妊娠している女性や、子どもや乳児もいる。このような映像が、メディア報道では繰り返し使われてきた。ランペドゥーザは、人命救助の感動的な舞台、一大スペクタクルの舞台として仕上げられてきたのである。

　その後、移民たちは島にある収容所へ連れて行かれる。この「ヨーロッパの入口」言説は、収容所にもそれにそった意味を与える。収容所は、かれらにイタリア本土への移送までの間、一時的に「休憩」してもらう「応急救護と受け入れセンター」として位置づけられる。そこでは、UNHCRやセーブ・ザ・チルドレンから、複数の言語で、難民保護、未成年保護などの法的情報が提供され、移民たちに無償で食事と寝床が提供される。さらにこの地政言説は、ランペドゥーザの島民にもそれにそった役割を与える。実際、島民たちが、収容所の外にいたり、そこから出てきたりした移民たちに、食事や毛布を与え、自宅のシャワーを貸すこともある。ただし、こうした自然発生的な助け合いは、国家の地政言説によって捕獲されてもきた。この最南端の離島民は、歓待精神にあふれた田舎の無垢な人たちと描かれる。ここには、本土、つまりヨーロッパ大陸からのオリエンタリズム的まなざしがある。

　他方、「ヨーロッパの出口」言説は、一見それとは反対に、ランペドゥーザを壁として、つまりランペドゥーザにたどり着いた移民たちがそこで拘禁さ

れ、そこから強制送還される場所として設定したがる。例えば、2009年１月、
当時の内務大臣ロベルト・マローニ（北部同盟（現、同盟）という反移民を唱える
政党の国家議員）はこう告げた。「先週ランペドゥーザにたどり着いた人たち
［多くはチュニジア人だった］、これからたどり着く人たちは、一時的にランペ
ドゥーザに滞在し、そこから強制送還されるでしょう。この島に下船したとし
ても強制送還されるということをはっきり示しておきたいからです」（Ministe-
ro dell'Interno 2009）。

　ここでも同様に、この言説にそって境界としての現実が構築される。移民た
ちは、この場合、非正規なやり方で勝手に境界を越えてくる「不法移民」とな
る。およそかれらは「侵略者」として、そして「白い」ヨーロッパ市民を脅か
す存在としてすら位置づけられる。各種警察の船で島まで連行されてきた移民
たちは、すぐさま警察の管理下で、列に並ばされ、地面に座らされる。ときに
対応する警察官たちは、感染症のリスクを恐れてマスクをつける（新型コロナ
ウイルス感染症のパンデミック以前である。以後はこれ以上の対応がなされている）。
移民たちは「不法移民」だから、厳格な管理下に置かねばならないのだと。

　収容所もこの場合は「出口」であるがゆえに、先ほどとは異なった役割を担
う。そこで警察による十分な身元確認、指紋採取などが行われて、そのまま保
護の必要のない「経済移民」を強制送還できることが望ましいとされる。この
場合、この施設は「身元確認と追放センター」となり、収容・強制送還の場所
となる。島民たちについて言えば、かれらは移民の「侵略」によって長年迷惑
を被ってきた人たち、夏の観光地でもある島のイメージが、移民のせいで汚さ
れ、苦しんできた人たちとして描写されることになる。実際、イタリア北部を
中心に活動してきた北部同盟（現、同盟）という移民排斥を掲げる極右政党が、
この最南端の島において一定の支持基盤を有してすらいる。2019年６月末、ド
イツのNGOシーウォッチ（Sea Watch）の船は、地中海で移民たち53人を救助
した。しかし、入港許可が下りずに、国際水域上で２週間ほど足止めを食らっ
ていた。苦境に追い込まれた船が、イタリア当局の許可なしにランペドゥーザ
にたどり着くや否や、船長カロラ・ラケッテはすぐさま逮捕された。イタリア
領海の侵犯、「不法入国」の斡旋が理由である。警察に囲われて船から埠頭に

降りてくる彼女に対して、一部の人々から性差別的罵倒が向けられていた。

　地政言説はこのようにある種の地政的筋書きを生産し、それにそうように人、モノ、地理を配置し、それらに意味を与える。こうした過程を通じて、領土や国境の働きが現実化し、人間の振る舞いや感情も創出＝統治されようとする。ただし実際には、ここで取り上げた2つの地政言説は、相互に絡み合っており、このように厳密には区分できない。ランペドゥーザの収容所の役割は、基本的には、「入口」言説におけるように、本土への移送を待つ一時滞在と応急救護の場所とされてきたが、そこで「出口」言説のように「経済移民」を特定する作業が行われてもきた。過剰収容、長期収容、劣悪な衛生状態、警察からのハラスメントなども、この収容所の現実である。

　ここで強調しておきたいのは、ランペドゥーザについてもあてはまるが、現代の地政言説は、政治に直接かかわるアクターのみならず、大衆地政学（popular geopolitics）と呼ばれる領域、つまりテレビや新聞、映画や漫画、さらにはビデオゲーム、SNSなどのメディアにおいて、特に視覚表現を伴って、頻繁に生み出されてきたことである。SNSに顕著であるが、「普通の人」が地政言説を形成する。国家や知識人のみが地政学の主体ではないのである（ドッズ2012；Dittmer 2019；成瀬 2020）。しかし、地政言説である限り、それは容易に、ときにより直情的に「われわれ」と「かれら」の境界へと翻訳されうる。

　ランペドゥーザの「入口」言説では、人権という規範を遵守できるヨーロッパの「われわれ」（西洋的主体）が、それを遵守できないアフリカの紛争・貧困な国々から逃れてくる「かれら」を救助し保護するという現実が構成される。他方、「出口」言説においては、「われわれ」は「かれら」の「不法入国」や「侵略」から、イタリア、ヨーロッパの治安を守るとされる。さらには、そこには「テロリスト」が紛れ込んでいるかもしれないとすらいわれる。一見相反する言説ではあるが、双方ともに、移民たちの流入をめぐって、様々に引き起こされうる不和や亀裂（移民からのそれも、島民からのそれも）に蓋をする。そこでは、あくまでも「われわれ」が主体なのであり、移民は主体性なき客体とされる（Squire 2011）。結局のところ、地政言説を構築できる位置にあるのは「われわれ」であり、それによって構成、強化された「われわれ」と「かれら」

の境界は揺るがされない。

4　フェミニスト地政学の挑戦

　批判地政学はこのように、一見当然に見える地理と政治の結びつきに必然性がないこと、それが人間の行為に基づいた政治的現実であることを暴露してきた。そしてそうであるがゆえに、地理が変革の可能性に開かれていることを指摘する重要な営為でもある。

　しかし、批判地政学がこの変革の可能性を十分に掘り下げてきたとは言い難い面もある。しばしばこの研究潮流は、エリートの創出する地政言説を、純粋にテクスト（政治家やインテリの演説や発言）として抽出し、それを現実から、あるいは「地上」から切り離されたかのような言語空間の中で分析してきた。問題は、ただ国家の政治的・知的エリートやメディアによって創出されるテクストの意味作用であるといわんばかりに、である。国際政治の舞台において、一定の地理的現実を構築し、自然化する地政言説の権力を、ただテクストの水準で暴き出せば、まるで現実の秩序が変貌するかのように。

　とはいえ、すでに上述のランペドゥーザの例でも言及したように、地政言説は、社会の様々な物質編成と主体編成に影響を与えると同時に、それらからの影響も受ける。地政言説は、言説を通じて配置されるモノ、人、地理の集合体（assemblage）とともに／として考えられなければならない（Dittmer 2019）。この言説はどのような社会で、どのような回路で流通し、どのように日常を生きる人々に経験されるのか。この言説は「地上」においてどのように物質化され、多分に暴力的でもありうるこうした過程と人々はどのように遭遇するのか。これはローカル化される地政学（localized geopolitics）（Ó Tuathail 2010；山崎 2020）としても理解される問題系であるが、こうした過程を通じて、地政学的実践は、合意を調達したり、実効性を得たりし、特定の物質的現実を作り出すわけである。だが、そこにおいて亀裂や断絶、さらには抵抗や異議の空隙が切り開かれうることもあろう。

　「フェミニスト地政学（feminist geopolitics）」と呼ばれる潮流は、まさにこの

ような観点から、国家の覇権的な地政学のみならず、批判地政学に対しても異議申し立てを行ってきた。支配的な地政言説を脱構築する批判地政学の営為もまた、それが矛先を向けているはずの国家や国際政治のエリートたちと、以下の点において同様であるとされた。それは身体なき知的介入であり、透明な身体を前提とした白人男性中心主義的、エリート主義的、超越的な視点に立っているという点だ。批判地政学の視点も、いわば世界を俯瞰する「どこにもない場所（nowhere）」からの視点なのである。グローバルに流通する地政言説を生産できる立場にあるエリート（国際政治にかかわる政治家など）と、それを脱構築的な仕方で批判的に論じられる立場にあるエリート（批判地政学の研究者）。批判地政学の知的実践は、このような構図においてなされてきたともいえる。またそれゆえに、国家中心主義を脱するはずだったというのに、地政言説を生産する主体として主に国家を取り扱い、それを所与の分析対象としがちでもあった（Sharp 2000；クープマン 2020）。

　フェミニスト地政学は、地政学の領域として理解されてこなかった身体というスケールを重視する。身体、感情、日常生活、個人的なものを、地政学的に構成されるものとすると同時に、こうした領域を非地政学的なものとして排除してきた国家・国際政治の安全保障（その安全は誰にとっての安全なのか？　と問いながら）とは異なる安全、身体化された、地上の「どこかの場所（somewhere）」からの安全を求める。覇権的な地政学が生きた身体にもたらす影響は、均一ではなく、圧倒的に不均等である。それはジェンダー、階級、人種、セクシュアリティ、場所・地域によって様々に差異化されている。フェミニスト地政学は、国際政治のグローバルな力学が交差する地点としての身体や場所から、地上からの変革の可能性を取り戻そうとする。こうした研究の過程で、「安全」の内実は変容し、拡張すらされてきた。ミサイルや「テロ」の脅威からの安全のみならず、社会生活、移動、食、家庭生活の安全なども地政学の問いとして考えられねばならないのだ（Massaro and Williams 2013）。

　それゆえに、フェミニスト地政学を長らく論じてきた地理学者のジェニファー・ハインドマンは、難民や移民、戦争で性暴力被害に晒される女性、子ども、さらには家庭でのDVやコミュニティ内での争いに晒される傷つきや

すい身体に着目してきた（Hyndman 2001；2012；2019）。こうした身体、ときに
今住む／いる場所から移動・逃亡する身体は、地政学の客体であるが、同時に
主体でもある。例えば、グローバルサウスの難民キャンプに法的保護もないま
まとどまり続ける身体は「よい難民」とされ、それを拒否し、グローバルノー
スへと境界を越えて移動してくる難民の身体は、安全保障上の脅威として「悪
い」身体とされる。身体は、覇権的な地政学の様々な網目、私／公の区分を横
断するその網目に捕らえられた傷つきやすい身体でもあるが、そのただ中で、
怒りや悲しみなどの感情を醸成し、自己の置かれた状況と交渉し、それとせめ
ぎあう身体でもある。

5　絡み合う地政学（geopolitics）と生政治（biopolitics）

　昨今の支配的な地政学は、このような移動する身体を脅威とし、それをおの
れの実践の標的としてきた。これは、しばしば領土や国家、主権の限界として
の国境をめぐる争いといった、通常、地政学においてイメージされる安全保障
の主題とはいくぶん異なる統治の実践を要請する。この移動する身体を制御す
るという問題は、グローバルな地政学においては、法権利という水準ではな
く、人間の生き物としての生にかかわる水準の問題として理解されてきた。こ
のような視角は、フーコーが近代西欧における統治原理の変遷を論じる中で、
生政治（biopolitics）として提出したものである（フーコー 2007）。生政治は、
様々な知識・装置を通した生きた人口の統治であり、安全かつ健康な生にとっ
ての様々なリスクをできる限り減らすことを目的とする。生政治はそれゆえ、
保護されるべき生と、漸進的に死へと放り出されてもよい生の境界を定めずに
はいられない。
　伝統地政学は国民＝民族の生を土台に据えたものであったし、当初から、地
政学は生政治と連続する位置にあったといえる。ただし、昨今では「対テロ戦
争」以後に特に顕著なように、伝統的に国家・領土・国境を軸にしてきた地政
学的実践と、生きた身体、生きた人口の管理を標的とする生政治の様々な装置
との複雑な絡み合いが、国家よりもグローバルな水準、あるいはトランスナ

ショナルな水準で展開されてきた（Walters 2002；ミンカ 2020）。ときに移動する身体を管理する生政治的文脈において、国家の領土や国境といった地政学的なものの再編がなされている。ヨーロッパは、自身の外部からの移民、難民の移動を制限してきたが、とりわけシェンゲン協定の実施をはじめ統合が進んだ1990年代以降、こうした移動する身体をより精緻に統治し、分類し、包摂また排除するようになった。そのために、パスポート、ビザ、身元証明書、残高証明書、生体測定技術、監視塔、船の下船場所、収容所、警察、海上警備隊など、多数の人やモノからなる装置を物理的かつ地理的に配置してきた。こうした文脈で、アフリカからヨーロッパへの正規の入国回路は極めて狭められてきた。それゆえに増大する非正規な移動（地中海の船での移動もその1つだ）を受けて、例えばイタリアは、地中海の南岸諸国に国境管理技術や資金を提供することで、南岸に移民を封じ込める役割を担わせてきた。さらには北岸まで到来した移民たちを強制送還すべく、移民の経由国となっている近隣諸国（地中海南岸諸国を含む）と数々の協定も結んできた。この協定を通じて、移民の国籍に関わりなく、経由国であるリビアなどへとかれらを送り返せるようにした。要するに、目下の生政治的文脈の中で、国境や主権の一部が外部化され、他国と序列的に分有されることで、既存の政治地理が複雑化し、再編されているのである。

　こうした移動する身体、またモノが、安全保障上の脅威として認識されるようになった背景には、それが非国家的なアクターであるという点もあろう。それらは近代の地政学が前提としてきた領土化された国家ではない。国家や国家間の同盟・敵対を中心としたそれではなく、脱領域化する非国家的なアクターをめぐって展開される地政学がより前景化してきた。特にポスト冷戦時代において、安全保障の対象は、「サイバネティクな破壊活動、麻薬テロリズム、世界的な汚職、感染性の病気、人道主義の危機、環境の悪化や、大量破壊兵器の拡散」（オトゥーホール 2001：124）といった非国家的かつ流動的なものでもあり、領土化された国家、あるいは国家を形成しようとする集団のみには限定されなくなってきたのである。

　このような地政学的文脈において、移民、難民の移動する身体は、権利や労

働をめぐる問題よりも、安全保障上の問題として位置づけられてきた。流動する身体への不安感から、現在の覇権的な地政学や生政治では、移民、難民、人身売買、テロリズムなど、それぞれ異なるはずの（流動的な）諸事象が「脅威」としてまとめて把握されてしまう。最悪の場合、移民、難民の身体は、「テロリスト」の身体との連続線上に位置づけられ、その文脈において統治される。ちょうど「対テロ戦争」において「テロリスト」と疑われた人間が、既存のあらゆる法的権利の領域から放り出されて収容所に拘禁されるように、移民たちは移民収容所に拘禁される。

6　ネットワーク地政学、情動の地政学

　今しがた引用した同じ論文の中で、オトゥーホールはこうも述べていた。「我々にとって便利でありふれた地政学的想像力は、空間的ブロック、領域的存在、固定されたアイデンティティによって世界を可視化し、地図化するのであるが、それは、空間が速度により置き去りにされ、領域性が遠隔測定法によって蝕まれ、単純で固定的なアイデンティティが複雑で不安定な混合性のネットワークの中にかすんでいるような世界においてはもはや適切ではない」（オトゥーホール　2001：113）。

　ここでは、先ほど言及したような非国家的なアクター（非人間も含む）が、地図上に十分には可視化し得ないことが明かされている。この「脱領域化する過剰な脅威」が、どこにいるか、どこに動くか、どこにとどまるかを完全には把握できない。地政言説は、あらゆるもの、あらゆる敵、あらゆる資源、あらゆる人口を、そしてあらゆる存在を、地図上に位置づけられる、可視化できる、いわば地上の一切を均等に見渡せるとする近代の地図学的理性を前提としてきた（北川　2017）。とすると、昨今の趨勢は、近代の地政言説の根幹にあった地図学的理性を重大な危機へと陥れることになる。移動する非国家的な「脅威」は、「われわれ」と「かれら」の空間的・政治的境界を乗り越えることで、潜在的にこの区別を瓦解させうるし、こうした区分に基づいて仕上げられる地政言説の筋書きを無効化してしまいかねない。

　こうした「脅威」を捕獲するためには、それがどこにいるのか、どのような経路で移動するのか、その「隠れ家」はどこか、といったことについての知識が求められる。これは、ネットワーク地政学（network geopolitics）とも呼ばれる（フリント 2020）。「対テロ戦争」の文脈においては、警察活動と混淆しながら、「テロリスト」を見つけ出し捕獲・殺害する上で、かれらのグローバルなネットワークで不可欠な位置を占める結節点が標的として重要性を与えられてきた（フリント 2014）。類似の動きは、移民統治の文脈でも見られる。EU は、ヨーロッパまでたどり着いた移民たちの身体から経路を含む「密航」ネットワークの情報を大量に抽出、蓄積することに全力を傾けている（Garelli and Tazzioli 2018）。それは移民たちの移動経路の地図を逐次作成し、経路を把握・予測するためであるが、都市のインフラを標的とする昨今の戦争とも同じように、このような経路を構成する物質的・技術的インフラ（船やトラックなどのモノも含む「密航」ネットワーク）を明らかにし、それを解体することで、移動可能性を減じるためでもあろう。

　その一方で、確固たる敵を地理的・存在論的に安定しては特定できないがゆえに、社会の中に安全についての不安感がおよそ解消不可能な形で醸成されうる。リビアには、カッザーフィー（カダフィ）のようなわかりやすい敵はもういない。だからこそ、内戦下のリビアを経由してくる移民たちの中に「テロリスト」がいるのではないかと恐れ、移動する身体をこのように乱雑に言説化してしまう動きが刺激される。「脱領域化する過剰な脅威」は、一時的に地図上のどこかにその存在を位置づけられたとしても、まさに「過剰」であるがゆえに、その移動性に対峙して、人々は、（政治的にすすんで醸成もされうる）不安や恐怖の中に身を置かざるを得ない。

　批判地政学は、地理、人、モノへの意味づけを積み重ねて、一貫性のある政治的「真理」を構築する地政言説の働きを問うてきたはずだ。しかしこの過剰な脅威に直面して、安定した政治的・地理的現実の創出が困難となるのなら、現代の地政学が言説によって仕上げられる「真理」へのみ依拠して作動することはできない。存在論的な不安や恐怖が生の条件だというのなら、それを創出し、それに働きかけ、それを通して構成される地政学が展開され、より前面へ

> Box 11-2　情動・感情、男性性、「対テロ戦争」
>
> 　9.11は実際の攻撃に加えて、攻撃シーンがメディアを通じて世界中に放送された
> ことで、アメリカの力を象徴的な水準において去勢するものだった。だからこそ、
> 不安の渦中でも、アメリカ＝「われわれ」はなおも堂々としており、「男」として
> 力強く支配力があることを誇示するべく、すぐさまアフガニスタンへの軍事攻撃が
> 展開されたのではないだろうか。
>
> 　この「対テロ戦争」は、2003年になるとイラクの攻撃へと向かった。イラクで大
> 量破壊兵器が製造されていることが主な理由である。しかし、後にアメリカ当局も
> 認めるように、イラクに大量破壊兵器はなかった。実際には確証などなかったにも
> かかわらず、軍事行動は展開された。これは単純に間違っていたとか、合理的な判
> 断がなされていれば、イラク戦争はなかったという問題ではない。ここでは、大量
> 破壊兵器があるかどうかという真実をめぐる問いは、二次的なものとなっている。
> この軍事攻撃は、アメリカを去勢した「テロリスト」と結託するはずのフセイン大
> 統領を攻撃しなければならないという欲望によって、2001年9月の時点からすでに
> 計画されていた。
>
> 　こうして、政府も人々も「満足感」を得る。しかし、それはあくまでも一時的な
> 「満足感」にとどまらざるを得ない。不安と恐怖の感情、そしてわれわれの生のも
> ろさそのものは消去されていないからである。「満足感」は、その度に作り出され
> ねばならないし、何度も繰り返されねばならない。「興奮」と「満足」の回路が無
> 限に開かれる。その循環は加速し、その刺激はますます強化されているのではない
> か（北川 2017）。

と躍り出てくるのではないか。

　「9.11が可能としたのは、アメリカの外交政策における知に対する情動の勝
利である……この勝利は、たとえそうするための納得のいく証拠がないとして
も、イラクを攻撃したいという欲望によって示されている。知的熟慮や政策の
信頼性は、「本能的な」確信と判断の二の次となった」（Ó Tuathail 2003：863-
864）。この文章は、現代地政学における情動（affect）の問い、そして身体の問
いを再度浮かび上がらせるものだ。情動とは、言語の意味作用を通して認識さ
れ、思考される位相よりも、それらに先立つ身体の刺激を受ける、与える、反
応するという水準で働く。伝統地政学でも、当然、情動は重要な役割を果たし
ていた。しかし目下の情動の地政学が求めるのは、それらしい一貫性のある地

政言説、「真理」を確実に創出するよりも、「今ここでダイレクトに人々の情動をモジュレートする」(酒井・松本 2006：77；森 2020) ことにある。情動の地政学は、物事が真実なのかどうか、合法か違法なのかという基準とは別の位相へと歩を進める。「移民による侵略がなされようとしている」、「移民の中にテロリストが紛れ込んでいる」と。この言説‐情動は、テレビや SNS など大衆地政学の領域を通じて拡散し、人々を刺激し続けている (Box 11-2)。

　安全性が根底からの揺らぎを見せる情勢下で、身体の反応をモジュレートする言説は、極めて断定的であり、いっそう単純化される傾向にある。ここから二項対立の地政言説がより勢いよく前景化してくる。「対テロ戦争」下では、地中海はイスラームとヨーロッパの「文明の衝突」の舞台として改めてイメージづけられてきた。こうして、社会に不安や恐怖が醸成され、それらからの絶対的な安全、絶対的に安全な身体を欲して、脅威とされた対象 (移民) の即刻の除去が猛烈に求められてしまうのだ。

7　ローカル化される地政学、反地政学、オルタナティブ地政学

　本章の冒頭で引用した「こうしてランペドゥーザは IS の恐怖を生きる」について、記事の続きを紹介したい。「政府はその責任を果たさなければならない……今や問題は、何よりもまずイタリア人たるランペドゥーザ島民の生なのだ[7]」。ランペドゥーザは、顔のはっきりしない脅威に、最も地理的に近接していると考えられるがゆえに、イタリア国家は島民の安全を保護しなければならないと。なぜなら、ランペドゥーザはイタリア領であり、その島民はイタリア国民だからというわけである。国家や EU の地政学がローカル化されてきた国境地帯・ランペドゥーザ。この小さな島では何が起こっているのか。

　かつて漁業に生きたこの島は、今や美しい海で知られ、夏は観光客で賑わう島でもある。少なくともここ20〜25年の間、地中海で移民を救助する、または運ばれてきた移民に対応するという理由で、様々な類の人々がこの島にやってきた。何よりもまず、軍人や各種警察官、かれらの船や車両が急増した。また移民の船を探知するため、そして地中海南岸を監視する目的もあって、この島

には8つのレーダーが設置されている。さらに UNHCR などの国際機関、人道 NGO など、移民の保護にあたる人々、大勢の報道陣もやってきた。

　しかし3でも述べたように、軍事的・警察的なものと人道的なものが現実には混成している。警察や軍隊が、移民の海難救助活動において賞賛され、「感動」スペクタクルを演出する主役にもなれば、人権保護の国際機関が、保護に値しない移民の選別に深く関与することもある。ヨーロッパの「入口」言説にせよ「出口」言説にせよ、ランペドゥーザというローカルな場所からすれば、いずれもが国家や EU のなす地政学の一部である。ヨーロッパの政策によって、アフリカからの正規の移動・入国回路が狭められていることもあり、人々は死の危険があっても、地上を移動して地中海に出ようとする。かれらの安全は、ほとんど保障されていない。そして地中海で移民が溺死するたびに、「悲劇」はもう終わりにしなければならないと叫ばれて、人命救助を理由としながら、地中海のさらなる監視、軍事化が正当化されてしまう。そのたびに、EU や国による大規模予算のプロジェクトが始動し、船艦、飛行機、ヘリコプター、ドローン、レーダー、人員が配備される（Askavusa 2018；北川 2018）。ランペドゥーザ島で日常を生きていれば、「移民」を理由（口実）として、島の軍事化が進められてきたように見えなくもない。

　フェミニスト地政学の知見と共鳴しながら、ある島民はこう問う。[8] 一体誰がこの島の安全、島民の身体を危険に晒しているのか。移民、難民なのか。それとも、移民への対応を理由に一方的に存在感を増大させるイタリア国家、EU、NATO、軍需産業なのか。19世紀半ば以来、国家の安全保障をめぐる地政学的打算によって、社会的・経済的・政治的に周辺化され、囚人の島流し、要塞、NATO などの基地の場所として用いられてきた国境の島・ランペドゥーザ。本土との交通、医療設備の不足など、島民の社会的安全は欠如している一方で、「移民の管理」、「移民の受け入れ」という地政学的・生政治的文脈の中で、島全体が軍事基地ないしは収容所のような位置づけを与えられつつある。政権を担う政党の政治家は述べる。「地中海はイタリアとヨーロッパにとっていつも最重要エリアだ。ランペドゥーザは、このエリアの中心にある戦略的場所だ」（Mazzeo 2019に引用されている発言）。今やこの小さな島に集中するレー

ダーからの強烈な電磁波によって、島民の健康被害の問題すら指摘されている
（Askavusa 2018）。

　また別の島民はこう言う[9]。この島は近代国家のはるか以前から、地中海のそ
の地理的位置のために、歴史的にずっと難破した雑多な人々の休憩所、避難所
だった。しかし、現在ではその歴史が国家によって流用されているのだと。こ
こで言われる「地理的位置」は、すでに論じてきた領土化された国家の地政学
的文脈において言及されるそれと同じなのだろうか？　否、これは地政学的国
境として、生政治的管理の場所として利用される地理的位置ではなかろう。そ
れはむしろ、国家の地政学とは無縁、または国家の地政学から逃れた場所、避
難所であり、難船するあらゆる人々が避難し、歓待されてきた場所のことであ
る。

　昨今、シーウォッチなど複数のNGOが自律的に行う地中海での移民の救助
活動は、しだいにこのような文脈に位置するようになってきているともいえ
る。イタリア政府が、こうした船の港への着岸を拒否するような情勢において
は、ゆえに移民たちを乗せたまま地中海を数週間にわたって船が漂流させられ
る情勢においては。移民を乗せたNGOの船は、リビアの港ではなく、ランペ
ドゥーザへの着岸を求める。救助地点の最も近くにある「安全な港」は、ラン
ペドゥーザだからである[10]。覇権的な地政学は、リビアを内戦状態へと陥れ、地
中海という自然環境を利用して、そこに移民たちを（死ぬままに）放置しよう
とするが、移民の救助船はそれに抵抗し、それとは別のやり方でこの海と島を
理解することで、ランペドゥーザの避難所としての記憶を現代へと呼び起こし
ているともいえようか。ただしこの動きは、島民たちの現代の日常生活とは、
なおも距離がある。

　ここで挙げてきた話には、不安や恐怖に苛まれて、国家による安全保障を求
めるには至らない知恵や思想、覇権的な地政学へと導かれることのない実践が
ある。これらは、いわば「反地政学（anti-geopolitics）」（Routledge 1998）、ある
いは、より人々の日常生活と結びついた「オルタナティブ地政学（alter-geopol-
itics）」（Koopman 2011；ラートリッジ 2020）が切り開かれる可能性を示唆してい
る。

　このように批判地政学にかかわる研究は、様々な概念や理論を用いながら、グローバルな安全保障がどのような仕組みを通して形成されているのかを白日の下に晒そうとする。またそれのみならず、この知的潮流は、様々な地理的スケールを横断することで、それとは別の世界への想像力、現実を模索し構築する政治的挑戦でもあるのだ。

設　問

・批判地政学では、言説やイメージが重視されてきた。世界の各地域・各国に対して、どのようなイメージをもっているだろうか？　また、なぜそのようなイメージをもつようになったのだろうか？　さらには、こうしたイメージが実際の安全保障をめぐる政治でどのように作用しているかを考えてみよう。

・大衆地政学では、メディアの役割が問われてきた。メディアには様々な種類がある。新聞やテレビなどのマスメディア、さらにはツイッターやフェイスブックなどの SNS。マスメディアと SNS には、安全保障をめぐる国際政治の語り方にどのような違いがあるだろうか？　またそこで語る人々、それを受け取る人々にはどのような違いがあるだろうか？

・オルタナティブ地政学は、「安全保障」の意味を捉え直そうとする。国家の地政学的安全ではなく、日々の生活（労働や子育てなど）と密着したところから安全保障について考えてみよう。後者の安全保障は、前者のそれと一致するのだろうか、齟齬をはらんだり、衝突したりするのだろうか？　具体的な事例を通じて考えてみよう。

【注】

1）　*Il Giornale*, 2015年2月16日（http://wwwlgiornale.it/news/cronache/cos-lampedusa-vive-minaccia-dellisis-1094708.html, last visited, 30 May 2016）参照。

2）　注1）参照。

3）　日本のかつての地政学の詳細については昨今研究が進んできたが、山崎（2013）の第1章がわかりやすい。より詳しいものとして、柴田（2016）、高木（2020）がある。当時の地政学の世界的動向を概観する上では、現代地政学事典編集委員会編（2020）の3章が有益である。

4）　Città di Torino, Raccontare Lampedusa（http://www.comune.torino.it/circ7/cm/pages/ServeBLOB.php/L/IT/IDPagina/2865, last visited, 30 May 2016）参照。

5）　ファブリツィオ・ファズーロへの筆者によるインタビュー（2015年5月3日）。

6）　ラウラ・ボルドリーニのランペドゥーザでの演説（2009年9月12日）。

7）　注1）参照。

8）　ジャコモ・スフェルラッツォへの筆者によるインタビュー（2011年6月13日）。

9）　ニーノ・ターラントへの筆者によるインタビュー（2017年2月18日）。

10）　*La Repubblica*, 2019年7月6日（https://www.repubblica.it/cronaca/2019/07/06/ news/alex_le_4_bugie_di_matteo_salvini-230542295, last visited, 25 August 2019）　参照。

〔参考文献〕

大城直樹（2020）「心象地理と地政学的認識」現代地政学事典編集委員会編『現代地政学事典』丸善出版、382-383頁

オツァセール，ジェロイド／アグニュー，ジョン（1998）「地政学と言説──アメリカの外交政策にみられる実践的な地政学論」森崎正寛・高木彰彦訳『空間・社会・地理思想』3号、155-168頁

オトゥーホール，ガローゲ（2001）「ポストモダンの地政学？──近代地政学的想像力とその克服」實一穂訳『空間・社会・地理思想』6号、113-129頁

北川眞也（2017）「地図学的理性を超える地球の潜勢力──地政学を根源的に問題化するために」『現代思想』45巻18号、178-193頁

北川眞也（2018）「もっと地理的な批判地政学を求めて──地中海・ランペドゥーザ島から考える」『地理』63巻3号、54-61頁

北川眞也（2020）「批判地政学」現代地政学事典編集委員会編『現代地政学事典』丸善出版、412-416頁

クープマン，サラ（2020）「フェミニスト地政学」北川眞也編訳、現代地政学事典編集委員会編『現代地政学事典』丸善出版、416-419頁

現代地政学事典編集委員会編（2020）『現代地政学事典』丸善出版

酒井隆史・松本潤一郎（2006）「〈対談〉情動の政治学──身体は何を欲しているのか」『談』76号、71-93頁

柴田陽一（2016）『帝国日本と地政学──アジア・太平洋戦争期における地理学者の思想と実践』清文堂出版

高木彰彦（2020）『日本における地政学の受容と展開』九州大学出版会

土佐弘之（2017）「地政学的言説のバックラッシュ──「閉じた」世界における不安と欲望の表出」『現代思想』45巻18号、60-70頁

ドッズ，クラウス（2012）『地政学とは何か』野田牧人訳、NTT出版

成瀬厚（2020）「メディアと大衆地政学」現代地政学事典編集委員会編『現代地政学事典』丸善出版、406-407頁

フーコー，ミシェル（2007）『ミシェル・フーコー講義集成6　社会は防衛しなければならない──コレージュ・ド・フランス講義　1975-76年度』石田英敬・小野正嗣訳、筑摩書房

フリント，コーリン（2014）『現代地政学——グローバル時代の新しいアプローチ』高木彰彦監訳、原書房

フリント，コーリン（2020）「ネットワーク地政学」北川眞也編訳、現代地政学事典編集委員会編『現代地政学事典』丸善出版、412-416頁

ミンカ，クラウディオ（2020）「生政治と地政学」北川眞也編訳、現代地政学事典編集委員会編『現代地政学事典』丸善出版、458-461頁

森正人（2020）「感情・情動の地政学」現代地政学事典編集委員会編『現代地政学事典』丸善出版、462-463頁

山﨑孝史（2013）『政治・空間・場所——「政治の地理学」へむけて（改訂版）』ナカニシヤ出版

山﨑孝史（2020）「地政学とスケール」現代地政学事典編集委員会編『現代地政学事典』丸善出版、374-375頁

ラートリッジ，ポール（2020）「オルタナティブ地政学」山﨑孝史編訳、現代地政学事典編集委員会編『現代地政学事典』丸善出版、424-427頁

Askavusa（2018）Lampedusa: Istruzioni per l'uso（https://askavusa.files.wordpress.com/2018/07/lampedusa-istruzioni-per-luso-2018-askavusa.pdf, last visited, 25 August 2019）.

Dittmer, Jason（2019）*Popular Culture, Geopolitics, and Identity*, 2nd edition, Lanham, Maryland: Rowman & Littlefield Publishers.

Garelli, Glenda and Tazzioli, Martina（2018）"The Humanitarian War Against Migrant Smugglers at Sea," *Antipode*, vol. 50, pp. 685-703.

Hyndman, Jennifer（2001）"Towards a Feminist Geopolitics," *The Canadian Geographer*, vol. 45, pp. 210-222.

Hyndman, Jennifer（2012）"The Geopolitics of Migration and Mobility," *Geopolitics*, vol. 17, pp. 243-255.

Hyndman, Jennifer（2019）"Unsettling Feminist Geopolitics: Forging Feminist Political Geographies of Violence," *Gender, Place and Culture*, vol. 26, pp. 1-26.

Koopman, Sara（2011）"Alter-geopolitics: Other Securities are Happening," *Geoforum*, vol. 42, pp. 274-284.

Massaro, Vanessa and Williams, Jill（2013）"Feminist Geopolitics: Redefining the Geopolitical, Complicating（In）Security," *Geography Compass*, vol. 7, pp. 547-577.

Mazzeo, Antonio（2019）E l'isola di Lampedusa diventa sempre più avamposto NATO …（http://antoniomazzeoblog.blogspot.com/2019/05/e-lisola-di-lampedusa-diventa-sempre.html, last visited, 25 August 2019）.

Ministero dell'Interno（2009）Immigrazione irregolare, Maroni: a Lampedusa fine dell'emergenza sbarchi entro l'estate（http://www.interno.it/mininterno/export/sites/default/it/sezioni/sala_stampa/notizie/2100_500_ministro/0661_2009_01_09_Maroni_a_Lampedusa.html_1411422172.html, last visited, 26 March 2010）.

Ó Tuathail, Gearóid（1996）*Critical Geopolitics*, Minneapolis: University of Minnesota Press.

Ó Tuathail, Gearóid（2003）""Just Out Looking for a Fight": American Affect and the Invasion of Iraq," *Antipode*, vol. 35, pp. 856-870.

Ó Tuathail, Gearóid（2010）"Localizing Geopolitics: Disaggregating Violence and Return," *Political Geography*, vol. 29, pp. 256-265.

Routledge, Paul（1998）"Anti-geopolitics," *A Companion to Political Geography*, eds. Agnew, John *et al.*, Oxford: Blackwell, pp. 236-248.

Sharp, Joanne（2000）"Remasculinising Geo(-)politics? Comments on Gearóid Ó Tuathail's Critical Geopolitics," *Political Geography*, vol. 19, pp. 361-364.

Squire, Vicki ed.（2011）*The Contested Politics of Mobility: Borderzones and Irregularity*, Abingdon: Routledge.

Walters, William（2002）"Mapping Schengenland: Denaturalizing the Border," *Environment & Planning D: Society and Space*, vol. 20, pp. 561-580.

第12章

テロリズムの夜明け、リアリズムの黄昏
――拡散する例外状態

小林　　誠

1　銃声と爆発音

　2015年、アメリカのカリフォルニア州サンバーナディーノでアサルト・ライフルを用いた乱射事件があり、14人の命が奪われた。事件直後、バラク・オバマ米国大統領は事件の原因が特定されていない時点で「テロリストとの関連がありうる」と記者団に述べた。容疑者2名は警察との銃撃戦で射殺されたが、2日後、FBI（米連邦捜査局）はテロリズム事件として捜査を開始したと発表した。その後、関係先から大量の銃弾や爆弾が見つかり、FBIが警戒対象としている特定人物と連絡を取っていたことが明らかになった。また2人がイスラーム国（ISIL）に忠誠を誓うメッセージをSNSに残していたこともわかった。

　以上の経過を見ると、あからさまな暴力的犯罪でも、テロリズムとして認定される暴力とそうでない暴力とが区別される用語法が用いられていることがわかる。ちなみに米国法典22の2656f はテロリズムを、「国家より下位（サブナショナル）の集団や秘密結社による、戦闘的でない目標に対する前もって計画された政治的に動機づけられた暴力であり、通常は大衆に脅威を与えるもの」と定義している。[1]

　とはいえ、テロリズムをどう定義すべきかについて国際社会は長年にわたり議論を続けてきたものの、メンバーの間でコンセンサスに到達したことはなく、今も終わりのない議論を続けている。1937年にジュネーブで「テロリズムの防止及び処罰に関する条約」の締結が議論され、第1条草案では「一国家に

213

対して向けられ、かつ、特定個人、個人の集団、もしくは一般公衆の精神に恐怖状態を作り出すことを意図しもしくは予想した刑法上の行為」とテロリズムを規定しているが、未発効に終わった。国際連合では96年に包括的テロリズム関連条約作成の提案を受けてアドホック委員会が作られ、条約案も提案されたものの、テロリズムの定義について合意がなされず、締結には至らなかった。

　このため今日でも、テロリズムを包括的に定義し、これを規制する国際条約は成立していない。こうした状況で、テロリズムを防止するための個別の事例を扱う国際条約は14に数えられるが、各々の対象犯罪について個別の構成要件を規定する形になっている。例えば「航空機の不法な奪取の防止に関する条約」（1970年）ではハイジャックを、「核物質の防護に関する条約」（87年）では核物質の奪取を、「テロリストによる爆弾使用の防止に関する国際条約」（97年）では爆弾を用いた犯罪をそれぞれ定義し、それらを取り締まろうとしている。2004年の安全保障理事会決議1566号は、テロリズムについて「恐怖を巻き起こすための死傷をもたらすような市民への犯罪」であり、「政治、哲学、イデオロギー、人種、エスニシティ、宗教、その他の性質に考慮してもいかなる場合も正当化され得ない」とその性質に言及している。しかし、テロリズムは「テロリズムに関する国際協定やプロトコールに反するものと定義される」とし、内実は他の取り決めに任せている。

2　テロリズムを定義する

　こうした事情を反映し、テロリズムに関する研究書の多くがテロリズムの定義が極めて多様であることを指摘している。テロリズムの定義についての議論の混乱ぶりを簡単に紹介しておこう。先に挙げたアメリカの国法を手がかりに用いれば、テロリズムの主要な定義的要件は、第1に「国家より下位（サブナショナル）の集団や秘密結社」によること、第2に「戦闘的でない目標に対する」もの、第3に「政治的に動機づけられた暴力」であり、第4に「通常は大衆に脅威を与えるもの」となる。

　まず国家より下位の非国家アクターによるという要件は、国家による直接的

な暴力行使をテロリズムから除外することを意味する。国家が物理的な暴力行使の正統な独占を主張する共同体である限り、国家自らはテロリストではないと宣言することは、国家の暴力の規制が適切に行われている場合にはその程度において有効だといえる（Wight 2009）。だがそもそもテロリズムやテロルなど、ラテン語の共通の語源をもつ言葉は、フランス革命時の政権による暴力を指す概念として使われ始めた。その後、国家による直接的暴力は、戦争を除いても、ナチス・ドイツによるホロコースト、スターリン体制下の大粛清へとエスカレートする。その後も、行政や司法の手続きから明らかになった事例に限ったとしても、北朝鮮政府によるラングーン廟爆破事件（1983年）や大韓航空機爆破事件（87年）、アメリカ政府によるキューバ社会主義政権に対する間接侵略や破壊工作やニカラグアのサンディニスタ政権への軍事活動、ロシア連邦保管局によるモスクワ・アパート連続爆破事件（99年）など、世界史を彩る国家による非合法な直接的暴力の行使は枚挙にいとまがない。

　国家による正統性のない直接的暴力の行使をテロリズムに含めないという基準を立てることは、テロリズム概念のインフレーションを抑える働きがある。例えば国軍による戦争犯罪や国家が執行する死刑などの刑罰をテロリズムと区別することが可能になる。しかし後に述べるように、テロリズムの最も中核的な性質が政治的動機に基づく直接的暴力ならば、国家による正統でない直接的暴力は実に政治的であるために、これをテロリズムから排除するのは論理的でないだろう。

　テロリズムの定義の第2の要件は「戦闘的でない目標に対する」ものである。典型的には一般市民を標的にした無差別攻撃が想定されている。しかし戦闘員、つまり軍隊や準軍事組織への不正規の直接的暴力はさほど珍しくない。レバノンのヒズボラは、自国からのアメリカとその同盟者の追放とイスラーム政府樹立を求め、1983年、ベイルート海軍兵舎への自動車爆弾による攻撃を行い、軍人200名以上が死亡した。次いでフランス平和維持軍も続けて攻撃され、58人が死亡した。2000年にはイエメンのアデンに就航中の米海軍駆逐艦コールにアル＝カイーダのメンバー2名が自爆攻撃を行い、17名が死亡した。言うまでもないが、ヒズボラもアル＝カイーダもともにアメリカがテロリストに指定

第Ⅱ部　争点と事例

している組織である。03年にはイラク南部のイタリア警察軍駐屯地にトラックを使った自爆テロで24名が死亡した。

　戦闘員への直接的暴力をテロリズムの定義に含めないのは、テロリズムと戦争との区別を明瞭にする意味があるだろう。他方で、現代では国軍同士の戦う正規戦が少なくなり、国家アクターと非国家アクター（地方政権、民兵、民間軍事会社、自警団、マフィアなど）が多様に混交して戦う非正規戦が通常となった「新しい戦争」の時代である。またグローバリゼーションと情報化の進展で戦闘行為自体が極めて多様になっている（Jordan *et al.* 2016）。「戦闘的でない目標に対する」ことをテロリズムの定義に含めることは、とりわけ現代的な変化を読み損なうことになる。

　テロリズムの定義の第3の要素は「政治的に動機づけられた暴力」である。これによって金品目的の銀行強盗や身代金誘拐、個人的怨恨による殺害や傷害といった「私的暴力」からテロリズムを区別することができる。この意味では、テロリズムは公的な意味をもつ。ブルース・ホフマンは「この用語の最も広く受容された用法では、テロリズムは基本的に、そして元来的に政治的である。またそれは不可避的に権力についてのものである。つまり権力の追求、権力の獲得、そして政治的変化を実現するための権力の行使にかかわるものである。したがってテロリズムとは、政治的目標を追い求めて、あるいはそれに資するよう用いられ方向付けられた暴力、そして同様に重要だが、暴力による脅威である」と論じている（Hoffman 2017：2-3）。

　おそらくテロリズムの現代的概念が含み伝える要素のうち、最も中核にあるのがこうした政治性であろう。しかし、政治的動機というのはこれもさほど明確な基準ではない。2016年に日本の相模原市の知的障害者福祉施設で入所者19人が刺殺され、多数が重軽傷を負うという事件が起きた。容疑者は「重度障害者は世の中には不要」とする信念から動機を語っている。これは政治的に動機づけられたテロリズムと見ることもできるだろうか。01年の大阪教育大学附属池田小学校で起きた無差別小学生殺傷事件は、さらに判別が曖昧になる。15人を見境なく殺した犯人は、社会に対する不満から将来エリートになるであろう子どもたちを殺そうとしたと証言した。これはどこまで政治的動機なのか。あ

るいは没政治的なのか。

　そもそも一般にテロリズムと目される直接的な暴力行使の背景に故国の領土を取り戻すという動機があることは珍しくない。それは専ら政治的なのだろうか。例えばイスラエルは国連決議に反してまでパレスティナ自治区ヨルダン川西岸での入植地を暴力的と言うべき方法で広げている。これは故地を回復するという政治的動機で説明すべきものであって、財産を殖やすという実利的な動機はそれと同じ程度には重要ではないということなのだろうか。

　テロリズムの定義の第4の要素は、「通常は大衆に脅威を与えるもの」である。だが社会に秘匿して行おうとする正統でない直接的暴力の行使の例もある。1985年、フランス諜報機関がニュージーランド停泊中のグリーンピース艦船の水爆実験抗議運動を阻止しようと爆破し、船が沈没して1名が死亡する事件があった。実行犯が逮捕されなければ、事故として処理されていたかもしれない。一般に知り得ない水面下の直接的暴力が、知られないからこそ暴力を行使した者からは成功だと判断されている事例が少なくないことはたやすく推測できる。「闇から闇へ葬られる」テロリズムを定義から外していいものだろうか。

3　定義を破壊する

　以上のように、テロリズムの定義として用いられる指標は、広い範囲で合意が成り立つものではない。テロリズム理解の難しさは、テロリズムの概念内容が歴史的に変化してきたということもあるが、正統でない直接的暴力を用いる側が既存のテロリズムの定義を意図的に突破しようとすることをしばしば意図することにもある。新たな攻撃を考案し、新たな脅威を拡大することがテロリストの狙いであるからだ。

　2001年の9.11アメリカ同時多発テロリズムは、グローバル・テロリズムという新たな形態を顕在化させた。テロリズムが国境を越えて計画され実行され、それに伴いテロリズムは警察の管轄を超え、国家安全保障の大きな課題に浮上したのである。テロリズムというイシューが軍事化したのだ。それまでは

他の国家に対して行使するものとして想定されていた国際連合憲章上の自衛権の規定が、非国家アクターであるテロリストに対して行使され、アフガニスタン戦争となったことは極めて象徴的である。「対テロ戦争」の本格的な始まりである。「対テロ戦争」は、その後もイラク戦争、イスラーム国掃討へと連鎖していく。「対テロ戦争」は、グアンタナモ収容キャンプでの収監、強化訊問と呼ばれる拷問、レンディション（特別拘留）、国境を越えたドローン攻撃といった、法的手続きを必ずしもまっとうしない手段を用いて展開されている（Jackson ed. 2018：Part Ⅲ）。国家テロリズムの常態化という新たな展開が起きているといえるだろう。

　テロリズムそのものによるテロリズムの定義の破壊は、空間的な意味ではグローバリゼーションという局面の先に宇宙テロリズムという範疇を用意している。さらに機能的領域に関して言えば、金融テロリズム、情報テロリズム、サイバーテロリズム、バイオテロリズムといった分野にすでに広がっている。この先には認知能力に対するテロリズム、時間に対するテロリズム、記憶に対するテロリズム、DNA に対するテロリズムがありうるだろう。表現のスタイルとしては、芸術としてのテロリズム、スポーツとしてのテロリズム、セックスとしてのテロリズムがありうるのかもしれない。

4　政治的ラベリングのパフォーマンス

　上に論じたことから、テロリズムという言葉は分析概念として有効ではないという見解もありえる。おそらく学問的にはそう考えるべきだろう。実際、日本の刑法上はテロリズムという刑事犯罪は存在しないので、日本ではテロリズムは法律上は発生しないし、そのやり方で困った事態になっているわけでもない。テロリズムの　般的な定義を定めるのは、極めて政治的な言説の中に問題設定があることを理解しない無知な営為か、あるいは自覚した上での政治的な立場の表明でしかない。そこで次に、テロリズムとは何か、どんなテロリズムが起きたのか、という現実についての問題以外の方法でテロリズムを考えてみよう。テロリズムやテロリストは極めて政治的な概念であり、「それはテロリ

ズムだ」「彼らはテロリストだ」という名付けが行われる政治ゲームというパフォーマンスを考えるということである。テロリズムについての政治は、政治的な直接的暴力そのものよりも、名付けの政治ゲームなのである。

　この名付けの政治ゲームは極めて熾烈である。テロリズムの内実が定かでないにもかかわらず、通常はそれが絶対悪として考えられているからだ。1994年、国連総会は「国際テロリズム廃絶措置宣言」を採択し、96年には「1994年宣言補足宣言」を採択し、「どこで誰が行おうと、いかなるテロリズム行為や慣行も犯罪であり、正当化できない」として非難した。2016年の伊勢志摩サミットの「テロ及び暴力的過激主義対策に関する G7 行動計画」の採択を受けて、翌年のタオルミーナでのサミットでは「テロ及び暴力的過激主義との闘いに関する G7 タオルミーナ声明」が採択された。そこでは、「マンチェスターにおけるテロの犠牲者の家族に哀悼の意を表する。テロを最も強い言葉で非難する。テロとの闘いは主要な優先事項であり、これをより高いレベルに引き上げる」とうたわれた。日本外務省のホームページの「日本の国際テロ対策協力」では「テロは、いかなる理由をもってしても正当化できず、断固として非難されるべきものである」との文言が見られる。[2)]

　好ましくない他者の行為をテロリズムと呼び、彼らをテロリストと名付けることで、排斥を強めることができる。彼らに戦闘を挑んでもいいし、挑むべきだし、場合によっては殺害もやむを得ない。冷戦期には、社会主義諸国では「階級の敵」「人民の敵」「反革命」という他者に対するラベル貼りが、自由主義諸国では「ファシスト」「自由の敵」「全体主義」などが用いられた。冷戦が終わった現代では、テロリズムやテロリストというラベルは、多様なイデオロギーや文化や時代を横断する普遍的な価値剥奪の言葉となった。

　テロリズム概念のこのような用いられ方は、当然視すべきことではない。戦争が必ずしも絶対悪として考えられていないことと対照的である。戦争については、「正しい戦争」はありうるかという論争がはるか昔から現代まで続いている。これと異なり、「正しいテロリズム」は今日では政策的に標榜されることはないし、それを追究する学問的な議論があるわけでもない。「違法に見えるが、正当な政治的暴力がありうるのではないか」「暴力には人間を解放する

機能がときにはあるのではないか」という難問は昔から議論されているが、それを論じる余地があるとしてもテロリズムと呼ばない用語法が前提である。「正しいレイプ」が存在しないのと同じように、正当でないという属性を本質的に含んだ概念として流通している。

　歴史を振り返れば、フランス革命もアメリカ独立もロシア革命も、外形的には通常の意味でのテロリズムを大規模に用いて実現された。世界各地で見られた途上国での帝国主義や植民地主義への戦いも同様である。繰り返すが、それらが実際にテロリズムの定義に当てはまるかどうかを議論するよりも重要なのは、テロリズムとみなされたりそうでなかったりする政治的ラベリングのパフォーマンスという文脈である。スリランカで「タミル・イーラム解放の虎」を率いたヴェルピライ・プラバカランは、アメリカ同時多発テロリズムのしばらく後に、自らは具体的な政治目的のために暴力を行使するのであるからテロリストではないと自弁した。世界的なテロリズムに対する戦いは「本物のテロリスト」を標的にすべきであり、「欧米の民主主義国はテロの概念をわかりやすく明確に定義すべきだ」と演説している（バーカー 2004：58）。絶対に避けよと定言命令を持ち出すならば、その定義を明らかにすべきだという主張に誤りはない。

　政治的ラベリングのパフォーマンスの例を挙げてみよう。安重根（アンジュングン）は1909年、前韓国統監の伊藤博文を満州のハルビンで暗殺した。ロシア警察に捕らえられ、日本の関東都督府に引き渡され、裁判を経て死刑に処される。だが韓国人の中には今なお、安重根を日本帝国主義への愛国的な抵抗運動を行ったヒーローと見る人は少なくない。2014年には暗殺現場となった中国のハルビン駅に彼を顕彰する安重根義士記念館が中国政府によって開設された。韓国外交部は「開館を歓迎し、高く評価する」との談話を発表した。これに対し、日本の菅義偉内閣官房長官（当時）は「安重根はわが国の初代首相を殺害し、死刑判決を受けたテロリスト」だと述べ、「（その顕彰は）地域の平和と協力の関係の構築に資するものではない」と述べた。[3] これを受け、韓国外交部は「伊藤博文こそ植民地支配と侵略を総括した元凶」であり、「安重根義士の義挙を卑下するのは村山談話を否定することにほかならない」と論評した

（『中央日報日本語版』2014年3月31日）。19年にはソウルで「安重根義士の義挙110周年記念式典」が開催された。安重根はテロリストだろうか。

　1914年、オーストリア＝ハンガリー二重帝国の皇帝・国王の継承者であるフランツ・フェルディナント夫妻が、サラエヴォを視察に訪れた。市庁舎を出た車中の彼らを、ボスニア系セルビア人であるガヴリロ・プリンツィプが射殺した。背後にセルビアのナショナリスト運動を嗅ぎ取ったオーストリア＝ハンガリー政府は最後通牒をセルビアに送り、これが拒否されることで第一次世界大戦が始まった。サラエヴォ事件である。これから100年を迎えた2014年、サラエヴォにプリンツィプの等身大の銅像が建設された。除幕式などの一連の式典が行われ、有力なセルビア人政治家が出席した。ボスニア・ヘルツェゴビナ連邦を形成する2つの国家のうちの1つのスルプスカ共和国のミロラド・ドディック大統領は数百人の聴衆に対し、「プリンツィプの銃弾は欧州に向けられたのではない。セルビア人国家の最終的な解放を目的とした自由の銃弾だ」と語りかけた（*AFP*, 2014年6月29日）。だが、連邦を形作るセルビア人以外のエスニック集団であるクロアティア人やボシュニャク人の多くにとっては、プリンツィプの名はセルビア主義と結びついたマイナス・シンボルである。1990年代の内戦の間にはプリンツィプの銘板がはがされたり、彼の名前に由来する橋の名前が変えられたりした。プリンツィプはテロリストだろうか。

　次の4人を考えてみてほしい。イスラエル首相としてキャンプ・デーヴィッド合意を成し遂げたメナヘム・ベギン、アイルランド独立運動のリーダーの一人だったショーン・マクブライド、パレスチナ解放機構（PLO）を率いたヤーセル・アラファト、南アフリカの反アパルトヘイトの闘士だったネルソン・マンデラである。共通点は何か。いずれもテロリストと呼ばれた人物である。そして、4人ともノーベル平和賞を受賞している（Peoples and Vaughan-Williams 2015：ch. 9）。彼らが過去の行いを清算し、新たな非暴力の手段で平和をもたらしたわけではない。ベギンはイギリス統治下のエルサレムでキング・ダヴィデ・ホテル爆破事件を起こし（1946年）、イギリスの撤退を実現し、引き続きイスラエルを率いる中で後にキャンプ・デーヴィッド合意を実現した。マクブライドはアイルランド義勇兵に参加し、アイルランドが自治国となった後もアイ

ルランド共和軍（IRA）で活躍し、その後に IRA などの人権活動にいそしんだ。アラファトはイスラエルに対する強硬な武装闘争を率い、その戦果としてパレスティナ自治政府の樹立にこぎ着けた。マンデラは、アフリカ民族会議（ANC）の武装組織「民族の盾」を率い、アパルトヘイト廃止を実現し、南アフリカ初の黒人大統領として就任したが、武装闘争は放棄しなかった。彼らがテロリストとして指弾された行いそのものが、平和を実現したとされる功績に結びついたのである。

5　ヒトラーへのテロリズム

　列挙の最後に判断のことさらに難しい事例を 1 つ挙げておこう。1944年 6 月、連合軍がノルマンディー上陸作戦を敢行した。敗色濃厚となったドイツでは、アドルフ・ヒトラー打倒の秘密工作が再燃した。ドイツ国防軍の将校グループがヒトラー暗殺とクーデターを計画し、連合国との和平工作を進める方策を練った。 7 月20日、総統大本営の会議室が爆破されたが、ヒトラーは軽傷ですみ、暗殺もクーデターも未遂に終わった。クラウス・フォン・シュタウフェンベルク大佐ら実行犯の多くは自殺するか逮捕・処刑された。ヒトラーはその後も連合国への降伏は拒絶し、徹底抗戦を指示し続け、絶望の淵で最後にはドイツ国土の焦土化さえ命令した。

　 7 月20日の計画が成功して臨時政権が樹立されていたならば、講和が早まり、現実には1945年 5 月 8 日の無条件降伏までその後続いた10カ月の戦闘も短くなっていただろう。実際にはその間に、それまでの総戦死者数を上回る数百万人のドイツ兵が犠牲となり、数十万人のユダヤ人が虐殺され、多くのドイツ都市が破壊された。しかし爆殺といった暴力的な手段は避けて、あくまで合法的な手続きでヒトラーを追い落とすべきだっただろうか。シュタウフェンベルクが知人に「残されているのは暴君を弑逆することだけだ」と密かに述べていたように（對島 2015：144-145, 239）、それはおよそ現実的ではなかったと言うべきだろう。

　 7 月20日事件の75周年に当たる2019年、ドイツでは事件の記念式典が開かれ

た。アンゲラ・メルケル首相が祝辞を述べたが、爆殺を狙うような行為を称賛するという難しい立場に置かれていた。式典の祝辞では75年前の事件を「模範」とした上で、全体主義への抵抗があってこそ、今日の自由で民主的なドイツ社会があるのであり、その精神を受け継ぎ、民主主義や法の支配を守っていかなければならないという論法をとった。これに関し、ドイツ抵抗運動記念館のヨハネス・トゥヘル館長は「テロリズムや暴力の肯定とは全く違う。暗殺未遂事件は１つの象徴で、民主的な体制を取り戻すための抵抗そのものを讃えている」と説明した（『朝日新聞』2019年7月21日；2019年7月31日）。

　しかし大義が正当なら手段も必ずしも正当化されるわけではないことは、メルケルも認識していただろう。したがって実際には、当時のナチス・ドイツは民主主義や自由が徹底して抑圧された違法な政治体制であり、それに直接的暴力をもって対抗することは合法であり正当である、という論法を避けることができない。実際、7月20日事件に関係する1951年の裁判ではそのような論告も行われた（對島 2015：241-246）。さらに言えば、独裁者追放と戦争終結という大義を考えればそれはむしろ英雄的行為でもある。

　ナチスやヒトラーを絶対悪とし、それに抵抗する直接的暴力を免罪・容認し、さらには称賛することは、今日の文脈では正しいように見える。7月20日事件の実行者たちを容認したり称賛したりすること、つまりテロリストではないとラベリングすることに従えば、今日、大戦末期のドイツと同じような事態に陥っていると考える人たちが「我々も同様にテロリストではない」と唱えて直接的な政治的暴力を行使することを正当化することを否定できなくなる。逆に言えば、テロリズムはいかなる理由でも正当化できない凶悪犯罪だという立場をとるなら、7月20日事件をテロリズムに算入しない論理が必要である。当時のドイツと現代世界は状況が異なるので、その時に認められても現代では容認できないと弁明するかもしれない。しかし侵略戦争、残虐な独裁政権、大規模人権侵害が決して過去のものとなったとはそう簡単には言えないことは明らかである。

　結局、限定的な目標を持った十分に制御された「正当な政治的暴力」をテロリズムから除外する論理を立てるしかない。とはいえその途端、その範疇にな

だれ込もうとするテロリストたちが数多く名乗り出るだろうし、それが政治的暴力の拡大につながることは想像に難くない。

6　批判的テロリズム研究とリアリズムの黄昏

　テロリズムの有益な定義は成立していないので、テロリズムと目されるものを論じるときは、ある種の政治的暴力に対してテロリズムだとラベルを貼るパフォーマンスを語っているのであって、政治的暴力そのものを語っているのではない。この小論で進めた以上の論じ方は、伝統的なテロリズム研究とはかなり異なるものであり、むしろ批判的安全保障研究（Critical Security Studies）から派生して発展してきた批判的テロリズム研究（Critical Terrorism Studies）から多くの示唆を受けている。

　批判的テロリズム研究を掲げるグループは、主に英国国際学会（British International Studies Association: BISA）を中心に積極的に活動し、2006年からは学術誌である『批判的テロリズム研究』（*Critical Studies on Terrorism*）を発行している。代表的な論者であるリチャード・ジャクソンは批判的テロリズム研究の重要な貢献として、以下の4点を挙げている。第1に存在論や認識論を含む領域にまでテロリズム研究の議論を拡大し深化させたこと、第2にテロリズムの定義、テロリストというラベルの使用やテロリズムという用語法、脅威の誇張や国家テロリズムの無視などについての議論を進めたこと、第3に国際関係研究に社会理論や（基礎づけを拒否してすべてを相対化する反基礎づけ主義ではなく）基礎づけ論争を持ち込んだこと、第4に安全保障研究を拡大し、方法論的な多元性をもたらし、カウンターテロリズムへの懐疑と「対テロ戦争」批判を強めたことなどである（Jackson 2018）。

　こうしたテロリズム研究は、実証主義に立った伝統的なテロリズム研究への批判となっているだけでなく、それを内部に含む伝統的な国際関係研究を動揺させることになる。テロリズムというイシューの台頭は、国際関係研究においておおよそ主流の地位を占めてきたリアリスト学派にとって、国家安全保障がやはり重要なイシューだと再確認する材料を与えることにはなるかもしれな

い。確かに、「対テロ戦争」という道具立ては、テロリズムというイシューを国家安全保障の範疇に押し上げたということはできる。しかし、そもそもリアリズムが国家安全保障を重視するのは、国際関係が国内と違ってアナーキーであり、国内におけるような強い秩序をもたないことを前提としていた。テロリズムは、とりわけグローバル・テロリズムやホーム・グロウン・テロリズムは、国際と国内の分別というこのリアリズムの前提を破壊してしまう。「対テロ戦争」の遂行につれて、ジョルジョ・アガンベンの言うような例外状態が常態化し、テロリストは「剝き出しの生」として、浄化されざるが殺害可能な存在として立ち現れてきていると見ることができる（アガンベン 2003）。こうして堅固であったはずの国内の秩序に粗野なアナーキーが部分的に流入しているのだ。さらにリアリズムは国家アクター同士の関係を重視してきたが、その想定を超えて、非国家アクターであるテロリストが重要な役割を果たすという点でも理論の前提が壊れつつある。

　またテロリズムは定義の不明確な概念であり、政治的な直接的暴力一般ではなくテロリズムと名づけられた一部を取り出すという政治的パフォーマンスに注目するならば、リアリズムの延命の論法は、自らの論理に整合的な出来事だけをテロリズムとして認知して分析するという自己閉塞だと見ることができるだろう。

　しかし他方、批判的リアリズム研究が刺激的な業績を積み重ねているとはいえ、避けることのできない難問に逢着していることに最後に触れておきたい。つまり先に言及したことだが、現代でもなお、テロリズムとみなされることもある政治的な直接的暴力には人間を解放する機能がありうるのだろうか、という問題である。つまりことごとく避けられてきた「正しいテロリズム」という範疇は成立するか、という問いである。

　批判的テロリズム研究は、フランクフルト学派に起点を置く批判理論を参照することがあり、そのために人間の解放という規範的な関心をもつ傾向がある。ケン・ブースは、看過できない暴力を前にしても、それに対抗するために直接的暴力を用いることは避けるべきであり、「解放のためのテロリズム」という言葉は同語矛盾だと主張する（Booth 2008）。だが、そうした暴力的手段を

否定することは、希望のもてない極端な暴力的体制の中で生きている人たちによる抵抗をも批判することになりかねない。国家による抑圧や暴力をテロリズムと名付けて非難してきた批判的テロリズム研究からすれば、政治的暴力の正邪についての一般的な判断を避け、個々の事例を個別に判断するアプローチを取らざるを得ないようだが、そうたやすくは正と不正の区別ができるわけではないことは明らかである（Toros 2018）。いっそこれまでのテロリズムがごく限られた目標しか達成できなかった実績を強調し、テロリズムへの訴求を退ける功利主義的な論法もあるかもしれない（English 2016）。それはしかし、他の解放の方途を提示しない限り、ある種の人たちに絶望を持ち来す謂いでしかない。

　例えば国連におけるテロリズム論争の大きな焦点の1つであるパレスティナ問題を見てみよう。1972年の第27回国連総会では「テロリズムの防止措置とその根源的な原因の追究」決議3034号が採択された。そこでは、人命を奪い自由を危険に晒す暴力行為の増加を憂慮した上で、「そのような暴力を生む基礎にある原因について正当で平和的な解決を追求」するよう促した。さらにすべての人民の自決と独立の奪うことのできない権利を確認し、「正当な人民自決や独立、その他の人権と基本的自由を否定する植民地的・人種差別的・外国支配的な体制による抑圧的なテロリズムの行為の継続を非難する」と述べた。この総会決議は、抵抗のための政治的「暴力」を呼び起こす抑圧体制を非難している点で特異である。ここで示されているのは、テロリズム批判というスタンダードを維持しながらも、テロリズムと目される行為の一定の正当性の可能性への示唆である。

　この点に関し、クリストファー・J・フィンレイは「抑圧を排除してより正当なものに換え、その間に国家による暴力から無辜の民を守るため」の「正当な武力的抵抗」を認めた。この論法が「リベラルで民主的」とされる倫理的コミットメントをもつような論者への批判を目していることは明らかであり、伝統的なテロリズム研究はもとより、ブースのような批判的な研究への追批判をも意図している。彼によると、抵抗運動のあり方は以下に分類される。

　(1)純粋に防衛的な暴力

Box 12-1　ユス・イン・ベロとユス・アド・ベルム

　ユス・イン・ベロ（戦争における法、戦争経過規定）とは戦闘行動を規制する法体系をいう。ハーグ陸戦条約、ジュネーヴ条約などがある。これに対し、ユス・アド・ベルム（戦争に対する法）は戦争に訴えること自体を規制する法体系のこと。不戦条約や国連憲章などがこれに当たる。

不当な攻撃から自身や他人を防衛する権利を個人が行使する。

(2)戦略的な非暴力

　抵抗運動の指導者が国家による攻撃に対する自衛権の行使を控えるよう説得する。

(3)組織化された攻撃的暴力Ⅰ（標準的なユス・イン・ベロ）

　伝統的な戦争における正統な目標に関する武力紛争法に応じる。

(4)組織化された攻撃的暴力Ⅱ（パルティザンのユス・イン・ベロ）

　政治指導者暗殺やその他のゲリラ戦術を含む。目標の選別は不正への関わりや道徳責任で判断される。

(5)組織化された攻撃的暴力Ⅲ（テロリストのユス・イン・ベロ）

　市民を攻撃する形態のテロリズム。

　フィンレイは、これらに応じたコードを運動の側が選択すべきだとしており、これらにユス・イン・ベロ（戦争経過規定）によって厳重な規制をかけることが重要な論点となっている（Finlay 2015）。しかし、国軍のような公的アクターであっても正しく制御することがしばしば困難であることを考えれば、非国家アクターである運動体にまでユス・イン・ベロの規制をかけることは実に困難な課題として残るだろう。その具体的手段についての構想が示唆されているわけでもない。

　批判的テロリズム研究が文字通り批判的であるためには、この難問を考え続ける責務を避けては通れない。その隘路の先にこそ、テロリズム概念の決定的失効か、意味ある再定義かという問題への回答も見えてくるだろう。

第Ⅱ部　争点と事例

設　問
・われわれの日常生活を脅かすものとして、テロリズムはどこまでリアルな脅威だろうか。テロリズムへの注意を喚起する警察のポスターなどを例に、考えてみよう。
・テロリズムを防止するにはどのような手段が必要だろうか。
・戦争とテロリズムはどこが違うのだろうか。あるいは同じ政治的暴力としてひとまとめにして捉えるべきだろうか。

【注】
1）　Legal Information Institute, the Cornell Law School（https://www.law.cornell.edu/uscode/text/22/2656f, last visited, 1 February 2021）.
2）　日本外務省（https://www.mofa.go.jp/mofaj/gaiko/terro/taisaku_0506.html, last visited, 1 February 2021）。
3）　衆議院（http://www.shugiin.go.jp/internet/itdb_shitsumon.nsf/html/shitsumon/a186002.htm, last visited, 1 February 2021）。

〔参考文献〕

アガンベン，ジョルジョ（2003）『ホモ・サケル──主権権力と剝き出しの生』高桑和己訳、以文社
對島達雄（2015）『ヒトラーに抵抗した人々──反ナチ市民の勇気とは何か』中央公論新社
バーカー，ジョナサン（2004）『テロリズム──その論理と実態』麻生えりか訳、青土社
Booth, Ken（2008）"The Human Faces if Terror: Reflections in a Cracked Looking-Glass," *Critical Studies on Terrorism*, vol. 1, no. 1, pp. 65-79.
English, Richard（2016）*Does Terrorism Work?: A History*, Oxford: Oxford University Press.
Finlay, Christopher J.（2015）*Terrorism and the Right to Resist: a Theory of Just Revolutionary War*, Cambridge: Cambridge University Press.
Hoffman, Bruce（2017）*Inside Terrorism*, 3rd edition, New York: Columbia University Press.
Jackson, Richard（2018）"Introduction: A Decade of Critical Terrorism Studies," *Routledge Handbook of Critical Terrorism Studies*, ed. Jackson, Richard, London: Routledge, pp. 1-13.
Jackson, Richard ed.（2018）*Routledge Handbook of Critical Terrorism Studies*, London: Routledge.
Jordan, David *et al.*（2016）*Understanding Modern Warfare*, 2nd edition, Cambridge: Cambridge University Press.

Peoples, Columba and Vaughan-Williams, Nick (2015) *Critical Security Studies: An Introduction*, 2nd edition, London: Routledge.

Toros, Harmonie (2018) "Critical Theory and Terrorism Studies: Ethics and Emancipation," *Routledge Handbook of Critical Terrorism Studies*, ed. Jackson, Richard, London: Routledge, pp. 70-77.

Wight, Colin (2009) "Theorising Terrorism: The State, Structure and History," *International Relations*, vol. 23, no. 1, pp. 99-106.

第**13**章

日米同盟／在沖縄米軍基地システムの中の沖縄
——解放／承認としての安全保障

南山　　淳

1　日米同盟と沖縄をいかに再節合するか——批判的安全保障論の射程

　1996年12月、米軍普天間基地の移設先を「沖縄本島東海岸沖」に決定するという「沖縄に関する特別行動委員会（Special Action Committee on Okinawa: SACO）」の最終報告を承認したウィリアム・ペリー米国防長官（当時）は、その決定要因を次のように述べている。「安全保障上の観点でも、軍事上の理由でもない。政治的な背景が原因だった……（移設先の決定には）日本政府の政治的な判断が大きく関わっている」（『琉球新報』DIGITAL 2017年9月14日）。また、2012年12月、森本敏防衛大臣（当時）は、普天間基地の辺野古移設について問われ、米海兵隊のトータルな抑止機能配置を許容できる地域は沖縄だけであるという認識を示唆した上で、「軍事的には沖縄でなくてもよいが、政治的に考えると沖縄が最適の地域だ」と結論づけた（『琉球新報』DIGITAL 2012年12月26日）。

　緊急事態における海兵隊の機動性を確保する上で、本拠地である沖縄キャンプ・バトラーと機能的に連動する岩国航空基地（970km）とハワイ基地・カネオヘ航空基地（7500km）との移動距離と、沖縄地域に軍事機能が集中していることについて、専門家のリスク評価は分かれているが、少なくとも、それは、地政学的要因と戦略的合理性によってのみで決定される事象ではない。この点は、普天間基地移設の異なる局面にかかわった日米両国の防衛責任者が、当該問題の決定要因が戦略的思考よりも政治的思惑にあったことを認めていること

からも明らかである。

　では沖縄において「政治」と「安全保障」の境界はどのように構築されてきたのだろうか。在沖縄米軍基地の存在は、戦後沖縄社会に一貫して強い影響を及ぼし続けており、そこには、内部／外部の関係性を包摂／排除の対象として構築される境界をめぐって展開するヘゲモニー闘争が反映されている（本書第1章 Box 1-3）。安全保障とは、境界政治（border politics）の産物であり、その意味で、在沖縄米軍基地を通じて可視化される国家安全保障の論理と沖縄の統治構造の境界をあらかじめ基礎付けることはできない（Agnew 2018；杉田 2015）。それゆえ、基礎付けの不可能性は、日米同盟と在沖縄米軍基地のリスクが、有事／平時の境界を循環しながら、沖縄に集中し続けていることを批判的安全保障論（以下 CSS）の視角から捉え返す理論的焦点となる。問われているのは、日米同盟の有事対応機能の土台をなす軍事力および、平時における抑止効果のために課される社会動員コストが、沖縄に過剰に集中しているという事実の歴史構造的な意味をいかに理解するかという点である。

　日米同盟は、冷戦期以来、日米間の非対称構造を伴いながら、構造的アナーキー下の日米関係における安全保障の意味内容を排他的に独占するヘゲモニー構造として機能してきた。対照的に、在日米軍基地施設の局地的集中を通じて、過重な負担を強要されてきたにもかかわらず、沖縄は、安全保障という「聖域」から構造的に排除されてきた。確かに、基地被害に晒され続ける沖縄からの告発は、ときに米軍基地を存置することの政治的正当性の根幹を揺るがしてきた。しかし、その影響は、地位協定の改定に象徴される基地運用に関する異議申し立てにとどまっており、同盟の力学そのものは、依然、沖縄に対する抑圧機能として作用し続けている。

　本章では、伝統的安全保障論において、しばしば日米同盟の不安定要因とみなされてきた「在沖縄米軍基地問題」をグローバルな安全保障政治構造の文脈に位置づけながら再検討する。同時に、それは、安全保障概念の所与化を拒絶し、問題解決理論として機能してきた伝統的安全保障論の根拠そのものを可視化する CSS の知見を通じて、日米同盟と沖縄の間に構築されてきた安全保障をめぐる権力／知関係を再節合する試みでもある。

Box 13-1　ヘゲモニー的節合としての安全保障

　本章で使用するヘゲモニー概念には、エルネスト・ラクラウとシャンタル・ムフが、グラムシのそれを批判的に発展させた「ヘゲモニー的節合（hegemonic articulation）」が含意されている。それは、国際政治における覇権国家の盛衰に関心を向けてきた覇権安定論とは異なり、偶発的に生じた個別事象を普遍的全体性へと象徴化／客観化するための「節合的実践（articulatory practice）」を通じて構築される敵対性を可視化する試みである。

　日米同盟論の規範構造には、構造的アナーキー下の安全保障において同盟政策は常に合理的選択であるという命題が埋め込まれており、特に1970年代以降、日米同盟意の意味内容をめぐる対立は、その枠組みの内部で展開されてきたといってよい。それゆえ、抑止と同盟の合理性によって基礎づけられた伝統的安全保障論に対して、同盟政治そのものに批判的視角を向ける急進的平和主義や人間の安全保障論は、安全保障をめぐるヘゲモニー闘争の空間から排斥されることになる。

（コヘイン 1998：34-52：ラクラウ／ムフ 2012：298-328）

2　平和憲法／日米安保体制の二重構造——非対称同盟の系譜学①

　言葉の問題から始めよう。一般に、日米安保体制（US-Japan Security Arrangements system）は日米間の軍事同盟という制度的な枠組として理解される。本章では、この概念を、政治社会的な広範な領域を包摂する日米間の権力構造の総体として捉える（原 1992）。1951年、サンフランシスコ講和条約を通じて達成された、日本の形式的な「主権回復」は、日米安全保障条約による軍事的主権の放棄と不可分の関係にあり、軍事関係を中心とする非対称な権力関係の成立を意味していたからである。他方、しばしば同じ意味で使用される、日米同盟（US-Japan Alliance）は、2つの点で、政治的言説としての含意をより強調する概念である。

　まず第1の政治的含意は、日本国憲法9条と集団的自衛権の関係が争点化する局面である。戦後日本の安全保障において、平和憲法と集団的自衛権との緊張関係は歴史構造的な問題である。前者を、国家領域外における武力行使を否認する平和主義、後者を、仮想敵国の「脅威」に対して軍事的に共同で対処す

る同盟政策の正当性を承認する法規範として捉えれば、両者は、原理的に相反する論理構造に立脚するものである。この原理的な乖離に向けて、「法解釈」という名の様々な緩衝装置が設けられてきた。国際連合憲章第7章（第39〜51条）との関係を考えた場合、平和憲法の理念を安全保障政策の指針として機能させるためには、日本の安全保障が、国連集団安全保障システムを通じて担保されることが前提となっている。つまり、平和憲法、特に9条2項が、日本の安全保障における軍事力や同盟の位置づけに対する規範的与件となる一方で、集団的自衛権に立脚する軍事同盟は国際連合憲章第51条によって正当化されてきたといえる。

　政治的言説としての日米同盟の第2の特質は、日米同盟が、対等な関係性を措定する伝統的同盟のイメージとは異なり、常に非対称同盟であり続けてきたという点である。日米安保条約の締結に際して、日本には実質的な選択の余地はなかったといってよい。当時、東アジア冷戦への介入を深めていたアメリカにとって、在日米軍基地の存置を要件とする「同盟」が受容されなければ、国際安全保障秩序に対する影響力の低下が必至であり、日本の主権回復に対する警戒感を払拭することはできなかった。1951年時点で主権回復を実現させるために、サンフランシスコ講和条約と日米安全保障条約を抱き合わせで成立させることが、日本に課された不可欠な条件だったのである。その意味で、日米の同盟構造は伝統的な軍事同盟とは異なり、サンフランシスコ講和条約／日米安保条約を承認することは、日本が主権国家として自立するための歴史的な第一歩であった。それは、同時に、平和憲法／日米安保体制という規範構造上の矛盾と欠陥をあらかじめ抱え込んだ安全保障システムの受容を意味していたのである（酒井 1991）。

　戦後日本が、平和憲法によって課された軍事力の規範的抑制と形式的主権回復と引き換えに獲得したのは、あらかじめ空洞化した非対称な同盟と明確な軍事戦略の欠如がもたらした内外の不安定な政治環境であった。それは、本来、戦略的合理性に立脚していなければならない安全保障戦略が、平和憲法をめぐる国内的な護憲・改憲勢力間の「神学論争」に引きずられることを示唆していたのである。前者の主張は、しばしば、東アジアの安全保障環境実態から乖離

している点が批判されてきたのに対して、後者においては、平和憲法によって、不完全な安全保障主体にとどめ置かれた国家主権の「あるべき姿」の回復と、日米同盟の形式的な対等性の実現が自己目的化している。同盟とは安全保障の手段にすぎないということを想起すれば、戦後日本における平和憲法と日米同盟をめぐる論争は倒錯的な政治現象であると評せざるを得ない（井上2019：195-309）。

3　統治性としての日米同盟——非対称同盟の系譜学②

　日米同盟政治の歴史構造的な非対称関係の複雑性について、ミシェル・フーコーの「統治性（governmentality）」概念を補助線として可視化を試みることが有益である（本書第2章：39-40）。近年、同盟をグローバル・ガバナンス・システムの一部として捉える研究蓄積が進んでいるが、これに対して、グローバルな統治性概念を導入することで批判的な視角を展望することができる（南山2015：90-93）。グローバルな統治性とは、物質構造と規範構造を横断して標準化される脱領域的な「行為を導く」原理を通じて規格化される権力／知のダイナミクスである（ウォルターズ 2016：103-214）。日米同盟を統治性の観点から捉えようとすれば、規範構造としての同盟政治と歴史構造としての非対称性を通じて実践されるヘゲモニー的節合の過程に着目することが必要である。

　戦後の日本政府は、占領期以来の在日米軍基地の受容と米軍による「防衛義務」の交換という変則的な同盟関係を維持することに腐心してきた。交戦権と集団的自衛権を否定する専守防衛原則を構築する一方で、世界有数の軍事的能力を有するにもかかわらず、法制度上の「軍隊」であることが認められていない自衛隊の設立（1954年）、在日米軍基地の提供が義務化される一方で、アメリカの日本防衛義務が明記されていないという条約締結当初からの「片務性」の修正を試みた安保改定（60年）、日米地位協定や在日米軍駐留経費負担（思いやり予算）（78年〜）を通じた在日米軍に対する過剰ともいえる便宜供与、平和安保法制（2015年）を通じて限定的条件下での自衛隊による米軍後方支援の「合法化」といった一連の施策は、日米同盟の対等化と憲法改正に向けての試みに

他ならない。

　にもかかわらず、軍事的な非対称構造を非軍事的／準軍事的手段によって代替させることはできなかった。むしろ戦後日本の対米従属性は強化されてきたといってよい。想定しうる自衛隊の軍事力行使の正当性を担保する法的根拠が欠如しており、それゆえ軍事戦略的にも米軍主導とならざるを得なかったからである。「基地と人（米兵）の交換」という虚構性そのものが問題化されない限り、日米同盟の非対称構造を可視化することは極めて困難であるといえる。

　日米の同盟関係を論じる際に「イコール・パートナーシップ」（E. ライシャワー）という表現がしばしば用いられるが、何をもって「イコール」とされるかが常に問われることになる（吉次 2011：78-94）。それは、あらかじめ定めることができない政治的言説であり、実質的な対称性を担保するものではない。日米同盟のイコール・パートナーシップ化に向けての日本側の努力にもかかわらず、日米地位協定や横田空域問題等、在日米軍基地の運用に伴って主権侵害といえる状況が再生産されてきた。その意味で、日米の同盟関係は「平等」でなければならないという言説の内実は空虚であり、それゆえ、安保改定や冷戦後の「安保再定義」といった、顕在化する日米同盟の歴史的変動局面そのものがヘゲモニー闘争の場となってきたのである。

　国際連合憲章第７章によっても、平和憲法によっても、現実的な安全保障戦略を提起することは極めて困難である。なぜなら、前者においては、国際社会の一体性が、後者においては、諸国家の属性としての平和志向が所与となっており、構造的アナーキーにひも付けられたマクロな選択肢は同盟戦略へと集約されることになる。ただし、各々の視角を基礎付けている国際政治の象徴化と政策選択は不可分の関係にあるため、その理論的・戦略的妥当性は合理的に判断できる性質のものとはいえない。同盟政治の論理は、国際政治と安全保障の全体像をいかに捉えるかという象徴闘争を通じて構築される政治規範であり、日米同盟の意味内容も、それを反映して構築されるからである。

　冷戦後の日米同盟の「再定義」（後述）において、伝統的な軍事同盟に加えて、アジア太平洋地域におけるグローバル経済秩序へのコミットメントが強く示唆された。それは、同盟機能の拡張を企図したものであり、その後、日米同

Box 13-2　在沖縄米軍基地とデータの政治学

　在沖縄米軍基地の過重負担に言及する際、「日本の国土面積の0.6％にすぎない沖縄県に在日米軍専用施設の約74％が集中している」という数字がしばしば用いられる。これに対して、近年、「自衛隊を含む共同使用施設を含めれば、沖縄に占める面積は約23％にすぎない」という反論がなされる。しかしながら、表面的な数字をあげつらい、その是非を論じることに建設的な意味はない。どちらも、ある意味では「正しい」数字だからである。

　問題となるのは、自衛隊と在日米軍の共同使用施設を沖縄の基地負担の評価に算入することの歴史的および法規範的な妥当性である。基地負担に関する基本認識になっている前者の主張に対して、後者の視角を対峙させる構図には、データの意味内容を読み込む文脈を限定し、沖縄の基地負担を相対的に低く見積もろうとする発信者の政治的意図を見て取ることができる。このことは、安全保障言説における歴史構造的な文脈化の重要性を示唆している（https://www.pref.okinawa.jp/site/chijiko/kichitai/tyosa/qanda.html, last visited, 29 January 2021；『琉球新報』DIGITAL 2016年5月22日）。

盟を基軸とした安全保障戦略をめぐる規範認識においても根本的な変化は生じていない。70年間にわたる日米同盟の規範的強靱性は、しばしば日米同盟システムの非対称構造を不可視化させてきた。そこに措定されている安全保障主体は伝統的な国家主権概念に還元されるため、歴史構造としての日米同盟の非対称性から「誰とっての安全保障か」という命題を問い直す批判的視角が排除されてしまうからである。歴史的全体像の理解を拒む、複雑な国際政治社会現象でもある日米同盟に対して、統治性という視角を設定することで、安全保障／国家主権をめぐって展開する境界政治が可視化される。それによって、安全保障概念を国家主権という間主観的に構築された境界から解放するための批判的な視角を展望できるのである。

4　構造的沖縄差別とセキュリタイゼーション

　沖縄が、東アジア地域における日米同盟システムの「要石」として機能し、その運用に際して、あらゆる政治的、経済的、社会的コストを強要されてきた

ことは歴史的な事実である。冷戦後の国際政治環境の急激な変容にもかかわらず、沖縄は、依然として日米の権力政治関係に対する従属的地位に置かれ続けている。しばしば使用される「構造的沖縄差別」という言葉には、これに抗い、歴史的な文脈を通じて構築された規範性が含意されているのである（新崎2012）。沖縄戦を契機とした米軍の沖縄統治は、日本本土の「主権」回復後も20年にわたって継続していた。日本には沖縄に対する「潜在主権」なるものが形式的に承認されていたが、統治権力の主体はあくまで米軍であった。1972年の沖縄返還後も、「核持ち込み」問題や日米政府間の事前協議制の形骸化に象徴されるように、軍事・安全保障領域における日本の主権は形式的なものにとどまっており、このことは、日米間の非対称関係以上に本土と沖縄の関係を歪めている。

　「沖縄に基地があるのではなく基地の中に沖縄がある」（東松1969）という言葉に象徴されるように、現代沖縄における社会問題の背景には常に安全保障の政治が構造化されてきた。在沖縄米軍基地の影響があまりに長期にわたって、人々の意識に浸透してしまっているため、沖縄における安全保障／非安全保障あるいは日常／非日常の境界を画定することは極めて困難な作業となるからである。この点を考察する上で有効な視角となるのが、セキュリタイゼーション概念を通じて在沖縄米軍基地の機能を文脈化することである（本書第3章）。具体的には、安全保障、基地被害、基地負担という在沖縄米軍基地問題をめぐる言説がいかなる意味内容を示唆してきたかを明らかにした上で、その問い直しの作業を試みる。セキュリタイゼーションの移行スペクトラムは不安定な境界政治を通じて構築される象徴的な意味空間であり、それは決して自明なものではないという点を、本章では、改めて強調しておきたい。

　例えば、1995〜96年に、沖縄で発生した、米軍による劣化ウラン弾誤射事件の直接的な影響だけを考察したとしても、それは、環境汚染、軍事的オペレーションの過誤、社会不安の拡大といった複合現象として捉えるべき問題である。だとすれば、軍事／政治／環境／社会／経済を横断して展開する複雑な現象を、各セクター間の関係に対してどのように位置づければ良いのだろうか。軍事安全保障領域において可視化される発話行為に焦点が偏れば、その前提に

ある在沖縄米軍基地をめぐる境界政治の構造は不可視化されてしまう。この点に関しては、以下の3つの視角から、セキュリタイゼーションの文脈化を試みることが重要である。

まず、第1に、在沖縄米軍基地の存在が引き起こす構造的セキュリタイゼーションの視角である。在日米軍基地の存在自体が日米の同盟政治の産物である以上、その軍事的拠点機能の集中は「仮想敵国」からの恒常的な攻撃可能性に晒される。それは、アメリカの政府関係者や安全保障専門家からもしばしば指摘されている点であるが、抑止の論理の帰結として、米軍基地の存在自体が戦略的な攻撃目標となる蓋然性が生じることは容易に想像できよう。

例えば、かつて冷戦後の日米同盟の「再定義」に深くかかわった、ジョセフ・ナイ, Jr. は、普天間基地問題を念頭に「固定化された基地は現在でも価値はあるが、中国の弾道ミサイル能力向上にともなって、その脆弱性を認識する必要が出てきた。卵を一つのかごに入れれば、（全て）壊れるリスクが増す」（『朝日新聞』DIGITAL 2014年12月8日）と述べている。リスク分散としての「かごの中の卵」論は現代危機管理の常識であるが、他方で、抑止関係における戦略的リスク評価は複雑な社会心理関係を反映しており、必ずしも一義的に決定される事象とは言いきれない。ただ、沖縄が長年にわたって「壊れやすい卵」であり続けてきたことは否定できない歴史的事実であり、沖縄社会が被ってきた「平時」の基地存置コストが、地政学的環境の変化に応じて、軍事衝突の局面へと横断的にエスカレートする蓋然性について、軍事的セキュリタイゼーションの視角を通じて捉え返すことは重要である。

第2に、米軍演習中に発生する事故、軍事施設や武器使用に起因する環境汚染、米軍関係者によって犯罪被害等、米軍基地施設の運用過程において構造的に発生する諸問題をセキュリタイゼーションの視角から捉え返すことが必要である。米軍基地関係者によって引き起こされる事件・事故は、戦後沖縄における日常性（the everyday）と生命を脅かされる不安／恐怖が交錯する安全保障空間を象徴している（Peoples and Vaughan-Williams 2020：216-230）。

それは、日米同盟／在沖縄米軍基地システムの存在自体に起因するにもかかわらず、しばしば、基地運用の改善や米兵の「綱紀粛正」といった、対処療法

的な基地対策の変更に矮小化されてきた。これに対して、沖縄が繰り返し要求してきた地位協定の改定には、在沖縄米軍基地をめぐる境界政治への異議申し立てが含意されている。直接的な影響に晒される当事者にとって、何をもって緊急に対処すべき「脅威」として認定されるのか。それは、不可視化されたセキュリタイゼーション／脱セキュリタイゼーションのダイナミクスを通じて再生産される境界化現象といえよう。

　そして、第3は、在沖縄米軍基地の存在によって、県財政や社会経済構造が歪められているという社会経済的セキュリタイゼーションの視角である。沖縄の社会経済生活は構造的に基地圧力に晒され続けている。そして、沖縄の経済振興が具体的な政策目標として提起されるとき、米軍基地の存在に起因して生じる問題はしばしば所与として扱われることになる。もちろん、米軍基地の存在が、雇用・財政に何らかの意味で寄与していることは否定はできない。しかしながら、その経済効果は中長期的に低落傾向にあり、米軍基地の存在自体が沖縄経済振興全体の阻害要因となっている[1]。中途半端な経済的恩恵が、基地負担・基地被害の半強制的な交換条件となっていると考えれば、それは構造的沖縄差別をめぐるアメとムチを象徴しているにすぎない。問われるべきは、沖縄の社会経済構造を既存の経済振興という観点だけではなく、境界の政治と社会経済的セキュリタイゼーションという視角から捉え返すことである。

　例えば、冷戦終結直後の米議会内で台頭していた在日米軍撤退論に抗して、グローバル化する市場経済のパワーセンターの橋頭堡として「日米同盟再定義」に腐心していた、日米両首脳（橋本龍太郎首相とビル・クリントン大統領）は、1996年に「SACO最終合意」を承認したが、当初の目的は、当然のことながら、沖縄の「基地負担軽減」に置かれていた（Nye 1995：船橋 2006）。にもかかわらず、2006年の「（在日米軍再編実施のための）日米のロードマップ」においては米軍施設の主要な返還対象に関して、代替機能の提供が実質的な抱き合わせになっており、結局、県内移設という「たらい回し」状態、ならびに基地機能強化へと回帰していくことになる。在沖縄米軍の基地の存在が、経済振興に対する構造的阻害要因ならびに日常的な社会不安の震源であり続ける限り、沖縄の社会経済構造はセキュリタイゼーションに晒され続けることになるのである。

5　日常化する例外状態と解放／承認としての安全保障
——普天間／辺野古基地移設問題をめぐって

　自らの生命が脅かされているという不安／恐怖から解放されることは、安全保障の普遍的な目標であり、ときに法制度上の主権の外部で展開する例外状態として正当化される。例外状態とは、法制度自体を維持するために法秩序の境界を画定する行為であり、法・外的暴力を合理化する主権権力を通じて構築される（アガンベン 2007）。地位協定の問題からも明らかなように、沖縄における法制度の実態が二重基準化しているのみならず、基地運用に直接影響を及ぼす事案については、統治行為の観点から司法判断の対象としてすら排斥されている。沖縄に集中する不平等な基地負担の中でも、普天間／辺野古基地移設問題は、安全保障言説を通じて合理化された例外状態の顕在化に他ならない。

　普天間基地の返還が、SACO において喫緊の課題となったのは、冷戦後の日米同盟「再定義」の作業が進行する中、1995年の少女暴行事件を契機とした反基地感情の急激な悪化および、大田昌秀沖縄県知事（当時）の代理署名（公告・縦覧代行）拒否によって、基地負担をめぐる認識に変化が生じ始めていたためであった（大田 2000b）。そして、それは、冷戦終結に伴う日米同盟の正当性の危機を背景として基地負担をめぐるヘゲモニー闘争として顕在化することになる。以来、25年以上にわたる普天間基地移設をめぐる対立は、本土復帰後の沖縄における安全保障とデモクラシーの関係性の問い直しを迫る象徴的事例となっている。

　当初 SACO と代理署名拒否訴訟は並行して進行しており、日米の同盟政治、日本政府と沖縄県の間の法廷闘争、そして、沖縄県内の反基地運動の激化という境界政治が連動していく中で、普天間／辺野古基地移設問題は構造的沖縄差別の象徴となっていく。既述したように、SACO 本来の目的は、あくまで沖縄の基地負担軽減にあり、後に、日本政府は、辺野古は普天間基地移設先の「唯一の選択肢」であることを喧伝するようになるが、その主張に政治的正当性を見出すことは困難であった。そこで、露呈したのは、民主的な法手続きを

経て、幾度となく表明されてきた沖縄の民意を真摯に顧みることなく、米軍基
地の実質的「たらい回し」を強要する日本政府と、それを政治的に黙認してき
た国民世論によって、デモクラシーの例外状態を強要され、恒常的な不安／恐
怖に晒され続ける沖縄の不透明な状況である。

　在沖縄米軍基地に対する沖縄世論は県内の保革対立の影響の中で推移してき
た。普天間基地の辺野古移設については名護市周辺地域での移設受け入れをめ
ぐって分断化が進む一方で、2009年の鳩山由紀夫民主党政権による普天間基地
の「県外移設」案の迷走および、2013年の仲井眞弘多知事による「辺野古埋立
承認」という方針変更に対する沖縄世論の反発を背景として翁長雄志県政
（2014〜18年）が成立した。その過程において、沖縄社会の意思は移設反対への
傾斜を改めて強めていく。移設を争点とした首長選挙においても、移設の是非
をめぐる県民投票においても、辺野古移設の積極的推進を提起することは政治
的に不可能な状況になっており、移設反対の意思は沖縄の「民意」として揺る
がないものになってきている。このようにして地方自治におけるデモクラシー
のあり方だけでなく、日米同盟／在沖縄米軍基地の歴史構造的な意味が問われ
ることになったのである。

　沖縄県知事自身が訴訟当時者となった移設工事差し止めをめぐる一連の「辺
野古訴訟」において、例外状態は具体的に顕在化する。政府と沖縄県の間で展
開されてきた法廷闘争について考察する場合、歴史的文脈と安全保障の本質
的論争性という2つの視角が必要である。それによって、沖縄戦、米軍統治、
過重な在沖縄米軍基地負担という「沖縄経験」を通じて構築された平和／安全
保障認識を、日米同盟／在沖縄米軍基地システムを前提とする安全保障認識の
規格化をめぐって展開するヘゲモニー闘争の視角から捉え返すことができるか
らである。現代日本の法制度は、戦後沖縄が置かれてきた歴史構造を所与化
し、在沖縄米軍基地の存在に起因する諸問題に対して明確な規範的判断を下す
ことを回避し、このヘゲモニー闘争を不可視化してきた。法制度／政治規範が
果たしている役割は、単純に多数決原理には還元できない公共性の普遍的根拠
を問うことにあるにもかかわらず、統治行為論や行政手続き論に終始し、基地
をめぐる歴史認識問題に踏み込むこもうとしない司法判断は、法を宙吊りにす

る例外状態の反映に他ならない（デリダ 1999；アガンベン 2007）。法的な正義と平等は、少なくとも民主主義国家にとっては、安全保障規範を構成する不可欠な要件であり、それゆえ、法規範の機能不全を表象する沖縄の例外状態化は、不安／恐怖の除去という安全保障の中核価値への疑念を生み出すことになる。

　辺野古への基地移設をめぐっては反基地運動のみならず、国政選挙、首長選挙、移設そのものの是非を問う県民投票といった民主主義的な手続きを総動員して、辺野古移設反対に向けた沖縄の「民意」の集約が図られてきた。保守派として長年活動してきた翁長知事は、本土復帰以来の懸案であった、日米安保をめぐる県内保革対立を乗り越えるために「イデオロギーよりアイデンティティ」を打ち出し、「オール沖縄」の実現を訴えた。その象徴となったのが普天間基地問題である（翁長 2015）。「イデオロギーよりアイデンティティ」という言説自体は、保革対立解消のために用いられた政治的スローガンという側面を否定できないとしても、それが、構造的沖縄差別下の安全保障像の転換を図る象徴として機能したことも事実である。

　その規範的根拠となったのが、沖縄戦以来、安全保障とデモクラシーのあり方をめぐって本土とは異なる歴史経験を通じて構築された「沖縄アイデンティティ」である。既述したように、普天間基地の辺野古移設は沖縄の基地負担軽減という当初の目的から逸脱し、返還自体の展望は実質的な不履行状態になっている。SACO が沖縄と日本政府との公式合意である以上、そこには、法人格的な意味が付与されており、それゆえ、普天間基地問題は、構造的沖縄差別と普遍的な規範性の交差領域において構築される公正と正義の問題として認知されなければならない。[2]

　ところで、CSS の観点から、改めて普天間／辺野古問題を考察した場合、安全保障概念に、フランクフルト学派第3世代のアクセル・ホネットの批判的承認論の視角を節合することが有効である（ホネット 2014・124-176）。ホネットの「承認（Recognition）」概念は、自己と他者の関係性を間主観的に理解することを通じて獲得されるアイデンティティの獲得を意味している。社会紛争の発生は相互承認／相互尊重の欠如に由来しており、「承認をめぐる闘争」は他者による権利侵害と尊厳剥奪の回復を目的として実践される。それは、伝統的

Box 13-3　解放としての安全保障と承認をめぐる闘争

　承認をめぐる闘争（the Struggle for Recognition）とは、人間の尊厳が暴力に晒され、諸権利が不当に剥奪されることに抗い、相互承認関係の間主観的構築に向けて展開する闘争である。

　ホネットは、ヘーゲルを参照しながら、人間関係の親密性に応じて承認の形式を、原初的関係（愛・友情）、法的関係（権利）、価値共同体（連帯）の３つに類型化した。それは、解放としての安全保障を文脈化する上で補完関係にあるといってよい。承認の形式および闘争の主体／客体のフレーミングを具体的事例の文脈に落とし込むことで、解放のジレンマの契機となる解放概念の規範構造に対して分析視角の一定的な基礎づけが可能になるのである（ホネット 2014：177-176）。

な権力政治や経済合理性に還元することのできない間主観的な公正性と正義の問題として認識されるのである。

　例えば、2015年に安倍晋三政権と翁長県政の間で実施された「辺野古新基地建設をめぐる集中協議」において、普天間／辺野古問題における承認の闘争としての側面が浮き彫りになった。１カ月間の集中協議に臨んだ、翁長知事は、普天間／辺野古問題を、沖縄の苦難の歴史がもたらした「魂の飢餓感」という観点から捉え返す必要性を強調した。それは、「大切な人の命と生活を奪われた上、差別によって尊厳と誇りを傷つけられた人々の心からの叫び」であり、同時に、在沖縄米軍基地問題に対する歴史構造的な視角である。これに対して菅義偉官房長官（当時）が「私は戦後生まれなものですから、歴史を持ち出されたら困りますよ」、「私自身は県内移設が決まった日米合意が原点です」と著しくすれ違った問答になった。奇しくも、本土と沖縄の指導者が発した、象徴的言説を通じて歴史認識の差異が改めて可視化されることになったのである（翁長 2015：60-66）。結局、協議は決裂し、「辺野古埋め立て承認」をめぐる訴訟へと発展するが、論争の場を法廷に移してからも、歴史認識の断絶は埋まることなく例外状態化は続いている。

　「魂の飢餓感」という言説は、承認をめぐる闘争の視角から捉えることが可能である。沖縄が、政府のみならず本土の国民全体に対して改めて突きつけているのは、日米同盟システムの軍事機能を一貫して担ってきたのは在沖縄米軍

基地の意味であり、その統治性を支えてきたのが構造的沖縄差別であるという歴史認識の問題なのである。「魂の飢餓感」は、傷つけられ、剥奪された尊厳を取り戻すための闘争の規範的動因であり、それゆえ、普天間／辺野古問題は歴史認識における承認をめぐる闘争として可視化される。にもかかわらず、日本政府は、普天間の危険性の早期除去のためには「辺野古が唯一の解決策」という主張を繰り返すのみで、説得力のある回答を提示してきたとは言い難い。辺野古への新基地建設の一方的推進によって、県内移設と基地機能強化という二重の意味で、本土との相互尊重への期待は毀損され続けている。それは、基地負担の軽減という理念への背信であり、歴史的尊厳の剥奪によって再生産される「魂の飢餓感」の放置を意味している。

　最後に、本章を結ぶにあたって、日米同盟／在沖縄米軍基地と CSS との関係について改めて確認しておきたい。伝統的安全保障論における安全保障主体の歴史的構築の過程は、構造的アナーキー下における同盟政治という統治性を通じて理論的に不可視化されてきた。これに対して、解放としての安全保障と承認をめぐる闘争との節合を試みることで、安全保障の主体化過程から歴史構造的に排除されてきたマイノリティの尊厳／承認をめぐる闘争空間を可視化する展望が開かれるのである。

設　問
・現代の同盟政治についての伝統的安全保障論と批判的安全保障論の理解の違いについて説明しなさい。
・戦後沖縄の安全保障構造についてセキュリタイゼーションの観点から論じなさい。あわせて、アメリカの戦略的な選択肢として沖縄に基地を集中させる以外の可能性も提示しなさい。
・解放としての安全保障と承認をめぐる闘争の観点から在沖縄米軍基地問題を分析しなさい。

【注】
1）　沖縄県の基地経済依存度は、1972年の復帰直後の15.5％から2016年の5.3％へと大幅に低下している（沖縄県庁ホームページ）（https://www.pref.okinawa.jp/site/kikaku/

chosei/kikaku/yokuaru-beigunkichiandokinawakeizai.html,　last　visited,　14　January 2021）

２）　人口密集度が高い普天間地域から過疎化が進行する辺野古地区への基地移設は、米軍機墜落が引き起こす人命喪失というリスク回避という観点から、「負担軽減」ということもできよう。しかし、日本政府は、辺野古のジュゴンを象徴として論争になっている環境破壊の問題について一切考慮を示していない。ここに人間中心主義的安全保障の限界があり、脱人間中心主義の安全保障政策を構想する余地が存在するのである。本書がこの射程まで視野に入れていることは付記しておく（第６章参照）。

〔参考文献〕

アガンベン，ジョルジョ（2007）『例外状態』上村忠男・中村勝己訳、未來社

新崎盛暉（2012）『新崎盛暉が説く構造的沖縄差別』高文研

池宮城陽子（2018）『沖縄米軍基地と日米安保──基地固定化の起源　1945-1953』東京大学出版会

井上達夫（2019）『立憲主義という企て』東京大学出版会

ウォルターズ，ウィリアム（2016）『統治性──フーコーをめぐる批判的な出会い』阿部潔ほか訳、月曜社

大田昌秀（2000a）『新版　醜い日本人──日本の沖縄意識』岩波現代文庫

大田昌秀（2000b）『沖縄の決断』朝日新聞社

翁長雄志（2015）『戦う民意』角川書店

加藤哲理（2019）「政治学の日常生活化への道──ミシェル・フーコーの歩みを辿りながら」田村哲樹編『日常生活と政治──国家中心的政治像の再検討』岩波書店、211-245頁

我部政明（2000）『沖縄返還とは何だったのか──日米戦後交渉史の中で』日本放送出版協会

コヘイン，ロバート（1998）『覇権後の国際政治経済学』石黒馨・小林誠訳、晃洋書房

酒井哲哉（1991）「「九条＝安保体制」の終焉──戦後日本外交と政党政治」『国際問題』372号、32-45頁

シャラー，マイケル（2004）『「日米関係」とは何だったのか──占領期から冷戦終結後まで』市川洋一訳、草思社

進藤榮一（2002）『分割された領土──もうひとつの戦後史』岩波現代文庫

杉田敦（2015）『境界線の政治学（増補版）』岩波現代文庫

平良好利（2012）『戦後沖縄と米軍基地──「受容」と「拒絶」のはざまで　1945-1972年』法政大学出版局

デリダ，ジャック（1999）『法の力』堅田研一訳、法政大学出版局

デリダ，ジャック（2007）『マルクスの亡霊たち』増田一夫訳、藤原書店

東松照明（1969）『写真集　沖縄に基地があるのではなく基地の中に沖縄がある』写研

波多野澄雄（2010）『歴史としての日米安保条約──機密外交記録が明かす「密約」の虚

実』岩波書店

原彬久（1992）「日米安保体制と冷戦——冷戦とその後」『国際政治』100号、199-219頁

フーコー，ミシェル（2007）『安全・領土・人口——コレージュ・ド・フランス講義　1977-1978年度』高桑和巳訳、筑摩書房

船橋洋一（2006）『同盟漂流』上下、岩波現代文庫

ホネット，アクセル（2011）『物象化——承認論からのアプローチ』辰巳伸知・宮本真也訳、法政大学出版局

ホネット，アクセル（2014）『承認をめぐる闘争——社会的コンフリクトの道徳的文法（増補版）』山本啓・直江清隆訳、法政大学出版局

南山淳（2014）「本質的論争概念としての安全保障と批判的安全保障研究——乖離する「拡大」と「深化」」『平和研究』43号、25-49頁

南山淳（2015）「グローバル・ガバナンスとグローバルな統治性——主権／規範構造としての概念」『グローバル・ガバナンス』2号、82-96頁

吉田真吾（2012）『日米同盟の制度化——発展と深化の歴史過程』名古屋大学出版会

吉次公介（2011）『日米同盟はいかに作られたか——「安保体制」の転換点　1951-1964』講談社

ラクラウ，エルネスト（2018）『ポピュリズムの理性』澤里岳史・河村一郎訳、明石書店

ラクラウ，エルネスト／ムフ，シャンタル（2012）『民主主義の革命——ヘゲモニーとポスト・マルクス主義』西永亮・千葉眞訳、ちくま学芸文庫

ラミス，ダグラス C.（2010）『要石——沖縄と憲法9条』晶文社

Agnew, John (2018) *Globalization and Sovereignty: Beyond the Territorial Trap*, 2nd edition, London: Rowman and Littlefield.

Ayers, Alison ed. (2008) *Gramsci, Political Economy, and International Relations Theory: Modern Princes and Naked Emperors*, New York: Palgrave Macmillan.

Cooley, Alexander (2008) *Base Politics: Democratic Change and the U. S. Military Overseas*, Ithaca and London: Cornell University Press.

Cox, Robert W. (1983) "Gramsci, Hegemony and International Relations: An Essay in Method," *Millennium: Journal of International Studies*, vol. 12, pp. 162-175.

Gill, Stephen ed. (1993) *Gramsci, Historical Materialism and International Relations*, Cambridge: Cambridge University Press.

Hall, Stuart *et al.* eds. (2017) *Policing the Crisis: Mugging, the State and Law and Order*, 2nd edition, London: Red Globe Press.

Inoguchi, Takashi *et al.* eds. (2013) *The U. S. Japan Security Alliance: Regional Multilateralism*, New York: Palgrave Macmillan.

Joseph, Jonathan (2014) "Combining Hegemony and Governmantality to Explain Global Governance," *Journal of Global Studies*, vol. 6, no. 1, pp. 1-15.

Matsuoka, Misato (2018) *Hegemony and the US-Japan Alliance*, London and New York: Routledge.

Nabers, Ditk (2015) *A Poststructuralist Discourse Theory of Global Politics*, New York: Palgrave Macmillan.

Nye, Joseph, S. (1995) "The Case for Deep Engagement," *Foreign Affairs*, vol. 74, no. 4, pp. 90-102.

Peoples, Columba and Vaughan-Williams, Nick (2020) *Critical Security Studies: An Introduction*, 4th edition, London and New York: Routledge.

Poast, Paul (2019) *Arguing about Alliances: The Art of Agreement in Military-Pact Negotiations*, Ithaca and London: Cornell University Press.

Sakaki, Alexandra *et al.* (2019) *Reluctant Warriors: Germany, Japan, and Their U. S. Alliance Dilemma*, Washington D. C.: Brookings Institution Press.

Snyder, Glenn H. (1997) *Alliance Politics*, Ithaca and London: Cornell University Press.

Walt, Stephen (1987) *The Origins of Alliances*, Ithaca and London: Cornell University Press.

Worth, Owen (2015) *Rethinking Hegemony*, London: Red Globe Press.

Yeo, Andrew (2011) *Activists, Alliances, and Anti-U. S. Base Protests*, Cambridge: Cambridge University Press.

Zürn, Michael (2018) *A Theory of Global Governance: Authority, Legitimacy, and Contestation*, Oxford: Oxford University Press.

あ と が き

　本書の企画が実現するまでに、本当に予想以上に時間がかかってしまった。各章の執筆をお願いした先生方には返す言葉もなく、深くお詫びするほかない。2013年あたりから始まった本書の企画は、途中何度も暗礁に乗り上げたことを告白しておきたい。理由は様々ある。第1に「批判的安全保障（CSS）」という分野について執筆できる研究者が限られていたということがある。第2に大学院ならまだしも、学部教育の科目として、高度な応用編のような、本書の内容が、これまで教えられてこなかったという点である。そして、第3に執筆者の多くが教育と様々な行政活動等に全面的に文字通り深くコミットしており、首が回らなかったという点も無視できない。各教員は少子高齢社会に直面する大学間の競争と生き残りの泥仕合に疲弊しつつある。学生の方も卒業後の「就活」に追われており、その学生をサポートするために教員もまた注力していく。それくらい今、高等教育機関は「じっくりと思考する場所」という意味では危機的状況（critical conditions）に置かれているといっても過言ではない。「人口」や「統治」といったテーマがCSSの重要なテーマであることを考えると、本書は、足元から安全が崩れつつある「不安全」を体験しつつ、「安全保障」をクリティカルに考えるという機会を提供しているといえる。

　安全保障とは、制御することも計測することもできない不確定な未来における「蓋然性の見積り」を管理するシステムである（M. フーコー『安全・領土・人口──コレージュ・ド・フランス講義 1977-1978』高桑和巳訳、筑摩書房 2007：24-25）。それゆえ、安全保障概念の本質的論争性には、安全をめぐって間主観的に再生産される無数のパースペクティヴの衝突が常に含意されている。にもかかわらず、その見積りの意味内容には、国家中心主義と軍事安全保障を通じて規格化された伝統的安全保障言説の影響が強く反映されてきた。

　このことは、本書が過剰ともいえるほど多種多様な観点から論じてきた、安全保障の「対象領域」の拡大／深化と、安全保障「認識」の拡張／焦点化を急

速に促すことに連なっている。なぜなら、難民危機、気候変動、パンデミックに象徴されるグローバルな危機は、もはや潜在的リスク要因ではなく、緊急に対処しなければならない具体的な脅威として顕在化しているからである。それゆえ、安全保障構造が複雑化することは必然であり、安全保障分析のための理論枠組みに対して「安全保障とは何か、誰の安全か」という規範的命題を正面から組み込むことが喫緊に要請されているのである。

　その意味で、CSS とは、本質的論争概念としての安全保障に対するよりラディカルな回帰であり、ヘゲモニックな安全保障言説に対する別の可能性を可視化するための政治的プロジェクトなのである。同様に、その理論的革新性は、軍事的国家安全保障への還元を通じて看過されてきた、グローバルな境界政治における安全保障主体および、そのパースペクティヴの構築過程にまで理論的射程を拡張している点に見いだすことができよう。

　さらに、CSS の基本概念である「解放としての安全保障」についても、ヨーロッパを中心に発展してきた研究群から示唆されているのは、人間の解放という普遍性への指向だけではなく、間主観的に構築され続ける安全保障のリアリティを脱／再構築することに向けて安全保障という概念そのものを解放する試みでもある。本書がポストコロナ期というタイミングに日本で出版されることによって、新しい意味が付加された。すなわち、それは「解放としての安全保障」の意味が、「国家から人間を解放する」という意味や「解放される人間を一括りにしない／できない」という意味に加えて、「人間から地球を解放する」という意味をも含みつつある点である（ちなみに、ここでいう人間も地球も一括りにできないということも含めてである）。解放という概念は、極めて人間臭い概念で自然界にはそういったものは存在しない。しかし、「文明」という形での人類の発展に地球が耐えきれなくなってきた今日、分析の射程を広げざるを得ないことを安全保障研究が無視できなくなったのである。

　日々起こっている感染症や異常気象による災害を「人災」として受け止め、「安全保障」の意味内容をラディカルに組み換えていけるかどうかは、やはりわれわれにかかっている。しかし、肝心の政治学・国際政治学・経済学といった社会科学の諸学問分野が専ら国家（と人間）を対象に研究を蓄積してきた以

上、こうした危機に迅速に対応できないということも新しい課題として浮上したといっていい。

　2015年には「持続可能な開発目標（SDGs）」が掲げられ、2030年に向けて世界は動き始めているものの、今もって世界は不透明な状況に置かれたままである。こうした時代だからこそ、批判的思考によって、進むべき進路が間違った方向に行っていないかを確認することが求められている。

　なお、本書は各章に「設問」を複数用意してもらった。読了後に、教員と学生あるいは学生同士でディスカッションできるように、各章の執筆者には工夫してもらった。理論・思想・アプローチ・事例などを横断的に利用しながら、自分の頭で考えられる学生が育ってほしいと願っている。また、CSS に関連する参考文献もできる限り紹介してもらった。こうした諸研究の参照を糸口にしながら、学生のみなさんは各自の研究を深めていってほしい。

　最後に、法律文化社の小西英央さんには辛抱強く待っていただいた。申し訳ない思いでいっぱいである。改めて感謝の念を伝えたい。

　2021年7月

南山　　淳

前田　幸男

■事項索引

254

■人名索引

執筆者紹介

（執筆順、＊は編者）

＊南山　　淳（みなみやま　あつし）　筑波大学人文社会系准教授　　　　　　　　　　　　序章、第13章

＊前田　幸男（まえだ　ゆきお）　創価大学法学部教授　　　　序章、第2章、第6章、第7章、終章
国際基督教大学社会科学研究所研究員

五十嵐元道（いがらしもとみち）　関西大学政策創造学部准教授　　　　　　　　　　　第1章

大山　貴稔（おおやま　たかとし）　九州工業大学教養教育院講師　　　　　　　　　　第3章

清水　耕介（しみず　こうすけ）　龍谷大学国際学部教授　　　　　　　　　　　　　第4章

和田　賢治（わだ　けんじ）　武蔵野学院大学国際コミュニケーション学部准教授　　第5章

蓮井誠一郎（はすい　せいいちろう）　茨城大学人文社会科学部教授　　　　　　　　　第6章

古澤　嘉朗（ふるざわ　よしあき）　広島市立大学国際学部准教授　　　　　　　　　　第8章

原田太津男（はらだ　たつお）　龍谷大学経済学部教授　　　　　　　　　　　　　　第9章

柄谷利恵子（からたにりえこ）　関西大学政策創造学部教授　　　　　　　　　　　　第10章

北川　眞也（きたがわ　しんや）　三重大学人文学部准教授　　　　　　　　　　　　第11章

小林　　誠（こばやし　まこと）　お茶の水女子大学大学院人間文化創成科学研究科教授　第12章

Horitsu Bunka Sha

批判的安全保障論
—— アプローチとイシューを理解する

2022年1月25日　初版第1刷発行

編　者　　南山　淳・前田幸男
　　　　　みなみやま　あつし　まえだ ゆきお

発行者　　畑　　　光

発行所　　株式会社 法律文化社

　　　　　〒603-8053
　　　　　京都市北区上賀茂岩ヶ垣内町71
　　　　　電話 075(791)7131　FAX 075(721)8400
　　　　　https://www.hou-bun.com/

印刷：共同印刷工業㈱／製本：㈱藤沢製本
装幀：白沢　正

ISBN 978-4-589-04181-4

川名晋史・佐藤史郎編

安 全 保 障 の 位 相 角

A 5 判・222頁・4620円

日本の外交・安全保障をめぐる議論が左右に分極化して交わらず、硬直が続いている。二項対立の図式が鮮明な8つの争点を取り上げ、《位相角》という新たな分析概念を用いることで、現実主義／理想主義といった思考枠組みを脱却した政策的選択肢を導き出す。

稲垣文昭・玉井良尚・宮脇 昇編

資 源 地 政 学

―グローバル・エネルギー競争と戦略的パートナーシップ―

A 5 判・190頁・2970円

地政学的観点から資源をめぐる国際政治動向を学ぶ。「接続性」概念から地政学的経路や障壁を俯瞰し、資源貿易が政治体制や民族問題の構図にどのような影響を与えているのかを考察。世界で起こっている資源をめぐる争いのダイナミズムを捉える視座を提供する。

羽場久美子編

21世紀、大転換期の国際社会

―いま何が起こっているのか？―

A 5 判・184頁・2640円

英国のEU離脱、米国のトランプ政権誕生から、移民・難民、ポピュリズム、中国・北朝鮮関係、AIIB、日本経済、武器輸出、ロシア正教、中東危機、アフリカにおけるテロまで、いま最も知りたい論点を第一線の研究者たちがわかりやすく説明。

平井 朗・横山正樹・小山英之編

平 和 学 の い ま

―地球・自分・未来をつなぐ見取図―

A 5 判・194頁・2420円

グローバル化社会のもとで複雑化する今日的課題へ平和学からアプローチし、様々な問題の根源に迫る。平和創造の学問である平和学の理論的展開を踏まえ、その役割とアイデンティティを探究し、私たちが平和創造にどのようにかかわるかも明示する。

日本平和学会編

平和をめぐる14の論点

―平和研究が問い続けること―

A 5 判・326頁・2530円

いま平和研究は、複雑化する様々な問題にどのように向きあうべきか。平和研究の独自性や原動力を再認識し、果たすべき役割を明確にしつつ、対象・論点への研究手法や視座を明示する。各論考とも命題を示し論証しながら解明する。

日本平和学会編

戦争と平和を考えるNHKドキュメンタリー

A 5 判・204頁・2200円

平和研究・教育のための映像資料として重要なNHKドキュメンタリーを厳選し、学術的知見を踏まえ概説。50本以上の貴重な映像（番組）が伝える史実の中の肉声・表情から、戦争と平和の実像を体感・想像し、「平和とは何か」をあらためて思考する。

―――― 法律文化社 ――――

表示価格は消費税10%を含んだ価格です